直播电商

理论与实务

陈　襄　陈佳莹　张伶俐　张　琳
朱颖童　孙　晨　宋建明◎著

四川大学出版社
SICHUAN UNIVERSITY PRESS

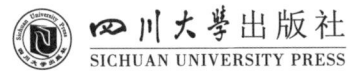

项目策划：徐　凯
责任编辑：徐　凯
责任校对：毛张琳
封面设计：墨创文化
责任印制：李金兰

图书在版编目（CIP）数据

直播电商：理论与实务 / 陈襄等著. 一成都：四川大学出版社，2022.3（2025.7重印）
ISBN 978-7-5690-4248-1

Ⅰ．①直… Ⅱ．①陈… Ⅲ．①网络营销—教材 Ⅳ．① F713.365.2

中国版本图书馆CIP数据核字（2021）第007071号

书　名	直播电商：理论与实务
著　者	陈　襄　陈佳莹　张伶俐　张　琳　朱颖童　孙　晨　宋建明
出　版	四川大学出版社
地　址	成都市一环路南一段24号（610065）
发　行	四川大学出版社
书　号	ISBN 978-7-5690-4248-1
印前制作	四川胜翔数码印务设计有限公司
印　刷	四川省平轩印务有限公司
成品尺寸	185mm×260mm
印　张	14.25
字　数	300千字
版　次	2022年3月第1版
印　次	2025年7月第3次印刷
定　价	76.00元

◆ 版权所有 ◆ 侵权必究

◆ 读者邮购本书，请与本社发行科联系。
　电话：(028)85408408/(028)85401670/
　(028)86408023　邮政编码：610065
◆ 本社图书如有印装质量问题，请寄回出版社调换。
◆ 网址：http://press.scu.edu.cn

四川大学出版社
微信公众号

前　言

2020年，新冠肺炎疫情的发生给我国餐饮业、零售业、旅游业等实体经济带来了巨大的冲击，但也给电商行业带来了前所未有的机遇和挑战，直播带货被商家当作救命稻草，电商迎来了升级爆发。直播电商作为后疫情时代电商行业的主要商业模式，使得大量企业开始摸索并开启直播营销模式。与其说直播电商是疫情催生的一种新的商业模式，不如说直播电商是直播行业新时代互联网平台战略发展的必然趋势与必然路径。网络平台肩负着党和人民的热切期待，应当具有强烈的使命感和责任感，如何有效地引导直播电商平台战略的绿色健康可持续发展至关重要。基于此，本着对直播电商的理论基础及实践体系的认识和理解，本书作者参考了国内外大量的学术研究成果及实践案例，调研了多家直播电商企业，结合多年教学实践经验，编写了本书。

与国内外现有的直播电商教材相比，本书具有以下特点：

第一，从篇章结构来看，根据直播电商运营实践和直播电商管理者的需求，本书分为理论篇（上篇）和实战篇（下篇）两部分，既有理论的基础支撑，又有实践的技术加持，最重要的是进行了全面系统的思考，这是现有此类教材中所没有的。其中，上篇中的"大数据时代"和"新零售时代"是直播电商的宏观环境影响因素，"直播营销的平台战略"属于中观环境影响因素，"直播电商理论"与"价值共创的直播平台"是微观影响因素，这些时代特点、理论基础与技术体系都将指导直播电商的绿色健康发展；下篇中的"主播的职业价值""直播间与运营团队的搭建""直播话术与流程设计""私域流量的加持""数据复盘的优化"等直接为直播电商的运营提供可操作性的实践思考，尤其是人工智能、区块链、大数据等对数据增值的影响分析，充分体现了直播行业新颖的技术路径与时代特性。

第二，从内容的全面性来看，本书不仅从理论上展示了直播电商的理论渊源，还从实战上展示了直播电商的系统关键操作点，可以说独具特色。

第三，从内容深度来看，理论部分不仅从直播电商的产生背景、发展历程、特点特征、意义作用、主要因素等方面进行了阐释，还从可持续发展的角度予以支撑；实战部分不仅从直播电商运营的关键因素如主播、直播间、直播团队、短视频平台、私域流量、数据复盘等方面进行了操作性指导，还从政策、数据分析上予以解读，如人工智能、区块链、大数据等。

第四，从侧重点来看，本书既重视对直播电商的基本理论及时代背景关系的介绍和分析，也侧重于对具体操作方法、趋势与政策、风险等的介绍与阐释，以便于其他研究者在此基础上对直播电商理论作进一步的延展，便于直播电商的实操者和管理者使用。

第五，从着眼点来看，本书既重视直播电商的具体操作方法，也重视直播电商的理论支撑，搭建了理论与实践的桥梁，填补了该领域教材的空白。

在本书的写作过程中，我们借鉴了国内许多同仁的科研成果，吸收了大量直播平台操作者和管理者的实际经验，同时还反复征询"众视汇"平台企业董事长、电子科技大学教授、博士研究生导师曾庆川的意见，采纳了资深咨询专家洛川先生的建议。感谢李琦、感谢标榜职业学院程世云为本书提供的帮助，感谢每一位参与本书撰写的老师！

限于时间和精力，以及目前直播电商理论的不完善，书中疏漏在所难免，还望各界同仁和读者提出宝贵意见。

作　者

2021 年 4 月 18 日

目 录

上篇 理论篇

第一章 大数据与新零售时代概述 （3）
 第一节 大数据概述 （3）
 第二节 新零售概述 （7）
 第三节 新零售时代的商业模式 （16）

第二章 直播营销概述 （19）
 第一节 直播营销概述 （19）
 第二节 直播营销的方式与用户分析 （25）
 第三节 直播营销策略组合 （27）

第三章 直播电商理论概述 （30）
 第一节 直播电商概述 （30）
 第二节 直播电商四要素 （32）
 第三节 直播的分类 （43）
 第四节 "直播＋"背景下的直播带货 （46）

第四章 直播电商的发展历程与业务模型 （50）
 第一节 直播电商的产生背景 （50）
 第二节 直播电商的发展历程 （57）
 第三节 直播电商业务模式概述 （68）
 第四节 直播电商业务模式分类 （75）
 第五节 基于价值共创的直播平台 （77）

第五章 直播电商的问题、风险与未来展望 （83）
 第一节 直播带货存在的问题 （83）
 第二节 直播带货的潜在风险 （88）
 第三节 直播电商法律风险防范 （92）
 第四节 直播电商的未来展望 （99）

下篇 实战篇

第一章 主播的职业价值 (109)
- 第一节 直播爆红的背后 (109)
- 第二节 何为电商主播 (112)
- 第三节 怎样成为一名主播 (115)
- 第四节 主播的培养与自我提升 (118)

第二章 短视频赋能直播 (124)
- 第一节 短视频策划：运营的核心竞争力 (124)
- 第二节 短视频营销：引爆短视频热度 (138)
- 第三节 "短视频＋直播"：重构多种商业形态 (150)

第三章 搭建直播间与运营团队 (156)
- 第一节 搭建直播间 (156)
- 第二节 直播运营团队 (171)

第四章 直播话术与流程脚本设计 (177)
- 第一节 直播话术设计 (177)
- 第二节 直播间商品讲解要点拆解 (180)
- 第三节 直播脚本设计 (185)
- 第四节 直播脚本设计实操 (190)

第五章 私域流量加持店铺直播 (197)
- 第一节 用足私域流量：市场发展的必然 (197)
- 第二节 私域流量的利用 (199)
- 第三节 私域流量＋直播：入局实操 (201)

第六章 直播优化——数据复盘与前瞻 (204)
- 第一节 直播带货数据分析基本思路 (204)
- 第二节 数据分析常用指标 (208)
- 第三节 直播电商带货的未来：崭新时代 (213)

参考文献 (217)

上篇 理论篇

第一章　大数据与新零售时代概述

第一节　大数据概述

一、大数据的产生背景

随着计算机技术和互联网技术的不断发展,大数据凭借独特的优势应运而生。大数据广泛应用于各行各业,对企业管理人员而言,要注重大数据环境下的新机遇、新挑战,进行管理的信息化和创新,探索大数据背景下企业管理的信息化技术的使用渠道、使用方法,使企业管理工作逐渐趋于精细化、科学化、合理化。[①] 互联网的飞速发展使人与人之间的交流越来越密切,产生了更多的数据。通过对大数据进行收集、挖掘、处理,可以有效提升管理能力与效率,促进企业的持续发展。大数据可以有效整合各类信息数据,形成一个完整的数据库及数据链条,这样人们就可以利用关键词查找的方式,在大数据信息库中及时找到自己需要的资料。不仅如此,大数据还具备超乎想象的存储容量,能够对数据进行智能化分析,并快速检索。[②]

二、大数据的现状

大数据背景下,人们不再追求数据的精确度,而是追求数据的获取与利用效率。[③] 大数据的运用是未来趋势。相较于传统的大数据应用模式,大数据的新发展

[①] 孟志华. 大数据时代企业财务管理信息化的问题及对策 [J]. 老字号品牌营销,2021 (2):113-114.
[②] 王卫平,杨婷婷,范宗余. 关于大数据时代企业人力资源管理变革的思考 [J]. 中小企业管理与科技 (中旬刊),2021 (2):1-2.
[③] 陈倩倩,彭甜典,张琦. 大数据背景下 Python 技术在审计工作中的应用 [J]. 中国集体经济,2021 (4):155-156.

将提高数据搜集的效率、确保数据收集的完整性。大数据促使验证性分析变为挖掘性分析，这将弥补传统搜集全部数据的缺陷，信息的保护能力也将得到提升。如何利用好数据资源，既是数据难题，又是深刻的管理难题。所以，未来社会的发展需要大量既懂得大数据技术又精通经济管理的复合型人才。①

随着大数据的发展，数据分析的对象渐趋复杂。网络技术的不断发展，使企业之间信息的透明度和共享程度越来越高，竞争也越来越激烈。目前，在数据采集与分析过程中主要存在以下缺陷：数据分析无标准或者缺乏统一的标准，传统数据收集和分析方法的效率、效果不稳定，对系统中存在的漏洞难以查验。大数据时代，信息系统缺陷会引发诸多问题。

大数据已经应用于国民经济的各个领域，赋予人们无限的机遇和挑战，成为可以改变未来的信息革命。大数据所蕴藏的巨大价值促使数据信息的获取途径有更多的可能。同时，频繁的信息泄露事件也在提醒人们注重数据安全。新的技术、新的需求和新的应用场景给数据安全防护带来了全新的挑战。② 大数据、云计算等信息化技术的高速发展，使数据安全与数据使用之间的矛盾成为信息安全的主要问题。云计算及其服务面向全行业快速普及，大数据的量子级增长导致的未知效应使不可控的风险为云数据和大数据带来安全性的威胁。③

随着全球数据资源的暴增，大数据、云计算、AI 人工智能、区块链等数字信息技术高速发展，大数据时代已近在咫尺。不可否认，随着大数据时代的到来，经济管理体系也会发生深刻的变革。

三、大数据的概念

（一）大数据的含义

含义一：大数据是指在一定时间内无法用常规软件工具对其内容进行抓取、管理和处理的数据集合。大数据技术是指从各类数据中快速获得有价值信息的能力。④

含义二：大数据是需要新的处理模式才能具有更强的决策力、洞察力以及流程优化能力来适应海量、高增长率和多样化的信息资产。⑤

---

① 涂云杰. 大数据时代的数据安全与隐私保护问题研究［J］. 无线互联科技，2019（8）.
② 内蒙古自治区工业和信息化厅. 关于征求《内蒙古自治区"十四五"数字经济（工业领域）高质量发展课题研究报告（征求意见稿）》意见的函［Z］，2021－04.
③ 昂楷科技. 大数据时代的数据安全防护之道［EB/OL］. 2019－04－20.
④ 生物医学大数据：现状与展望，云＋社区，腾讯云（tencent.com）.
⑤ 大数据的定义和概念［EB/OL］. https://www.php.cn/faq/421511.html.

含义三：一种规模大到在获取、存储、管理、分析方面大大超出了传统数据库软件工具能力范围的数据集合，具有海量的数据规模、快速的数据流转、多样的数据类型和价值密度低四大特征（麦肯锡全球研究所）。①

含义四：大数据也被称为巨量数据，是指数据规模较大、在短时间内无法通过主流软件工具截取和管理，需要通过计算机技术对数据进行处理，涵盖大数据平台和相关指数体系，是目前推进产业发展和助力城市建设的先进技术形式。

（二）大数据的特点

通常来说，大数据具有数据规模大、数据类型多、数据流转快、数据价值密度低等特征。参考大数据的这些特征，我们可以通过大数据来寻求隐藏的规律，从而预测一些事件发生的概率，提高工作效率。另外，还可借助物联网、云计算和人工智能，使之与大数据有机结合，进一步推进大数据改革。②

四、大数据的作用、应用与意义

（一）大数据的作用

大数据技术的推广普及让企业能够更好地了解各个阶段的客户需求，预测行业发展趋势，营造企业品牌形象。大数据技术是社会发展、科学技术进步的必然结果，其在企业生产经营管理中的应用越来越普遍。将大数据技术应用到企业营销活动，对市场环境、目标客户群、企业自身条件等进行全面分析，可确保营销策略的科学性，助力企业深化发展。③

（二）大数据的应用情况

大数据技术具有数据挖掘、数据分析、数据分布式存储等显著优势，当前已经成为各行各业应对经营和管理风险、提升核心竞争力的重要手段。④ 结合大数据技术，分析其在市场精准营销中的应用，可以提升企业对大数据的认识，充分发挥大数据的技术优势，助推企业现代化发展。⑤

企业应用大数据可采取的措施：

---

① 王莉. 大数据技术在智慧城市中的运用初探 [J]. 电脑与信息技术，2021，29 (1)：64-67.
② 倪宁. 大数据营销 [M]. 北京：中国人民大学出版社，2015：272.
③ 郭慧，刘雷，张星雨，等. 基于大数据的街区生活服务类平台架构研究 [J]. 现代商贸工业，2021，42 (33)：39-40.
④ 郭华东. 利用科技创新和大数据助力全球可持续发展 [N]. 科技日报，2021-10-21 (001).
⑤ 向立学. 论大数据技术在精准营销中的应用 [J]. 技术与市场，2021，28 (2)：184-185.

①基于市场分析，结合客户的购买历史，预测其下一步可能购买的产品，利用这些信息提高客户满意度并确保重复业务。

②通过收集社交媒体中用户对产品的有关评价进行分词、聚类及情感分析，建立积极、消极或中立的态度，通过跟踪这些不断变化的行为和喜好，可以让企业在遇到负面新闻或不良反馈时采取相应的行动。

③结合人工智能，大数据为企业提供了巨大的增长机会。例如，以多传感器信息融合为基础，将机器视觉应用于保健酒的缺陷检测中，可以实现外观缺陷和可见异物的不合格产品检测。

④大数据让企业的产业链更加透明，不仅能够实现产品的全程监管，而且能够以消费者众包模式来监督产品品质、服务质量等。①

（三）大数据的发展意义

大数据产业正值高速发展时期，大数据应用技术已成为更加高效的创新创业新引擎。大数据应用技术使得产品设计迈向了更加人性化、智能化、精细化的发展方向。运用大数据分析和处理海量信息，能够帮助企业更加高效地挖掘用户的潜在需求，并在产品的使用周期中发挥作用，增强人机交互性，令产品更加智能化、人性化。

运用高效、人性化的大数据技术可以精准、充分地挖掘用户的真实需求与潜在需求，增强产品设计研发的用户参与度，增强产品的交互性体验，使产品的服务可以系统化地贯穿于用户的使用中。②

五、大数据的发展趋势③

（一）趋势一：数据资源化

大数据已经成为企业和社会关注的重要战略资源，在新经济时代占有重要地位。企业可以利用大数据分析市场环境，制订营销计划，抢占市场，提高企业竞争力。

（二）趋势二：与云计算深度结合

大数据离不开云处理，云处理为大数据提供了弹性可拓展的基础设备。大数据

---

① 陶启，李伟，丁红卫，等. 食品大数据应用综述 [J]. 食品与生物技术学报，2020，39（12）.
② 曹子淳. 浅析基于互联网大数据时代下的工业设计 [J]. 西部皮革，2021，43（3）：57+59.
③ 倪宁. 大数据营销 [M]. 北京：中国人民大学出版社，2015：272.

技术已开始和云计算技术紧密结合,让大数据营销发挥出更大的影响力。

(三)趋势三:科学理论的突破

随着大数据的快速发展,就像计算机技术和互联网技术一样,大数据很有可能成为新一轮的技术革命。

(四)趋势四:数据科学优势催生就业岗位

随着大数据的兴起与发展,数据科学将成为专门的学科,被越来越多的人认知。各大高校将设立专门的数据科学类专业,并催生一批与之相关的新的就业岗位。

(五)趋势五:数据泄露泛滥与数据安全保护的市场需求

未来几年,数据泄露事件有不断增多的风险,数据是否能够得到有效的安全保障成为一大难题,每个企业都可能面临数据攻击。

企业需要从新的角度来确保自身以及客户数据的安全,这就要求所有数据在创建之初便要获得安全保障,而非在数据保存的最后一个环节,仅仅加强后者的安全措施已被证明于事无补。对数据安全保护的极大的市场需求是大数据行业未来发展的又一大机遇。

(六)趋势六:数据管理成为核心竞争力

数据管理成为核心竞争力,直接影响财务表现。当"数据资产是企业核心资产"的概念深入人心之后,企业对数据管理便有了更为清晰的界定。将数据管理作为企业的核心竞争力,持续发展,战略性规划与运用数据资产将成为企业数据管理的核心。

第二节 新零售概述

一、新零售产生的背景和观点综述

随着互联网和信息技术的应用普及以及电子商务的繁荣发展,我国市场环境发生了翻天覆地的变化,零售市场消费主力及其购物习惯、价值观念也呈现出新的特点,催生了我国新零售的快速发展。

2016年11月11日，国务院办公厅印发《关于推动实体零售创新转型的意见》（国办发〔2016〕78号），明确了推动我国实体零售创新转型的指导思想和基本原则。同时，在调整商业结构、创新发展方式、促进跨界融合、优化发展环境、强化政策支持等方面作出具体部署。该意见在促进线上线下融合的问题上强调："建立适应融合发展的标准规范、竞争规则，引导实体零售企业逐步提高信息化水平，将线下物流、服务、体验等优势与线上商流、资金流、信息流融合，拓展智能化、网络化的全渠道布局。"

近几年，随着网络新零售的发展，国内外经济形势不仅复杂而且变幻莫测，使得传统零售企业发展速度缓慢，利润微薄；而2020年新冠疫情的发生，让中国乃至全球零售行业均受到了不同程度的冲击，打乱了零售业的秩序，"宅经济"和线上经济的快速形成，更是让传统零售企业举步维艰，在发展过程中遇到了瓶颈。我们应通过分析新零售的优势，研究传统零售企业发展现状，进而找出传统零售企业突破发展瓶颈，提升顾客满意度的具体途径，为传统零售企业的发展提供一些思路。[1] 另外，新零售背景下，互联网驱动下的技术推动和智能手机的广泛使用，使得人们的消费模式发生了变化，消费者对消费拥有充分的自主权，所以面向新消费模式的消费者的销售变得非常复杂。[2]

二、新零售的形成动因

社会大环境的变化、零售业自身发展中所存在的问题等催生着零售行业业态模式的变化，新零售应运而生。总体而言，新零售的出现主要有以下几个方面的原因：

（一）科学技术的进步和发展

新零售（New Retailing）这一概念的核心要义就是以大数据和互联网为依托，实现线上和线下的深度融合。因此，这一目标的实现离不开技术的发展。不同于传统零售行业，新零售基于人们的消费方式及消费心理的转变，将数字技术与商业经营方式深度结合，从而促进零售行业的调整和升级。可以说数据驱动是新零售的本质特征之一。[3]

---

[1] 盛利强. 新零售下HB公司信息化建设研究 [D]. 杭州：浙江工业大学，2017.
[2] 申潇潇. 新零售时代下物流行业的发展路径研究 [J]. 现代商贸工业，2017 (18)：21-22.
[3] 李岚. 新零售模式下对零售企业营运能力的影响及对策研究 [J]. 经济管理文摘，2021 (19)：76-77.

（二）消费者消费需求的转变

当前我国经济已进入高质量发展阶段，随之而来的是消费需求的改变，消费的主体、方式、结构以及观念等纷纷发生"颠覆式"的变化，这些变化都说明传统零售行业的模式已无法满足当今的消费需求，催促零售行业做出变革。从消费主体来看，21世纪以来，我国的消费主力逐渐向20世纪90年代和21世纪出生的年轻一代迁移。从消费方式来看，新一代的消费主力军见证了互联网的发展成果，他们对互联网的依赖不言而喻。从消费结构来看，不同于以往吃饱穿暖的追求，新一代消费者不仅吃穿住行消费样样升级，还要追求精神层面上的享受，娱乐型、休闲放松型消费受到喜爱。从消费观念来看，注重绿色消费，追求时尚、崇尚自由、倡导个性化的消费趋势日益突出。这样的转变使得以往单一的消费方式难以满足现如今多样化的消费诉求，转变经营模式势在必行。消费者消费需求的转变使得以往单一的消费方式越来越难以满足消费的升级，唯有将线上线下融合，共享平台优势，才能更好地应对消费升级趋势的挑战。

（三）零售行业存在的问题

在当前零售行业的发展中，实体零售业和网络零售业是两个独立的部分，二者融合度不高。网络零售与实体零售同为零售业态，目的都是更好地满足消费者的需求，但两者均受到顾客需求、企业发展及成本要素等的共同作用，两者的关系也由竞争互斥向尝试合作的方向发展。网络零售和实体零售的弱点决定了任何单一的业态都无法满足更高层次的消费需求，两者的优点又奠定了融合的基础，而协同整体作用的发挥又为其带来了"1+1>2"的发展前景。由此可见，新零售模式是零售行业的发展趋势。[1]

三、新零售的概念

2016年，马云在杭州首次提出"新零售"概念，认为未来十年是新零售快速发展的时期。新零售开始引起行业的广泛讨论，成为行业发展的焦点和理论界研究的热点话题。[2]

关于新零售的界定，有学者认为新零售是企业以互联网为基础，使用大数据、人工智能等先进的技术手段，对商品的生产、流通和销售等进行转型升级，并重新

---

[1] 合肥百货大楼集团股份有限公司 [N]. 上海证券报，2018—04—21.
[2] 申潇潇. 新零售时代下物流行业的发展路径研究 [J]. 现代商贸工业，2017 (18)：21—22.

构建业态结构及生态圈,针对线上、线下与物流配送开展合作零售的新模式。也有学者认为,新零售是企业使用互联网思维和先进的技术,对传统的零售形式进行改造与革新,以新的理念与思维为先导,把商品和服务等一起销售给终端顾客的一切活动。还有学者认为新零售实质上是零售本质的回归,是在数据驱动与消费升级时代,以全渠道和泛零售等形式满足消费者的购物、娱乐、社交等多样化和一体化诉求的综合零售业态。①

新零售概念的提出颠覆了传统观念中对零售行业的理解,但对于什么是新零售,尚未有统一的说法。一般来说,其内涵主要在于以下几个方面:其一,致力于线上、线下和物流的深度融合,为消费者提供全面的服务;其二,将数字技术充分融入零售行业的各个环节,在降低各个零售环节成本的同时提升效率;其三,回归零售的本质,更加重视以消费者为核心的服务理念,努力为消费者提供高效、满意乃至超过预期的服务。②

总的来说,新零售是零售业借助大数据和人工智能突破成本困境而采用的新模式,③即企业以互联网为依托,通过运用大数据、人工智能等先进技术手段,对商品的生产、流通与销售过程进行升级改造,进而重塑业态结构与生态圈,并对线上服务、线下体验以及现代物流进行深度融合的零售新模式。

四、新零售的发展阶段

(一)大零售阶段:实体零售规模扩张

以门店为依托,先后经历百货商场、超级市场、购物中心等实体形式。

(二)网上零售阶段:电子商务爆发

以互联网为基础,大型电商平台快速发展,零售服务呈放射状,并带动物流业发展。

(三)电商薄利阶段:线上零售红利消退

人口红利消失,流量成本提高,电商行业陷入价格战,零售转型呼声渐高。

---

① 王宝义."新零售"的本质、成因及实践动向[J].中国流通经济,2017,31(7):3-11.
② 张慧珍.新零售发展模式探究——以盒马鲜生为例[J].广西质量监督导报,2020(10):236-237.
③ 王玖河,刘禹.基于扎根理论的新零售商业模式创新路径研究——以无人零售为例[J].燕山大学学报(哲学社会科学版),2020,21(5):81-89.

（四）新零售阶段：线上线下融合

消费升级背景下，大数据、云计算等新技术的应用催生了线上线下的新零售模式。①

五、新零售的特征②

（一）渠道一体化

即多渠道深度协同，融合成"全渠道"。当今，消费者可以随时随地出现在实体门店，淘宝、京东电商平台，美团等外卖平台，微店及网红直播频道等各种零售渠道。零售商不仅要打造多种形态的销售场所，还必须实现多渠道销售场景的深度闭合，才能满足顾客想买就买的需求。

（二）经营数字化

今天商业变革的目标就是一切在线，通过数字化把各种行为和场景搬到线上，然后实现线上线下融合。零售行业的数字化包括顾客数字化、商品数字化、营销数字化、交易数字化、管理数字化等。数字化是通过 IT 系统来实现的，所有的数字化战略中，顾客数字化是基础和前提。

（三）门店智能化

大数据时代，一切皆智能是必然。门店智能化可以提升顾客的互动体验和购物效率，可以增加多维度的零售数据，可以很好地把大数据分析结果应用到实际零售场景中。在零售行业，商家进行数字化改造之后，门店的智能化进程会逐步加快，但脱离数字化去追求智能化，只会打造出"花瓶工程"。

（四）商品社会化③

我们去实体门店购物，会觉得店铺里的商品琳琅满目，东西买都买不完，而通过线上店铺购物时，会觉得店铺的东西少、品类缺乏。这就是新零售时代对品类管理的挑战，需要商家重构供应链才能解决。办法就是建立社会化供应链，即卖自家货、他家货，自己卖、请别人卖，卖土货、洋货、农特货等。

---

① 李红雨. 新零售背景下北方图书城的商业模式创新研究［D］. 沈阳：辽宁大学，2020.
② 徐嘉骏. 京东"新零售"业务发展对策研究［D］. 桂林：广西师范大学，2021.
③ 陈开云. "新零售"背景下商场交互性导视系统设计研究［D］. 咸阳：西北农林科技大学，2021.

（五）物流智能化

传统零售模式要求只能到店消费，现买现卖，新零售模式下消费者可以全天候、全渠道、全时段都能买到商品，并能实现到店自提、同城配送、快递配送等，这就需要对接第三方智能配送、物流体系，以此缩短配送周期、去库存化。

总的来说，新零售不再只是简单地销售产品，而是销售产品与服务。在传统的零售模式中，顾客与商家的关系分为三种：随机关系、弱关系以及强关系。随机关系就是买完即走，顾客和商家没有任何后续联系；弱关系一般是在节日或一些促销活动时[①]，商家向顾客发送关于产品的短信、微信等；强关系是建立沟通渠道，满足顾客的任何需求。但新零售遵守以人为本的原则，商家是站在顾客的角度思索顾客需要什么，进而满足这一需求。新零售的趋势是店铺运用大数据，依据不同人群的喜好对商品进行分类，实现顾客数字化、商品数字化、营销数字化、交易数字化、管理数字化。新零售的模式主要有三种：线上、线下与物流结合，实现商品与物流渠道整合；提供体验式和场景化消费服务；打造新零售全渠道产业生态链。

六、新零售与传统零售的区别[②]

（一）数据化

新零售业态中，"人、货、场"这三要素将被完全数据化。传统实体零售商并不能有效收集消费者数据，用户多是匿名的，比如某个忠实用户虽已经产生了1000次点击购买行为，但零售商也不知道他是谁，甚至也不关心他是谁。对于同时开展电商业务的零售商，其线上和线下的数据通常是割裂的，造成了绝大部分顾客的消费行为数据严重缺失，更不用提用户画像的构建。掌贝CEO宿凯说："新零售是通过线上线下的数据深度融合，来服务消费者，连接消费者，营销消费者，为消费者打造个性化、精准化、智能化三位一体的消费体验。"

（二）去中间化

传统零售业中，商品从工厂到用户手中隔着非常多的环节，批发、分销、物流等都增加了非常多的成本，所以B2C模式将会成为主流模式，也是新零售的一种常态。同时，传统零售业在发展过程中以商业地产租金、联营扣点方式赚取高额利

---

① 蒲婷婷. 新零售背景下地区性连锁超市AA营销策略研究［D］. 济南：山东师范大学，2021.
② 看看新零售和传统零售的区别［EB/OL］. https://www.hishop.com.cn/xls/show_44371.html.

润的方式将不可持续，最终零售业的利润还要回归到商品和服务的增值中，而不是信息差利润。

（三）个性化

随着新零售的提出，很多企业迅速成为市场焦点，个性化定制是每个企业制胜的法宝。传统零售行业一般都是批量生产，所以无法或者很难识别消费者多变、多样的需求，他们的步伐总比市场慢半拍。新零售不再如此，为了制造个性化，他们必须关注市场、关注消费者需求，及时调整产品策略。

（四）全场景化

新零售模式下，消费场景无处不在，应用数字化技术实现实体经济、虚拟经济的深度结合，使传统零售的人、货、场在空间和时间维度上得到最大限度的延伸，消费者不再受区域、时段、店面的限制，商品的内容也不受形式、种类和数量的限制，消费者的体验和商品交付的形式不受物理形态的制约。

在传统零售模式下，企业的经营者依托线下实体场景向消费者提供商品，最后通过差价获得收益，重视的是人、货、场理论中的货和场，同时一直有酒香不怕巷子深的理论，酒是货，而巷子是场。由此可以看出传统零售系统以商品为核心，从订货到生产、销售的整个线路主要围绕商品的进、销、存来进行管理。而新零售以人为核心，商家根据用户（人）的需求推送产品（货），并为用户打造消费场景（场）。无论是传统零售还是新零售，"人、货、场"三要素是不变的，变化的就是三要素的重新连接和理解，"体验"和"服务"则是新零售升级的关键点。[1]

七、新零售的发展趋势[2]

（一）人性化零售

当前零售商品种类较为丰富，因此通过推陈出新获取流量的方式变得越发困难，未来零售的发展会更加以消费者为中心，围绕消费者打造特色产品和服务组合。

---

[1] 新零售和传统零售的差异和根源 [EB/OL]. https://baijiahao.baidu.com/s?id=1615127370808905021&wfr=spider&for=pc.

[2] 中国产业研究院. 新零售行业前景——行业发展前景与投资决策分析报告 [R]. 2021-09, https://www.chinairn.com/.

（二）数据化零售

新零售的实现依赖于对消费者的全方位解读，而以大数据、人工智能为技术支撑则能够帮助企业进行精准营销和定位。未来的企业将既是零售企业，也是大数据企业。

（三）无边界零售

传统零售的边界在于拥有线下店铺以及配置的工作人员，前者对地理位置有较高需求，后者则需劳动者具备一定的技能；但随着移动支付、人脸识别等技术的普及，无人零售将成为一个重要突破口。

（四）全渠道零售

新零售是线下与线上的融合，零售门店将加速与电商共享渠道资源，互相导流，在降低获客成本的同时增加用户黏性。

（五）可视化零售

消费升级时代下，人们对消费品的要求越来越高，对一些已经在产业链布局的企业来说，通过记录各个环节的数据，能够使消费者追溯商品出厂、运输、配送的全过程，让购物变得更加安心。

八、新零售的作用与意义

作为基本服务产业，零售业是连接生产与销售的桥梁，是我国居民日常生活中不可或缺的一大产业，是推动我国国民经济发展的主要动力。当前，国内经济面临下行压力，零售行业高度成熟，日渐同质化，加之行业门槛相对较低，新零售不断发展，传统零售企业面临的竞争更加激烈。新零售背景下，传统零售企业提升顾客满意度的研究是适应当前零售业市场发展趋势，有效解决传统零售业停滞不前、萎靡不振等问题的一项重要举措。[①]

[①] 郭琪，黄婷婷. 新零售背景下传统零售企业提升顾客满意度途径分析 [J]. 商展经济，2020（11）：38-40.

（一）优化供应链，实现成本优势①

传统零售讲究个体经济，主要针对某一个公司或某几个公司的供应链体系，新零售则是大的供应链融全球采购跨境电商为一体，借助 KOL（Key Opinion Leader，关键意见领袖）社交，实现全新的 S2B（Supply Chain Platform to Business）模式创新，成为未来五年甚至是更长时间的主流供应链体系，从而实现其成本优势。② KOL 社交作为一种较新的营销手段，同时也是互联网的产物，KOL 的粉丝黏性很强，在 S2B 模式中发挥着重要作用。

（二）运用大数据，实现精准销售

新零售以数据为驱动，通过新科技的发展和用户体验的升级，改造零售业形态。通俗来说，新零售是指企业以互联网为依托，运用大数据、人工智能等先进技术手段，对商品的生产、流通与销售过程进行升级改造，进而重塑业态结构与生态圈，并对线上服务、线下体验及现代物流进行深度融合的零售新模式。③ 大数据时代，数据成为零售企业经营决策的基础，重建以数据为核心的经营模式，将成为转型升级的关键。线下零售企业可以充分利用线上零售企业积累的大数据资源，掌握消费者的各种场景数据，实现消费者消费场景的还原及形成消费者画像，挖掘其潜在需求。同时通过商品数字化、会员数字化、终端数字化等方式，精准引导，满足消费者的潜在需求。④

（三）打造智能终端，实现更好的消费者体验⑤

规模化、批量化以及多级渠道模式导致传统零售在价格上存在虚高，但新零售一直倡导多、快、好、省。新零售的"多"体现在产品门类多、样式多；"快"体现在不断打造智能终端，能够快速解决"最后一公里"的问题；"好"体现在提供的产品不仅品质好而且价格低；"省"体现在新零售的分享经济特征，顾客通过分享可以返利，从而达到省的目的。新零售的这一特定优势完全从消费者的角度出发，为消费者量身定做，势必能够实现更好的消费者体验。⑥

---

① 李琦. "新零售"下我国零售企业供应链 KPI 体系的构建与应用 [J]. 商业经济研究，2020（24）：121-124.
② 资料来源：https://xueqiu.com/5870904687/196354477.
③ 资料来源：https://xueqiu.com/5870904687/196354477.
④ 王一，梁峰. 新零售社群营销现状及未来展望 [J]. 企业改革与管理，2021（7）：90－91. DOI：10.13768/j.cnki.cn11-3793/f.2021.0671.
⑤ 资料来源：https://www.sohu.com/a/351257455_170557.
⑥ 陆影，高皖秋，强敏. "新零售"下安徽百货业转型升级发展路径研究 [J]. 中国商论，2020（22）：4-5+8.

第三节　新零售时代的商业模式

一、新零售时代的特点

零售业适用于不同情况的创业，可以是大型连锁零售商场，也可以是一家低门槛的网店，并且零售业对待创业资金很"友好"。零售业的变革和进步提高了人们的生活质量，甚至引发了一种新的生活方式。

新零售模式的营销思路是企业的变革与转型，是重新思考企业与客户间关系的战略思维。新零售的核心要义在于推动线上与线下的一体化进程，其关键在于使线上的互联网力量和线下的实体店终端形成真正意义上的合力，从而完成电商平台和实体零售店面在商业维度上的优化升级。同时，促成价格消费时代向价值消费时代的全面转型。①

此外，有学者也提出新零售就是"将零售数据化"。线上用户信息能以数据化呈现，而传统线下用户数据数字化难度较大。在人工智能深度学习的帮助下，视频用户行为分析技术能在线下门店进行用户进店路径抓取、货架前交互行为分析等数字化转化，形成用户标签，并结合线上数据优化用户画像，同时可进行异常行为警报等辅助管理。

新零售可总结为"线上＋线下＋物流"，其核心是以消费者为中心的会员、支付、库存、服务等方面数据的全面打通。

近年来，电子商务以爆发式的速度增长，网购人数不断扩大，呈规模性增长，许多企业以互联网为依托，对商品生产、销售和流通等环节进行升级，并运用先进技术将线上服务、线下体验和现代物流进行深度融合。我国零售业的发展迎来了新的契机，由此产生了新零售，传统零售业格局开始改变。随着我国经济的飞速发展和电商企业对用户网购习惯的循序培养，国内电子商务迎来了高速发展。然而，当前我国居民人均可支配收入不断提高，商品市场持续繁荣，网购用户愈发开始重视购物体验和网购商品的质量。网购用户由过去过分追逐低廉价格，开始向理性消费、高品质消费和体验式消费转变，由此线上电商无法给予用户实物体验，所供应商品质量难以保证的问题亦不断暴露，线上用户数量增速放缓，流量红利出现萎缩，传统电商的增长瓶颈开始显现，对传统电商企业而言，只有积极寻求变革和创

---

① 秋叶，刘勇. 新媒体营销概论 [M]. 北京：人民邮电出版社，2017：165.

新，才能有出路。①

随着我国的经济发展由高速度进入高质量阶段，消费已成为经济增长的主引擎，消费需求端将呈现消费分层和消费升级两大趋势。零售行业作为满足消费需求的重要环节，随着消费者群体的更替和消费观念的变化，在零售市场呈现出消费群体分层化、需求个性化、线下购物体验化等许多新的变化。应根据新消费、新需求释放巨大的需求潜力空间，对目标市场的消费者需求进一步细分，提升体验化和场景化服务。如增设公共休息区域、室内采光布局等加强体验式升级，增强企业的服务价值和差异化特色②，提高实体零售企业线下的竞争优势。

二、新零售时代的商业模式

（一）融入云计算、大数据等创新技术③

新零售的核心在于提升用户体验，满足用户日益变化和个性化的需求，通过"线上＋线下＋物流"的深度融合，实现商品与物流渠道的全面整合。线下零售商开发线上渠道、线上零售商开拓线下渠道、线下零售商与线上零售商展开合作④，实现渠道的互补和共赢。当前国内已有部分主流电商企业与线下零售商开展渠道互补⑤，例如阿里与百联之间的战略合作、京东推出"京东到家"以及和沃尔玛达成战略合作等，这样的合作可以带来两方面的共赢：一是在物流配送高峰时期可以做到就近配送，实现线上线下产品同款同价；二是实行线上订货实体店就近取货，或者线下订货线上发货等。这不是简单的O2O，而是多家线上线下零售企业合作共赢，形成可持续的全渠道产品及物流配送网络，获益最多的是消费者。这一模式的最终实现往往需要有云计算、大数据等高新技术的后台支撑与配合。

（二）以用户需求为中心，进行场景化重构，全方位提升用户体验

传统电商和零售企业以产品服务为中心，传统方式下的物流配送与移动互联网时代用户个性化需求不断凸显的现状极不相符。当下用户需求趋于多样化、个性化，传统电商和零售企业只有清晰地了解用户画像，扎根用户需求，改变传统的"场—货—人"模式，重构"人—货—场"模式，利用用户聚合的粉丝经济引领新

---

① 李正波，邱琼. 电子商务与新零售研究［M］. 北京：中国人民大学出版社，2017：455.
② 合肥百货大楼集团股份有限公司［N］. 上海证报报，2018-04-21.
③ 新零售总结（1）教学提纲［EB/OL］. https://wenku.baidu.com/view/16a1cc3e6429647d27284b73f242336c1fb9300f.html.
④ 赵彬宇. 新零售时代下物流行业的发展路径研究［J］. 商业故事，2018（23）：49.
⑤ 李正波，邱琼. 电子商务与新零售研究［M］. 北京：中国人民大学出版社，2017：455.

型供应链模式和物流模式，才能有助于走出瓶颈期。①

（三）打破边界，进行全渠道交易②

当前新零售的发展受到很多因素的影响：第一，目前无论是电商、实体零售企业还是物流企业，均以片面追求利润最大化为目标，关心的是零售产品的销售额，而没有真正把握产品的源头质量，从而造成消费者流失，陷入被动局面；第二，部分零售企业在自身成本居高不下的同时，不能很好地与其他企业进行渠道合作③，只关注自己的成长，以竞争对手为假想敌，因此不能与业内其他企业以及上下游供应商与零售商精诚合作，无法融入新零售时代互利共赢的生态圈。④ 这与新零售模式所强调的线上线下物流及多方跨界融合的要求相差甚远，很难改变当前电商进入增长瓶颈期和线下实体零售企业纷纷开启"关店潮"的现状。只有线上线下及物流等多方通力合作，开展全渠道交易，线上、线下、社交电商、社群经济、社区体验全面融合，打破所有边界，才有可能迎来电商和零售的春天。

综上，新零售模式的有效开展急需线上线下及物流等多方跨界融合的全渠道交易，打破边界，在跨界融合中融入大数据、云计算等创新技术，以用户需求为中心，全方位提升用户体验，增加社会效率。

本章思考：
1. 大数据产生的原因有哪些？大数据如何与直播电商进行结合？
2. 什么是新零售？新零售的"新"体现在哪些方面？
3. 新零售具有什么样的特征？新零售模式的商业特征有什么？

---

① 谭贤. 新零售时代的O2O [M]. 北京：人民邮电出版社，2018：257.
② 申潇潇. 新零售时代下物流行业的发展路径研究 [J]. 现代商贸工业，2017 (18)：21-22.
③ 许婉韵. 新零售时代下物流行业发展的探讨 [J]. 商场现代化，2019 (11)：37-38.
④ 吴宇. 新零售新市场 [M]. 北京：人民邮电出版社，2017：258.

第二章　直播营销概述

第一节　直播营销概述

一、直播营销的概念

直播营销是指在现场随着事件的发生、发展进程同时制作和播出节目的营销方式，该营销活动以直播平台为载体，以提升企业品牌和增长销量为目的。[①]

从狭义上来说，直播营销是指通过直播平台、技术等进行的商业推广活动，从广义上来说，其包含从直播前的策划到直播后的传播等一系列营销流程。[②] 2013年出现的"网红带货"形式承接了电商社交化、内容化的发展趋势，为此后的直播电商奠定了基础。2016年主播模式开始盛行，在"初代带货达人"开始进入直播间对自家品牌进行宣传的同时，电商平台开始联合MCN机构对新人主播进行孵化，如李佳琦等以销售各品牌产品为目标的"新带货达人"开始出现。随着"新带货达人"在社交媒体中的"出圈"，2019年的直播营销进入发展高峰期。除淘宝、拼多多等电商平台外，快手、抖音等多个短视频平台也开始进行直播电商营销，并逐渐找到各自的发展模式。[③]

二、直播营销的内涵

网络直播是指基于网络流媒体技术，与PC端或移动终端联系，现场显示图片、文本、视频等媒体信息的一种新型通信方式。在网络直播平台上，主持人通过视频录制或直播，传播活动现场、选秀现场和生活场景，在线观众可以发送大量信

[①] 资料来源：https://baike.baidu.com.
[②] 孙笑然，陈明明. 直播电商营销效果分析 [J]. 福建茶叶，2019，41（9）：27.
[③] 张千昱. 浅析短视频平台直播电商的营销价值 [J]. 传播力研究，2020，4（23）：184-186.

息、奖励礼物或直接与主持人互动。在此基础上，网络直播营销以企业客户的需求为出发点，采用相应的方式获取客户信息，有计划地组织相关的市场业务活动，不仅可以实现相关信息的传播和宣传，还可以提高知名度和市场份额，增加总收入。①

三、直播营销的特点

直播电商营销的特点可以概括为两点：实时营销与广泛传播。通过直播实时场景的搭建构建与消费者之间的信任纽带。在主播进行产品试用、展示、推荐时，顾客可以深度参与购买场景，完成与主播或品牌的即时互动，在短时间内完成情感联结。同时，直播电商营销链条中还包括二次传播，即直播与社交平台等紧密结合，将直播本身作为媒介事件或符号进行社会化营销，帮助直播"出圈"。

四、直播营销的作用与意义

直播营销是一种营销形式上的重要创新，也是非常能体现互联网视频特色的板块。对广告主而言，直播营销有着极大的优势：

（一）在当下的语境中直播营销就是一场事件营销

除了本身的广告效应，更明显的是直播内容的新闻效应，其引爆性也更强。对同一个事件或者话题，相对而言，直播营销可以更轻松地进行传播和引起关注。

（二）能体现用户群的精准性

在观看直播视频时，用户需要在一个特定的时间进入播放页面，这其实与互联网视频所宣扬的"随时随地性"是背道而驰的。但是，这种播出时间上的限制也能够真正识别并抓住这批具有忠诚度的精准目标人群。

（三）能够实现与用户的实时互动

相较于传统电视，互联网视频的一大优势就是能够满足用户更为多元的需求。不仅是单向的观看，网友还能一起发弹幕吐槽，喜欢谁就直接献花打赏，甚至还能利用民意改变节目进程。这种互动的真实性和立体性也只有在直播的时候能够完全

---

① 张晓雯，朱旭丹，李晶，等. 网络直播平台的营销策略研究——以斗鱼TV为例 [J]. 中国商论，2019（14）：14—16.

展现。

（四）深入沟通，情感共鸣

在碎片化的时代和去中心化的语境下，人们在日常生活中的交集越来越少，尤其是情感层面的交流越来越浅。直播这种带有仪式感的内容播出形式，能让一批具有相同志趣的人聚集在一起，聚焦在共同的爱好上，在情绪上相互感染，达成情感气氛上的高位时刻。如果品牌能在这种氛围下恰到好处地进行推动，其营销效果一定也是事半功倍的。

五、直播营销的发展原因[①]

（一）移动网络提速和智能设备的普及[②]

得益于移动网络速度的提升以及流量资费的降低，视频直播能够比以往更加流畅，随着智能手机的普及，人们可以直接通过智能手机拍摄视频并上传，这就使得视频直播能够有更多的场景，从而让企业有了全新的营销机会，可以随时随地更加立体地展示企业的文化，发出企业的声音。

（二）企业需要更立体的营销平台[③]

在信息泛滥的时代，单一的文字传播很可能被忽略。视频直播的兴起正好弥补了以前企业进行营销传播时的缺憾，在微博、微信之外，多了一个更为立体生动的营销阵地。

（三）用户看视频、玩视频习惯的养成

无论是移动互联网时代的机遇，还是企业营销的需求驱动，最重要的根基是用户愿意在这个平台上停留。越来越多的人愿意在视频平台上花费时间创造内容和浏览内容，这都得益于用户习惯的培养。

---

① 资料来源：https://baike.baidu.com.
② 滕雪芳. 新零售背景下的直播营销行业发展探究 [J]. 现代营销（经营版），2021（3）：160-161.
③ 丛莉苹. 直播电商营销策略及发展研究 [J]. 商场现代化，2021（1）：63-65.

六、直播营销的流程①

无论是大品牌还是个人,在利用直播进行营销时往往离不开以下几个流程:

(一) 精确的市场调研

直播是向大众推销产品或者个人,推销的前提是深刻了解到用户需要什么,我们能够提供什么,同时还要避免同质化竞争。因此,只有精确的市场调研,才能做出真正让大众喜欢的营销方案。②

(二) 分析项目的优缺点

要精确地分析项目的优缺点。做直播,只要营销经费充足,人脉资源丰富,就可以有效地实施任何想法。③ 但大多数公司和企业没有充足的资金和人脉储备,需要充分发挥自身的优点来弥补,一个好的项目不只是靠人脉、财力的堆积就可以达到预期的效果,只有充分发挥自身的优点,才能取得意想不到的效果。

(三) 市场受众定位

能够产生结果的营销才是有价值的营销,受众是谁,他们能够接受什么样的推广等,都需要恰当的市场调研,找到合适的受众才是做好整个营销的关键。④

(四) 直播平台的选择⑤

直播平台种类多样,根据属性可以划分为不同的领域。如果做电子类的辅助产品,直播推销衣服、化妆品将会带来意想不到的流量。所以,选择合适的直播平台也是关键。

(五) 良好的直播方案

做完上述工作之后,关键的一步就在于最后呈现给受众的方案。方案设计需要销售策划及广告策划的共同参与,让产品在营销和视觉效果之间恰到好处。在直播过程中,过分的营销往往会引起用户的反感,所以在设计直播方案时,要注意把握

---

① 黑马程序员. 新媒体营销教程 [M]. 北京:人民邮电出版社,2017:238.
② 资料来源:https://baike.baidu.com.
③ 康凌宇. 直播带货乱象频生营销环境亟待净化 [J]. 服务外包,2021 (6):25-27.
④ 秋叶,萧秋水,刘勇. 微博营销与运营 [M]. 北京:人民邮电出版社,2017:220.
⑤ 秋叶,萧秋水,刘勇. 微博营销与运营 [M]. 北京:人民邮电出版社,2017:220.

视觉效果和营销方式。

（六）后期的有效反馈

营销最终要落实到转化率上，实时的及后期的反馈要跟上，同时通过数据反馈可以不断地调整方案，以提高营销方案的可实施性。

七、企业直播营销的目的

在信息高速发展的时代，人们每天都能接收非常多的信息，这不仅分散了个人的时间及注意力，也在一定程度上降低了商家与用户之间的信息传播效率，严重影响了电子商务的实际传播效果。从电商诞生起，流量始终是各大平台及卖家的第一发展指标，特别是随着淘宝等C2C平台的产生，商家更是加大力度通过各项营销手段进行集中化宣传。众所周知的"双11"购物节，每年都会吸引大批消费者，各大电商平台通过这种形式引起消费者的注意，并给出较大的价格让利，以使消费者的心理得到满足。[①]

网络直播作为一种互动性视频娱乐方式，吸引了越来越多的人参与其中。我国中小企业受企业规模与盈利水平的制约，无法开展更大的营销活动，而网络直播平台作为一种新的媒介，廉价的传播成本和高效的传播效率能在短时间内吸引大量观众，对企业的产品、形象、品牌、文化等内容进行直观、立体、多维化的展示，增加用户对企业的信任和黏性，提升品牌信任度，实现企业的营销目标。[②]

一般来讲，企业直播具有以下目的：

（一）抢占行业蓝海[③]

36氪研究院数据报告显示，中国企业直播服务市场规模由2015年的2.61亿元增长至2019年的22.72亿元，年复合增长率约为71.8%。随着技术水平的发展和应用场景的不断拓展，预计至2024年，中国企业直播服务市场规模将达191.29亿元，行业发展空间巨大。与2C（对个人）直播厮杀的红海截然不同，企业直播将受众瞄准了2B（对企业）蓝海。中国的2B市场正在面临一场数字化变革，随着网络视频通信、人工智能、大数据营销、5G等技术的发展，企业直播在对内场景

[①] 张金香，马红. "互联网+"背景下甘肃特色农产品营销模式创新研究[J]. 东北农业大学学报（社会科学版），2018，16（1）：42—47.

[②] 梁利鹏. 我国中小企业在线网络直播营销策略研究[D]. 北京：北京邮电大学，2018.

[③] 《2020年中国企业直播研究报告》出炉 To B直播成企业逆势增长[EB/OL]. https://www.sohu.com/a/398027122_374240.

的培训沟通、对外场景的营销推广等方面都得到了推广和应用，能让企业内外的沟通效率更高，快速推进企业业务增长。经过近些年的培育与发展，企业直播已全面应用于教育、金融、医疗等多个领域。企业直播服务商也在不断挖掘各行业客户的业务需求与直播痛点，并提升自身的技术水平及产品服务能力。

目睹企播是一款具有一定行业竞争优势的产品，其为中大型企业提供了在整体视频媒体中心搭建过程中复杂场景多层结构权限管控下的视频云平台解决方案，直接催生和服务于"企业电视台"这一全新的企业自主传播形态。[①]

（二）助力数字化转型[②]

当前，在企业数字化转型过程中，企业视频媒体化中心不断被提及。企业希望可以通过视频直播、点播、短视频等丰富的流媒体内容和形式，对内提升沟通效率和效果，实现降本提效；对外直达核心客户，盘活沉睡流量，并形成品牌私域流量池，真正达成"企业视频化、视频媒体化、品牌IP化"。然而，在实际构建过程中，为保障正常经营和内部协作，企业视频媒体化中心需要满足人力资源、市场、产品、销售等多个部门对视频直播的不同需要。因此，如何快速构建稳定易用、集中管理的视频直播平台，成为每个大中型企业IT人员都要面临的问题。目睹企播则刚好切中了企业的这一痛点。

企业可以通过目睹企播快速搭建企业视频媒体中心，赋能现有应用，并兼顾大中型企业对混合多元部署的需求，满足安全、稳定、开放融合及全场景覆盖等多方诉求，让企业轻松拥有专属的"企业电视台"。

（三）构建直播圈生态[③]

当前，企业直播的基础层一般是由5G、AI（Artificial Intelligence，人工智能）、Database（数据库）等技术以及直播软硬件、媒体分发渠道、营销、通信、支付等基建环节组成。其服务链主要分为上下游：上游是CDN（Content Delivery Network，内容分发网络）服务商以及云服务厂商（阿里云、腾讯云、华为云、金山云等），下游则是科技、教育、金融、汽车、房产、制造、医疗、新零售等垂直行业的企业客户。一般来说，企业直播的服务商主要提供直播软件服务（SaaS），关键技术支持则是由上游的云服务商来完成。

未来，企业直播平台将通过布局新技术获取差异化优势，并寻求平台留存用户，不断寻找增益的突破点，让"直播"真正成为商贸流通、教育教学、事业推进

---

① 资料来源：https://blog.csdn.net/talk_fun2015/article/details/119566801.
② 资料来源：https://wenku.baidu.com/.
③ 谭贤. 新媒体营销与运营实战从入门到精通[M]. 北京：人民邮电出版社，2017：361.

的有力工具,成为企业"降本增效、数字转型"的必备法宝。①

第二节　直播营销的方式与用户分析

一、直播营销的方式②

现阶段,企业为了提高自身竞争力,开始在网络直播平台的营销中尝试多种营销策略,常见的网络直播营销模式主要有以下几种③:

（一）直播+电子商务

指借用明星效应或网络名人效应,以直播的形式向用户介绍产品的细节和特点,从而推广产品,刺激消费。④

（二）直播+个人 IP

企业利用超高人气和自带流量的网络红人,在线吸引大批观众关注直播内容,以此提升广告效应和品牌的影响力。

（三）直播+互动营销

指的是通过主播与观众进行实时互动的方式,如发红包、投票、抽奖和问答等,调动其积极性,全方位参与营销过程和产品卖点解读,以此提升品牌曝光率。

（四）直播+内容营销

以视频方式呈现直播内容,具体的直播内容需要精心策划,主要目的是帮助用户了解相关产品信息,树立产品品牌,以此提升营销效果。⑤

（五）直播+发布会

相较于传统的发布会形式,通过在网络直播发布会,不仅可以打破受众少、场

---

① 唐玉琴.企业直播助力数字化转型[J].上海信息化,2020(11):48-51.
② 舒曼.网红经济视阈下直播电商问题的观察与思考[J].现代营销(学苑版),2021(9):144-145.
③ 牟臻扬.网络直播与产业营销[J].营销界,2020(9):4-5.
④ 姜璐.基于网络直播的中小企业新型营销策略研究[J].智库时代,2018(52):17+19.
⑤ 曹博,邱丽娟."互联网+"背景下企业会展营销策略优化分析[J].商业文化,2021(31):47-48.

地小以及传播速度慢等限制,还可以第一时间将相关信息传递给受众,提升产品竞争力。①

二、直播用户与环境

相较于传统的销售行为,直播电商的兴起较晚,一部分企业还来不及对该行业进行深入了解,一部分企业甚至可能出现"跟风性"投资行为,从而降低产品的总销售额度。电商平台需承载大量的待销售产品,不仅总量巨大,其种类也相对繁杂,但该领域的从业者人数有限,一部分主播及艺人甚至需要同时直播售卖多种产品,从而打乱整体销售计划,影响最终的销售成单量。②

在电子商务直播模式的支持下,企业可以通过互联网直接挖掘潜在的客户,这不仅可以最大限度地降低企业的基本支出,还可以将客户成本控制在可承受的范围内。与传统的营销模式相比,通过这种方式获得的收入不但没有减少,甚至有可能增加。随着互联网商务技术的发展,直播电商逐渐成为一种主流的商品销售方式,无论是生活必需品,还是工业类产品,其总体销售数额相较以前都有了明显的提升。

三、直播用户的特点

在全国的直播浪潮中,观看和使用网络直播平台已经从少数群体的行为发展为大规模的受众社交方式。网络为用户提供了实现人际交往的场所,尤其是社交媒体满足了用户的诸多需求。注册 ID 后,通过手机或电脑进入直播间观看主播内容的用户称为观众。因为观看直播的门槛很低,直播间是一个拥有广泛观众的在线社交场所,人人都可以在直播间参与互动,可以通过发布弹幕、实时评论、赠送礼物等方式发出自己的声音。网络直播是展开互动仪式的典型场所,在整个直播过程中,用户的关注点聚焦于主播的表演以及交流过程中,直播间为观众和主播构建了一个跨时空人际交往场所,在这里形成的互动仪式过程更加具有视觉感、参与感,在直播间里,个人的情感得到宣泄,观点得到表达,并能获得他人的关注,集体情感在集体互动过程中得到增加和释放,可以获得更多场景符号和情感体验,并产生群体感情。③

直播平台分析已经成为流媒体服务领域的研究热点。在直播平台,观众在观看

---

① 姜峰. 浅析农产品在网络直播平台的营销策略 [J]. 山西农经,2019 (4):83.
② 杨文贞. "电商+直播"下饲料企业营销模式创新研究 [J]. 中国饲料,2020 (21):146-149.
③ 曹勇. 情感与交往:互动仪式链视角下网络直播中用户行为分析 [J]. 戏剧之家,2020 (7):191-192.

直播的同时，可以发送评论与主播互动，也可以购买平台提供的虚拟礼物奖励主播。这些交互机制的存在使得观众不再仅仅是内容的消费者，他们本身也成为内容生产的一分子。洞悉观众和主播的交互行为，对于直播中内容的生产和消费过程的理解，以及平台服务的改善是非常重要的。①

四、平台主播

娱乐是网播主持人最大的特色。自1998年YY直播作为一个节目成名以来，网络直播的主持人充分体现了娱乐至死的精神。无论是在早期的节目和游戏解说中，还是在新兴的御宅族文化和音乐会等直播内容中，主持人选择的直播内容都有娱乐因素，可以让观众感到愉悦。

明星化主播与网络直播平台签约后，其身份与其他幕后人员并无差别。但主播在观众面前展露的形象气质吸引到观众后，俨然成了明星。粉丝不仅会对其称赞、打赏，还会在直播播出后的几分钟内，通过从QQ群、微博等渠道获知的播出消息进入直播间，人气高的主播甚至可以达到数十万乃至数百万的人气值。② 许多主持人在直播期间通过推广自己或合作的电商来吸引粉丝购物，从而利用电商的直接流动性将粉丝转化为购买力。主持人还可以鼓励粉丝给自己送礼物，以换取相应的奖励，如口头奖励、微信和房间管理员许可。

第三节 直播营销策略组合

一、直播营销策略

（一）打造企业"网红"

网络直播属于一种低成本、精定位和高速度的营销模式，能够为企业产品营销迅速搭建相应的平台，快速打开知名度。③ 因此，对中小企业而言，要想提升知名度，并降低成本，应重视网络直播平台对自身发展的重要性。通过提升网络直播意

---

① 兰荣亨. 众包直播系统中的用户行为分析及应用 [D]. 合肥：中国科学技术大学，2019.
② 江芳. 网络直播的四大商业模式选择 [J]. 传媒，2019 (4)：45-46.
③ 丁锋，马力. 高职院校众创空间"电商+直播"创业项目孵化研究——以无锡敏达宜兴紫砂壶营销推广项目为例 [J]. 智库时代，2019 (13)：142+149.

识，于多个知名平台上注册直播账号，为自身宣传开辟直播渠道，同时应选择合适的直播时间，并认真阅读在线参与观众的弹幕信息，积极同观众互动，以提升观众参与度。① 由于中小企业宣传资金不足，难以花费巨额资金聘请高人气网红或明星直播，因此，应利用网络直播平台优势，建立专业的直播团队，打造企业专属"网红"。另外，由于网红更新迭代速度较快，要想持续保证其影响力，还需要保证有持续性的内容生产能力，提升观众的期待感，使其持续关注。

（二）实现个性化直播

要想网络直播发挥营销作用，需要长期积累客户，而要更好地锁定目标客户群，提升客户对自身的关注度，应保证网络直播内容的独特性。因此，针对网络直播平台中不同客户的个性化特征，应结合其不同需求，打造企业的个性化直播方式和促销活动，提升直播内容的新颖性，从而提升产品和服务的个性化程度，通过凸显其个性特征，彰显企业的差异化优势，逐渐建立自己的网络直播品牌，提升行业竞争力。②

（三）网络直播营销包装

网络直播是与观众直接互动的一种形式。包装产品不仅可以缩短生产者与消费者之间的距离，帮助消费者更直接地感知产品，获知产品的生产过程，还可以在很大程度上消除消费者的顾虑，提高产品的认知度。同时，通过网络直播平台进行的信息交互直接展示了传播模式，能够吸引更多消费者的注意力，带来良好的营销效果。

（四）采用优质技术

在网络直播平台快速发展的背景下，直播观看的定义和视频播放的流程已经成为影响用户观看直播的痛点和平台快速发展的难点。现阶段，在流量方面，网络直播平台已经开始从虚拟流量转向受控流量，使网络直播平台有更多的机会尝试与电信运营商实现深度合作。同时，通过向有价值的客户提供优惠流量，可以实现合作共赢。此外，网络直播平台通过不断优化客户识别技术，判断区分能够为平台带来价值的用户，并对其需求进行精准把控，能够在最大限度上挖掘客户的潜在价值，促使网络直播平台获得更好的发展。③

---

① 李瑾. "互联网＋"视角下直播电商发展研究［J］. 产业科技创新，2019，1（7）：3-4.
② 宋宇. 网络直播平台的营销策略研究［J］. 农家参谋，2019（3）：204.
③ 陈静，许必芳. 网络直播平台的营销策略研究［J］. 中国商论，2017（28）：19-20.

二、营销方式的综合应用

利用网络直播平台进行营销时,为提升营销效果,应使用多种网络直播营销方式,满足不同观众的需求:

第一,随着网络直播平台管理的日益规范,为了减少不良网络直播内容的影响,我们应该树立正确的网络直播市场价值观,采取有效的监管手段,加强网络直播市场的管理。因此,有必要重视绿色营销模式的发展,实现政府监管与网络直播平台的结合,推进绿色网络直播营销,促进平台的规范化,提升网络直播平台的后续发展竞争力。

第二,大数据营销。网络直播平台的快速发展需要依托用户流量,大数据时代,如何利用客户流量成为网络直播平台发展的关键。因此,应重视对大数据技术的应用,通过对客户的喜好、需求进行全面分析,挖掘更多的商业价值,从而为客户提供多样化和个性化服务。[①]

现阶段,我国网络直播市场依旧处于不断发展和完善阶段,通过直播,平台相关人员不仅可以提升自身或产品的知名度,而且还可以扩大市场范围,谋求更多的利益。但受直播平台激烈竞争的影响,部分平台出现不规范行为,进而失去发展空间。为改善不利局面,更好地发挥网络直播的作用,应对其进行分析,掌握其发展状况和主要营销方式,改进直播方式,采取正确的市场营销策略和优势技术,加快网络直播平台的发展。

本章思考:
1. 直播营销的含义。
2. 直播营销与网络营销的区别。

---

① 李瑾."互联网+"视角下直播电商发展研究[J].产业科技创新,2019,1(7):3-4.

第三章 直播电商理论概述

第一节 直播电商概述

中国互联网络信息中心（CNNIC）第47次《中国互联网络发展状况统计报告》显示，截至2020年12月，我国网民规模达9.89亿，较2020年3月增长8540万，互联网普及率达70.4%，较2020年3月提升5.9个百分点。其中，农村网民规模为3.09亿，较2020年3月增长5471万；农村地区互联网普及率为55.9%，较2020年3月提升9.7个百分点。在网络覆盖方面，贫困地区通信"最后一公里"被打通，截至2020年11月，贫困村通光纤比例达98%。在农村电商方面，电子商务进农村实现对832个贫困县全覆盖，支持贫困地区发展"互联网＋"新业态新模式，增强贫困地区的造血功能。

一、网络零售连续八年全球第一，有力推动消费"双循环"

自2013年起，我国已连续八年成为全球最大的网络零售市场。2020年，我国网上零售额达11.76万亿元，较2019年增长10.9%。其中，实物商品网上零售额9.76万亿元，占社会消费品零售总额的24.9%。截至2020年12月，我国网络购物用户规模达7.82亿元，较2020年3月增长7215万元，占网民整体的79.1%。随着以国内大循环为主体、国内国际双循环的发展格局加快形成，网络零售不断培育消费市场新动能，通过助力消费"质""量"双升级，推动消费"双循环"。在国内消费循环方面，网络零售激活城乡消费循环；在国际国内双循环方面，跨境电商发挥稳外贸的作用。此外，网络直播成为"线上引流＋实体消费"的数字经济新模式，实现蓬勃发展。直播电商成为广受用户喜爱的购物方式，66.2%的直播电商用户购买过直播商品。

二、短视频用户规模增长超 1 亿人，节目质量飞跃提升

截至 2020 年 12 月，我国网络视频用户规模达 9.27 亿人，较 2020 年 3 月增长 7633 万，占网民整体的 93.7%。其中短视频用户规模为 8.73 亿人，较 2020 年 3 月增长 1.00 亿人，占网民整体的 88.3%。近年来，匠心精制的制作理念逐渐得到了网络视频行业的认可和落实，节目质量大幅提升。在优质内容的支撑下，视频网站开始尝试优化商业模式，并通过各种方式鼓励产出优质短视频内容，提升短视频内容占比，增加用户黏性。短视频平台则通过推出与平台更为匹配的"微剧""微综艺"来试水，再逐渐进入长视频领域。2020 年，短视频应用在海外市场蓬勃发展，同时也面临一定的政策风险。

2020 年出现的新冠疫情让大部分实体行业遭受打击，而直播电商行业却逆势上扬，成为很多行业复工复产、弥补销售损失的重要手段。数据显示，2020 年中国直播电商市场规模达到 9610 亿元，同比大幅增长 121.5%。随着直播电商行业"人货场"的持续扩大，直播将逐步应用于各行业各领域。

直播进入井喷爆发期，成为跟全世界对话的一个新型媒介，越来越显现出其独角兽的特性。作为一种场景同步展现的新型销售渠道，直播成为专属供应链的平台战略。

随着互联网络技术的发展，网络直播让大众有了广阔且自由的选择空间，既加快了信息传播，又减少了中间成本。

网络直播是一种依托互联网，由网络主播在事件发生时，利用手机或电脑等移动终端以及其他直播工具，在网络直播平台上同步进行录制和实况发布，并与受众通过弹幕或评论进行即时互动、双向流通的内容发布形式。[1] 网络直播具有低门槛、易理解、易传播、强互动等特性，以富有真实性、不确定性和体验感的视听服务满足用户碎片化、移动化、个性化的多媒体内容需求。

网络信息技术的发展、4G 移动网络和 Wi-Fi 的普及，以及流量资费的大幅下降，使得网络直播迅速发展，直播平台层出不穷，用户持续增加，网络直播与人们的生活深度融合。在网络直播中，用户既是实时直播的消费者，又充当着内容的制作者和传播者。这种"去中心化"的生产模式充分发挥了网络直播的内容属性和工具属性，使其能够覆盖不同行业、人群、市场，改变了传统的内容呈现方式和人际互动过程。

网络直播持续发展进化，直播内容越来越多样化，逐渐朝垂直深耕发展。"直

---

[1] 李科成. 直播营销与运营：盈利模式+推广技巧+经典案例 [M]. 北京：人民邮电出版社，2017.

播+"成为网络直播发展的新方向，网络直播和教育、游戏、财经、体育等各行业、各领域深度交融。电商、短视频等平台也纷纷布局直播领域，利用直播优势带动自身业务发展，延伸了"直播+"的边界，直播电商这种"直播+"模式不断发展。

直播电商是指商家通过直播平台或直播软件向客户推广或展示自己的产品，使客户在了解产品各项性能的同时购买商品。做直播的主体是电商平台上的各商家，有自己的店铺和团队，通过配置货品来做直播。商家可以把直播当成常态的销售渠道，也可以跟达人直播合作进行新品首发、爆款助力等。核心是做货品规划匹配和营销节奏控制，直播只是其运营中的一个环节，大部分的工作还是以产品设计、货品规划、消费者运营为主。

第二节　直播电商四要素

一、人

（一）主播

主播是以直播为媒介，在直播电商平台实施实时服务、实时销售或推荐行为的人，是直播电商产业链的灵魂。主播通过在直播平台上展示信息，唤起消费者的认知和情感等，进而激发其相应的消费行为。电商主播的特征包含知识的专业性、个体的独特性、行为的亲切感和语言的自然性，这对简化消费者的认知理解、加强情感沟通具有重要作用。电商主播在直播中发挥着催化剂的作用，可以在消费者与商品之间建立高效的联系，减少产品信息传播过程中的失真现象，增强可信度。一些头部电商主播甚至自带超强流量，形成粉丝经济，并转化为超强购买力，如"口红一哥"李佳琦等。[1]

关键意见领袖（Key Opinion Leader，KOL）一词最早出现于20世纪40年代。美国著名传播学者拉扎斯菲尔德在其著作《人民的选择》当中最先提出这个概念。当时的传播界流行"魔弹论"，认为传播媒介有不可抵抗的强大力量，它所传递的信息就像子弹打入人的身体，能左右人们的态度和意见，受众是完全被动的。为了

---

[1] 唐世华，肖静，文佳慧. 直播电商研究文献综述［J］. 河南财政税务高等专科学校学报，2020（4）：42—45.

测试媒介的力量，拉扎斯菲尔德进行了著名的"伊利县研究"，进而发现在信息传播过程中存在两级传播，大众媒介并非直接将信息传递给受众，而是要经过意见领袖这个环节，也就是"大众传播—意见领袖—受众"。

在直播电商当中，主播恰恰充当了意见领袖这个角色，其将信息传递给受众（消费者），一定程度上还充当着"把关人"的角色，将自己选择的信息传递给受众。在直播过程中，主播会有意无意地向受众传播自己的观点，受众接受的信息当中也就包含了主播主观的传播意愿，主播对信息的选择会影响消费者对商品的看法。这也就能解释为什么那些头部主播拥有巨大的粉丝号召力以及漂亮的销售数据。

目前，直播电商平台中的主播主要有四类。

第一类是拥有较高人气的社会或网络名人，通常能利用坚实的粉丝基础迅速聚集流量，形成购买力，如李子柒、格力电器董明珠以及罗永浩等。

第二类是熟知并掌握一定商品信息和营销方式的关键意见领袖，他们能在直播中充当实体店导购的角色，给消费者带来比较专业的讲解，如"口红一哥"李佳琦等。

第三类是没有太多粉丝基础的草根主播，他们通常对某类商品有较为深入的研究，同时也具备口才、表演等吸引人群观看的特长。

第四类是对商品十分了解的店铺卖家，此类主播数量居多，要求较低。

（二）消费者（用户流量池）

直播带货模式具有鲜明的粉丝经济特征，下单的消费者往往都是由粉丝转化而来的——粉丝会因为喜欢和信任而购买带货者所推荐的货物，直播带货模式的价值链才得以闭合。粉丝群体的吸引、维护和运营在打造价值链闭环中发挥着巨大的作用。粉丝不断沉淀，形成用户流量池，带货者才可以打破消费、文化和娱乐的边界，创造一场场"带货"狂欢。

首先，带货者需要建立用户画像。充分利用大数据的技术赋能，分析粉丝信息，从年龄段、职业、平台使用习惯、内容偏好、地理场景、兴趣爱好等指标出发，对用户进行画像，结合算法推送精准、有针对性的内容，维护和巩固用户关系，推动用户池成长。

其次，发展用户社交，强化参与感。利用社交，既能积累粉丝用户，还能保持与用户之间的沟通互动，及时采取措施避免客户流失，提高营销的针对性，促使用户进行二次传播。提升粉丝的参与感，增加粉丝黏性，激发口碑传播。通过持续不断地提供参与机会，包括线上线下的立体联动，与粉丝产生情感共鸣，形成社群关系，创造价值认同。

最后，打造私域流量池。《2019年私域电商报告》将私域流量定义为"商户能够随时触达，进行直接沟通与管理的用户"。直播带货仅仅依靠公域流量是不够的，因为公域流量具有不稳定、偶然性、黏性低等特征。用户流量池的运营要以平台矩阵导流为基础，强化用户吸附和沉淀，把公域流量转化为私域流量，为直播带货模式创造用户基础，从而建立完善的商业闭环生态。

（三）消费者的微观行为特征[①]

在直觉主导的思维框架下，名人直播带货场域中的消费者易表现出爱屋及乌、贪占便宜、厌恶损失等微观行为模式。

1. 爱屋及乌——光环效应

直播间的消费者表现出爱屋及乌的行为模式，该模式的心理机制是光环效应（或泛化效应），即喜欢（或讨厌）某个人就会喜爱（或讨厌）这个人的全部，甚至与其有关的其他人或物。在名人直播带货中，消费者对主播的信任泛化至主播推荐的商品上——因喜爱、信任主播而喜欢、信任商品，进而产生购买行为。在爱屋及乌行为模式中，商品、消费者、主播构成的关系闭环既可以是积极的，又可以是消极的。积极的闭环关系为：消费者因喜爱、信任主播而购买商品—良好的商品使用体验促使消费者喜欢商品—对商品的喜爱反过来会强化消费者对主播的喜爱与信任。消极的闭环关系为：消费者因喜爱、信任主播而购买商品—糟糕的商品使用体验引起消费者的不满—对商品的不满反过来会削弱消费者对主播的喜爱与信任。由此可见，商品使用体验决定着主播、商品、消费者闭环关系的性质。海德的平衡模型可以解释为何糟糕的商品使用体验会改变消费者对主播的态度（如图3-1所示）。

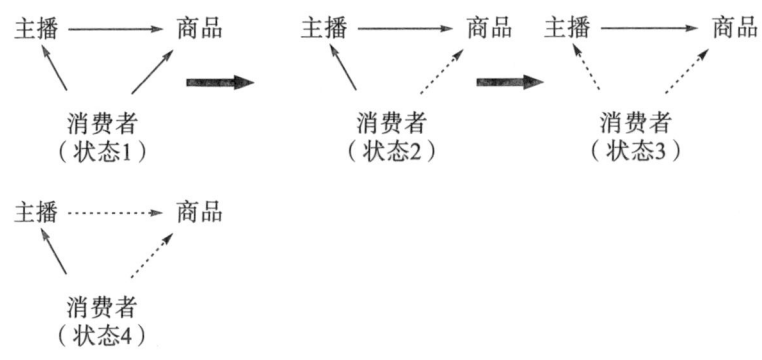

图3-1 主播、消费者、商品间的平衡模型

说明：图中实线表示肯定态度（+），虚线表示否定态度（－），箭头表示态度方向。

[①] 丁汉青，常琪. 框架与行为：名人直播带货场域中的消费者[J]. 出版广角，2020（22）：25-29.

在状态 1 中，消费者喜欢、信任主播，主播肯定商品，消费者喜欢商品，此时，消费者、主播、商品间的关系是平衡的。在其他关系不变的情况下，糟糕的商品使用体验使消费者对商品持否定态度，消费者的认知失去平衡（见状态 2）。此不平衡引起消费者的不满，促使其改变对主播的态度，三者间的关系再次平衡（见状态 3）。当然，如果主播不愿失去消费者的喜爱，就需要表达出对商品的否定态度，在这种情况下，消费者可以在不改变对主播肯定态度的情况下，保持认知平衡（见状态 4）。

从消费者爱屋及乌的行为模式上看，名人直播带货与名人代言、情感营销颇为相似。名人在将消费者对自己的喜爱与信任泛化至商品时，一方面，需要避免所推荐的商品给消费者带来负面体验，以免引发消极关系闭环；另一方面，要优化消费者的商品使用体验，主动引发积极关系闭环。此外，当消费者对商品不满时，主播需要及时承认商品存在的问题，以减少消费者"脱粉"。

2. 贪占便宜——交易效用

消费者普遍存在贪占便宜的心理特征。当消费者花 100 元买到一个据称原价 150 元的商品时，会产生意外获得 50 元的满足感。这种"个人认为的公平价格与其内部参考价格的差值"即为交易效用。

为消费者提供足够的交易效用是公益直播带货重要的卖点。主播提及的参考价格可以是平常价格、某平台价格、全网价格、三年价格等。低价承诺因契合了消费者贪便宜的心理而受到欢迎，符合人们对直播带货的心理预期。在消费者看来，与实体店相比，线上销售有"不需承担店铺租赁费""可享受较大幅度批量折扣"等成本优势，这些成本优势理应转嫁给消费者。如果直播带货以与线下店铺相同的价格销售商品，消费者肯定不愿意购买。

贪便宜的消费者看重由实际购买价格与参考价格差值所决定的交易效用。但实际上，贪便宜的消费者往往还比较懒惰，他们一般不会动用推理系统深究主播所声称的"参考价格"是否属实。当主播声称某价格为全网最低时，消费者不会思考全网的范围有多大、是哪个时间段的全网价格、此商品在各网站的价格到底是多少等问题；当主播称某价格为"三年最低"时，消费者也不会考证近三年此商品的价格波动以及此价格是否真正位于近三年最低点，而是在"全网最低价""三年最低价"等概念的激发下，直接判断交易效用，并作出购买决策。当然，名人主播为维护自身声誉，亦倾向于确保自己所声称的价格优势言之有据，并将从商家争取到的低价视为支撑自己的场面、赢得消费者喜爱与信任的生命线。

3. 厌恶损失——锚定效应

价格函数曲线表明，人们在得到 100 美元时获得的效用增加远小于失去 100 美元时所遭受的效用减少。① 这说明人们普遍厌恶损失，损失给人们带来的痛苦大于等量收益带来的快乐。

在名人直播带货场域中，商品限时限量供应会人为地造成短缺错觉。一部分有购买意愿但未能购得商品的消费者会将未以优惠价格购得优质商品视为损失，并且在评估此损失时还会受"锚定效应"的影响。具体来讲，由于直觉思维系统"理解句子的方式就是尽量相信其内容的真实性"，主播所介绍的商品性能、优惠价格等都会被以直觉主导的消费者照单全收，成为消费者评估自己因错过商品而遭受损失的"沉锚"——主播所宣扬的商品性能越高、价格优惠力度越大，消费者感受到的商品价值就越高，其错过商品时所感受到的损失就越大。错失中意商品带来的痛苦会高于买到商品的快乐，为避免这种痛苦，消费者以很大的积极性蹲守抢货，有的甚至会花时间制作详细的抢货攻略。

名人直播带货场域中的消费者除表现出爱屋及乌、贪占便宜与厌恶损失三大微观行为模式外，还表现出过于自信、自制力弱等特征。首先，消费者普遍过于自信，认为自己遭遇"货不对板"或其他糟糕购物体验的概率不大；或相信自己即使碰到问题，也很容易得到妥善解决。其次，消费者都有"情绪温差"，自控力弱。在进入直播间前，消费者处于冷静、理智的情绪中，会比较清楚自己需要什么、不需要什么。但当其进入直播间后，炫亮（或堆积）的商品、充满诱惑的介绍、乐在其中的试用、争先恐后的互动、"货不我待"的抢购氛围等都易使他们激动起来，会毫不犹豫地撇开原计划，开始"种草""剁手"。"情绪温差"的客观存在正是消费者自控力弱的表现。

二、货

（一）货物

网络直播带货的本质终究在于商品的售卖，再精彩的直播也得回归到商品，而质量好坏是关键。人气直播间通常意味着搭建了信任的基础，是商品品质的保障，但是实际商品质量不符合预期的情况却频繁出现。直播带货的商品五花八门，从明星代言到主播测评，从滞销农产品到企业家自荐好物，商品的质量监管是当务之急。网络直播间内的商品同样需要完善的商品许可信息，对三无产品零容忍，对伪劣产品拒之门外。消费者在直播间购物不是做慈善，对于低质量的商品不能均以吃

---

① Kahneman, D., Tversky, A. Prospect Theory: An Analysis of Decision under Risk [J]. Econometrica, 1979 (2): 263-291.

一堑长一智来收场。每一样商品在售卖之初就应明确地公开商品信息，食品要标明食品安全认证，电器要展示完善的售后信息，产地、材质等关键信息更不能在娱乐化的直播中遮遮掩掩、一带而过，并且应保留完整的直播视频信息，以便事后核查商品信息是否完备。

虽然主播不是商家，但在直播过程中会代替商家向观众展示产品的特点。如果产品出现问题，也会对主播的名誉造成影响。2019年10月29日，李佳琦在直播带货不粘锅时，鸡蛋在该不粘锅中处处粘锅，使得直播现场出现尴尬局面，因此受到许多差评，认为其推荐的东西质量没有保障。2020年5月15日，罗永浩通过直播带货销售的玫瑰花发蔫被投诉，事后道歉并进行双倍返现的补偿。就连央视的几位主持人在一次集体直播演示咖啡机时，都发生过忘记打开电源的失误。由于直播的同步性，很多失误一旦产生便无法挽回，这就要求主播在直播前充分了解自己所推销的产品，以免出现失误，被打上"不走心""虚伪"的标签，从而对自己的人设造成损害。

不管直播带货的形式具有怎样的优越性，需要明确的是直播带货的根本是"货"，无论一个主播多受欢迎，只要他直播的产品不好，用户也不会支持。因此优秀的主播会从用户角度出发，这样才能够为用户带去"合适的货"。通常来说产品品质需要主播或者主播背后的营销团队进行把关，个别直播带货的"主播"短暂走红之后就销声匿迹，主要原因就是其货品不佳或质量骤降，互联网的流量变化是非常快速的，只要口碑稍有不好，就很容易流失客户，因此做好直播带货的根本就是保证产品的品质。

（二）供应链

产品供应链是驱动直播带货模式健康发展的核心要素，是直播电商环节的上游，是具备销售动力的环节，也是最考验行业沉淀性的一环。拥有上游供应链厂家资源的服务在直播电商发展中更有优势，如很多服装类主播都拥有自己合作的供应链厂家，能够保证在服装品类上新时做到及时响应、按需出货，大大减少库存积压的成本。据报道，淘宝直播签约的服装供应链已经达到51家，遍及杭州、广州、常熟等服装中心，每个月上新的款式数量能够达到16万种，超过了全球多个快时尚品牌。由于淘宝直播对供应链的要求更高、需求更多，原本在销售上有明显季节性差异的供应链也因为淘宝直播迎来了全年无休的旺季。

优秀的带货者可以带动产品的销售，优质的产品和产品供应链又可以反哺带货者的个人品牌。虚假宣传、品质不佳、供应链跟不上、售后不完善等是直播带货模式的主要问题，反映了产品供应链掌控能力的重要性。作为一个透明的平台，互联网可以迅速搭建人设、积累粉丝，但产品供应链的缺陷也可以迅速摧毁人设、影响个人品牌。

供应链基地是指在线下建立的货源基地,可以通过招募、孵化主播并建立直播间的方式进行快速出货和变现。供应链基地最大的作用是对接货源与主播。其出现初期是为了解决线上商家供应慢、货品单一的问题,由于利润可观,吸引了大量的批发商、厂家和电商人员入场,后期由于供应链的重要性更加凸显,越来越多的直播机构开始自建供应链基地。

目前,产品供应链薄弱是直播带货模式面临的严重问题。直播带货模式的健康发展,一方面应该洞察内容生产和商品销售的区别,在消费狂欢的场景中明晰带货者个人品牌的价值,爱惜羽毛,珍惜消费者的信任;另一方面,必须建立完善的产品供应链。部分MCN机构建立了选品规则以挑选出优质产品,这使得跟商家的合作生态更加健康。也有MCN机构推出自营优质商品,尝试产业链的整合与品牌化。未来不排除会诞生超级带货机构,从人、货、场三方面实现垂直整合,在"人"端有网红带货达人矩阵,在"货"端有自有产品供应链、自有工厂、自有品牌,在"场"端有电商平台矩阵。例如,部分网红店铺融合MCN机构、广告公司、产品供应链和销售商职能,建立了全新的产业链生态体系。

三、场

场景中的"场"源于物理学概念,一个场就是一个整体性的存在,其中每一部分的性质与变化都由场的整体特征决定。传播学奠基者库尔特·勒温将其引入心理学领域,开创了群体动力理论。他认为,一个群体就是一个场,必须将群体视为一个整体,而不是个体成员的简单相加;在群体与个体的关系中,起决定作用的是群体而非个体。在此基础上,皮埃尔·布尔迪厄提出"场域"的概念,在他眼里,浑然一体的社会被区隔为一个个相对独立的"场域",并且"每一个场都是一个有结构的社会空间"。"景",是指景物或景观,原意为一种被展现出来的可视的客观景色、景象,也指一种主体性的、有意识的表演和作秀。居伊·恩斯特·德波从消费社会的背景出发提出了"景观社会"的概念,他认为:"当代社会存在的主导性本质主要体现为一种被展现的图景性,人们因为对景观的迷入而丧失对自己本真生活的渴望和要求,而资本家则依靠控制景观的生成和变换来操纵整个生活……在德波这里,景观是一种由感性的可观看性建构起来的幻象,它的存在由表象所支撑,它的在场是对社会本真的遮蔽。"[①]

---

① 燕道成,李菲. 场景·符号·权力:直播电商的视觉景观与价值反思[J]. 传媒经营与管理,2020(6):124-129.

场景（Context）一词原是戏剧语言中的专业术语，指的是戏剧或电影中的场面，是在特定的时间、空间（主要是空间）内发生的、由一定的任务行动或人物关系所构成的具体的生活画面①，其后才被用于传播学领域。② 场景理论的起源可以追溯到传播学大家麦克卢汉的媒介理论与社会学家戈夫曼的"情境理论"。麦克卢汉提出的著名观点"媒介即讯息"，指的是媒介不仅仅是在两个或多个环境中充当信息传递的工具，媒介本身就是环境。戈夫曼的"情境理论"又被称为"场景主义"，主张媒介、场景与行为三者间有着高度互动与关联性。约书亚·梅罗维茨则在两位学者的理论基础上，在著作《空间感的失落：电子传播媒介对人的社会行为的影响》中指出"媒介最根本的不是通过其内容实现影响，而是通过改变社会生活的'场景地理'来影响人类"。人气技术专栏作家谢尔·伊斯雷尔与美国全球科技领域资深记者罗伯特·斯考伯最早将"场景"一词应用于传播学领域，在《即将到来的场景时代》一书中，他们指出依托于技术支撑，场景传播的时代即将来临，并由此提出了著名的"场景五力"，即移动设备、社交媒体、传感器、大数据与定位系统。从此，场景概念进入学术视野，并演化为一种新的理论。

　　国内学者对场景的研究始于2015年。中国人民大学教授彭兰认为，与PC时代的互联网传播相比，移动时代场景的意义大大强化，移动传播的本质是基于场景的服务，即对场景（情境）的感知及信息（服务）适配。场景成为继内容、形式、社交之后媒体的另一种核心要素。在互联网时代，场景作为新的媒介传播核心要素，在传播过程中扮演着越来越重要的角色，为"精准营销"提供了新的探索思路。在《传统媒体与新兴媒体融合的关键与路径》一文中，胡正荣教授指出："每个人的角色都是在特定时间、空间、情景、场合和需要中实现的，而围绕个体存在的这一切就是场景。这就需要以用户为中心（UC），位置为基准（LBS），服务为价值（VA）的思路和做法。"这表明当下媒体已经进入Web 3.0时代，场景、垂直与细分以及用户为中心已经成为显著特征。谭天教授认为，互联网时代的场景主要分为两个层面：一是虚拟场景，二是应用场景。虚拟场景以网络游戏等为主要代表，应用场景则指当用户处于互联网应用中时所处的自然场景。此外，这里的应用场景还涉及物联网与移动互联网，应用场景可谓互联网的新兴产物。随着移动互联网时代的到来，继注意力之争、流量之争后，场景成为移动互联网时代的必争之地。

　　近几年，场景理论作为传播学的一股学术热潮开始迅速升温，受到众多学者的

---

① 罗晶，杨孔雨，王圣华. 沉浸传播视域下的直播电商消费场景重构 [J]. 现代视听，2020（11）：48-51.

② 钟丹. 场景理论视域下网络直播平台传播策略研究——以"直播+电商"平台为例 [D]. 武汉：湖北大学，2018.

青睐，国内对场景理论的研究日益丰盈、完善。在《场景革命》一书中，吴声指出，场景不仅成为移动互联网时代的重要入口，某种程度上还是用户生活方式的体现，其背后所蕴含的是一种连接现实与虚拟、用户与产品的能力。蒋晓丽、梁旭艳在《场景：移动互联时代的新生力量——场景传播的符号学解读》一文中指出，随着移动互联网时代的到来，人类又迎来了一次新的媒介技术革新，即场景传播，指出场景不仅决定着商品符号价值，助力青年亚文化符号社群的形成，同时更是引爆流行的主力，并从这三个方面揭示了场景传播作为一种新的媒介理论对用户生活所产生的广泛影响。

直播电商是场景传播的典型情境。[①] 所谓场景传播，实际上就是以场景为基础，以用户为中心，以智能终端为载体，以需求为导向的适时信息适配和体验。它实际上是精准传播在理念和技术层面的升级换代。在移动互联时代，场景传播中的精准已经不再是简单的内容和渠道上的精准，而是包括用户体验在内的时空一体化精准，它兼顾了用户当前所处的时间、空间特征和情绪、心理、兴趣、意愿等多重需求，并基于此展开交互式信息传播，从而实现了精准传播从单线到多维、从平面到立体、从静态向动态的飞跃。

与移动传播强调空间范畴不同，场景传播更注重传播的场景性，关注的不仅仅是空间要素，也更加关注该空间中用户心理、行为轨迹和社交氛围。直播电商这种场景传播不仅是依托于技术的在线传播，更是具身化的在场的传播。移动化媒介的介入加上直播的形式，构建了"身体在场"且"思维在场"的场景，"人"作为一个媒介符号的作用得以凸显。此时，对产品的静态思考难以满足受众的动态需求；影响受众购买行为的关键因素在于他所处的场景，以及该场景中需要完成的任务，而现有理论往往忽略了这一消费行为的核心。

场，即场景，是直播的重要载体。直播其实就是一个场景，最大化地还原了卖产品本身这一行为，直接影响到变现能力，是直播中最大的"核武器"。大多数商业模式的变化均是基于场的变化。直播前需要场景化，从而最大限度地激发消费者的购买欲，场景的滑道产生成交。从某种程度上说，直播就是场的迭代。

场景化解释了手机直播间形式对于主播内容呈现的影响。主播们随时随地都能进行直播，降低了对场地的高要求，使得内容的时效性有所提高，促成了以往线下导购消费场景和线上直播场景的合并。主播既是网络红人，分享自己的经验，又是线上导购，化身为观众的朋友，为观众推荐产品。

直播电商营造了一种跨时空虚拟在场景观。消费者只需要通过屏幕发送弹幕便

---

① 周懿瑾，张志安，冯嘉欣. 场景传播与渠道变革：广州直播电商业态发展分析 [J]. 城市观察，2020 (5)：44-52.

可参与消费。作为展示性景观的场域，直播电商通过主播这一中介吸引消费者进入消费场景，刺激消费者消费。直播电商具有超天然的娱乐属性，由主播构建的消费场域成为一种跨时空的社交娱乐场。网络直播在时空压缩——改变时间、空间结构关系的同时，也改变了传者和受者的在场感，创造了意识中的"身体在场感"。

在新媒体时代，视觉加想象营造的沉浸感使主播与观众、观众与观众之间形成了一种新型的虚拟远程在场。尤其是在直播电商的场景中，作为"观者"的消费者不只是观众，也是事件的参与者与共同创造者，消费者的一言一行都有可能推动直播的发展方向。

网络直播通过移动传播技术将分布在不同区域的公众聚合在一起，并使主播的直播影响形成身体的虚拟在场。直播电商通过主播的口号指令，营造着一场场史无前例的消费狂欢。

相较于传统的电商，直播的优势是可以展示更多的产品细节，具有较强的可视性，消费者可以直观地了解商品。依托于直播的脱域体验、感官的视觉感触、交流的实时互动、直播间中不断刷屏的讨论，观众在边看边买的过程中，虚拟远程在场感得到进一步强化。

四、渠道

（一）直播平台

直播电商只有传播有价值的信息给用户，才能有效吸引用户，从而实现转化的可能。因此，电商平台鼓励主播或者直播策划团队生产高质量的内容。直播电商平台的内容生产方式主要有两种：一种是PGC，一种是UGC。PGC（Professional Generated Content），即由每一个领域的KOL或者专业团队生产制作的内容。PGC方式生产的内容质量极高，是对该领域更高层次的分析和洞见，往往能向受众传播有价值的信息，满足受众对高质量产品信息的需求。直播电商平台的PGC内容不仅是为了产品销量，很多情况下会承担品牌曝光任务，因此直播的内容质量相对较高。PGC内容制作成本高，但是内容品质会成为吸引用户的强力抓手，且PGC内容生产方式很容易将电商主播打造成该领域的意见领袖，拥有特定领域的话语权，从而提升直播效果。电商界的许多大主播在各自的领域都有较强的号召力，能实现巨大的商品销量。2016年9月20日，天猫团队精心策划的"美国绅士坚果，艺兴喂你而来"活动共收获点赞4268万，帮助Planters绅士旗舰店拉新5.2万粉丝，整个活动收获12.2万的评论，可见PGC方式生产的内容对品牌曝光效果极佳。

直播电商内容的另一种生产方式是UGC（User Genernated Content），即普通用户个人制作的内容，这种方式满足了用户自由表达的意愿。由于直播的成本较低，只要一部智能手机就能完成大部分直播活动，所以许多商家店主在入驻的电商平台获取直播权限后，经常会自己或者请一位专职主播来进行直播活动。这种直播活动没有经过前期的精心策划，多为单调乏味的商品介绍或试穿试戴，目的也仅仅是实现店铺的销量。整体来看这种方式生产的内容质量较低，对用户的吸引力不够，商品的转化率较低。但这部分内容在平台中占据很大的比例，有较高的长尾流量。在天猫直播、京东直播等平台上，以及像红豆角这种以直播起家的电商平台，充斥着大量 UGC 内容，由于主播素质比较低，产生的内容不够专业，加之与用户互动方式单一，不能实现有价值信息的扩散传播，观看的用户量较少，对应的转化率也不高。

直播电商平台高质量的内容主要是以 PGC 方式生产的，这些内容主要集中在电商平台的购物狂欢节、品牌节日、打折促销活动等时间节点，而其他时间点电商平台的内容还是被 UGC 直播内容占据，因而 UGC 方式生产内容的质量就决定了电商平台直播内容的高度，因此只有提升直播电商平台上 UGC 内容的品质，才能从根本上提升整个直播平台的内容质量。

直播平台的产生与发展和网络游戏密不可分。2005 年网络游戏魔兽世界大火，欢聚时代公司看好商机，随即推出 YY 语音，用于游戏者在团队中语音通话。YY 语音可称得上国内直播行业的雏形，后又加入唱歌聊天等多种功能，YY 直播上线。在 YY 语音大火之时，9158 等直播平台相继上线，为大众所熟知。2011 年电子竞技游戏英雄联盟的大热直接推动了网络直播的发展，在接下来的几年中，直播平台如雨后春笋般出现。随着移动互联网络的发展，映客、一直播、斗鱼等移动直播平台纷纷上线，一时间网络直播平台硝烟四起，2016 年被称为移动直播元年，据不完全统计，目前直播平台数量已超过 200 多家，平台用户规模已超过三亿人次。

根据艾瑞咨询发布的《2016 年中国移动直播用户洞察报告》，视频直播大致分为四类：泛娱乐类、游戏类、版权类和垂直类。泛娱乐类直播包括个人互动直播、才艺展示直播、明星直播、户外直播等形式，这种直播形式娱乐性更强，用户参与直播的过程可以放松心情。游戏类直播的内容主要包括电竞赛事直播、游戏节目直播。相关数据显示，游戏直播的受众以男性为主，占 80% 左右。版权类直播包含体育赛事直播、活动转播等。垂直类直播即直播围绕一个主题展开，用户定位清晰，在直播过程中由于内容和主播的引导，双方更易形成较强的关系连接，直播电商就属于垂直类直播。

（二）MCN 机构

2020 年 5 月，由新浪微博、360、UC 以及 IMS 新媒体商业集团联合投资的全球首家自媒体价值排行及版权经济管理机构克劳锐（TopKlout）在《2020 中国 MCN 行业发展研究白皮书》中表示，2019 年，MCN 机构数量突破两万家，这个数据相较 2018 年增加了 400% 以上，总量已经超过 2015—2018 年 3 年之和，多行业的涌入让这个市场一下子热闹起来。但 MCN 行业在 2019 年需求大于供应的红利时代已经过去，供大于求的买方市场使得 MCN 机构变得更加被动。

当更多的 MCN 机构涌入，以往单纯的经纪人模式已经成为一种稍显老套的业务模式，更多的 MCN 公司正在挖掘自己的业务特色，明确新定位，探索开展新的业务模式，以此突破收入的"天花板"。以杭州微念科技有限公司（简称微念公司）为例，从国民 IP（指能被绝大多数网民所知晓的影视文学、游戏动漫等人物形象或个人品牌）到新消费品牌，微念公司成功孵化了多位新文娱 KOL，国民 IP "李子柒"更是火遍国内外，基于李子柒所打造的消费品牌"李子柒"也在淘宝开设了品牌旗舰店，售卖藕粉、螺蛳粉、牛肉酱等食品。在运营中成功打通品牌研发、仓储物流、电商运营等多个环节，成为微念公司的独特优势。

除了做消费品牌，MCN 机构还可以做教育。MCN 机构畅所欲言凭借"畅想学院"在短视频教育板块的独创优势，以 3480 元的会员费为机构变现拓展了新的途径。同样做法的还有"洋葱视频"，"洋葱视频"具有一定的 IP 孵化（即将一个具有单一知识产权的"内容"放大成具有复合知识产权的"内容矩阵"的过程）和品牌服务经验，在此基础上成立了"洋葱大学"网红培训课程，目前累计收听人数超过 2000 万。专注供应链管理、开创新消费品牌、做教育培训……MCN 机构在明确发展定位的同时，不断发挥资源优势，拓展自身的业务边界，由此呈现出繁荣的市场竞争业态。MCN 机构正在"去 MCN 化"，可以预见，未来以单一经纪为主要模式的 MCN 机构将被市场淘汰。

第三节　直播的分类

一、按直播方式分类

按直播方式分为网络互动直播和网络现场直播。
网络互动直播指的是利用先进的多媒体通信技术和互联网技术，针对用户对于面对面视频会议及通信体验要求开发的,由客户端、网页端和管理后台组成的交互式通信系统。互动式直播的优点是现场感和真实性强、成本低廉、传播效率高、易于被受众接受,可以实现多方异地实时互动。参与直播的观众可以实时交流各自需要的视音频及数据信息,满足相应的沟通需要。目前众多网络用户将其用于在线研讨会、营销会议等网络活动场景,典型应用案例是艾瑞2012年3月年度高峰会议、华为2013年9月云计算大会等。

网络现场直播即随着事件现场的进程,直播者同步分析制作和发布相应的信息并实现双向互动交流的信息流通模式。根据不同的形式又可以分为电视直播和网络客户端直播。电视直播一般需要相应的设备,如视频转播车、录像器、监视器、调音控制台、微波发射器等,将录制好的视频经微波发送至电视台播出。网络直播因互动性强、实现成本低迅速为广大直播观众所接受,并逐渐以其独特的盈利模式成为新媒体行业的新秀。比较典型的现场直播类活动有IBM于2011年3月25日在北京举办的IBM 2011Forum直播。目前国内典型的现场类直播服务供应商可以大致分为两类:一是视频技术供应商(MCN机构),有相应的技术及专业的团队,但由于媒体业经营需要国家审批,缺乏相应的政策资源;二是国内的各大媒体类网站平台等,其有殷实的媒体资源,但是技术相对滞后。随着第四代移动通信技术的推广和第五代通信技术的研发,未来现场直播业将会迎来新的春天。

二、按节目形式分类

按节目形式可以分为文字类直播、图文直播、语音直播及视频直播等。

文字直播指以文字为主要交流工具进行的互动,典型的有赛事直播吧等,特点是以文取胜,互动量比较大。

图文直播主要以图片等形式为媒介,主要的应用平台有微信与微博等,特点是生动形象,易于吸引受众。

语音直播是以实时录音作为传播手段的直播形式,主要的应用平台有YY直播、干聊等,特点是交流体验性强,对设备的要求低,耗费的流量也较视频直播低。

视频直播作为面对面互动通信的最佳方式,也是自诞生以来最受用户喜欢的一种新媒体。比较有代表性的视频直播平台有一直播、爱奇艺直播等。视频直播的特点是互动性更强、零距离感受体验,是目前最能盈利的一种直播模式。

三、按平台内容分类

按平台内容可以分为电商类直播、秀场类直播、垂直类直播及泛娱乐类直播等。

电商类直播主要是以线上销售为主的互动直播类型，直播空间逐渐发展成为和微信朋友圈类似的销售平台。电商类直播的代表有淘宝直播、蘑菇街直播和中国电信孵化的红豆角直播。

淘宝直播成立于 2016 年下半年，依托淘宝雄厚的流量支撑，其从诞生时的第五屏到逐渐向前，不断提升在整个淘宝体系中的权重，2018 年年底已经位列第一屏的右下角，和热门类目淘抢购、有好货、聚划算并称淘宝运营内部的"四驾马车"。而在 2019 年以及 2020 年的"双 11"则直接成为品牌带货最重要的秘密武器。

淘宝直播完全依托于淘宝 App，所有功能都是后台支援，直播页面内没有打赏，只有购物车和点赞关注功能。淘宝主播根据在线时长、单位时间停留人数和下单频率在整个体系中拥有自己的层级排名，越有黏度的主播后续越能获得更多的流量资源位。淘宝直播和淘宝产品的推广逻辑一致，注重整个生态的养成。真正成功的主播需要靠长期精细化运作耕种，最终收获自己的忠实粉丝群。淘宝赋予直播间粉丝的关注—主播负责推荐货品—粉丝产生购买—主播收获提成—淘宝收获粉丝黏度和销售提成，正是这一闭环设置让淘宝直播得以生存和壮大。

和其他类型的直播不同，带货能力是淘宝的唯一标准。而淘宝直播由于主播面对面讲解产品，根据顾客需求定制产品，还有现场秒杀还价环节，环环相扣，刺激消费者消费，堪称网络版的电视购物，甚至抢货氛围比电视购物还要激烈，大大提升了商家原有的转换率和成交额。而具有极强带货能力的网红通过卖货提成、品牌口碑推广营销费用以及参与各种线下活动等形式，已经形成收入的强闭环。可以说在淘宝直播中，谁拥有海量粉丝谁就拥有无穷无尽的销售业绩的可能性。

秀场类直播是国内最早的直播形式，即以长相秀美的女性在平台上直播唱歌跳舞等才艺为主要内容的直播形式。目前秀场类的直播平台主要有优酷的来疯直播、酷狗的繁星直播及爱奇艺的奇秀直播。

泛娱乐类直播是指以传播大众喜爱的各类娱乐节目为主，并提供用户与主播实时互动的直播。代表性的泛娱乐类直播有拥有超过 10 亿用户并在纳斯达克上市的 YY 直播和拥有超过 1 亿用户的映客直播。有业界学者认为将生活内容传到网络上进行分享的泛娱乐类直播符合人性渴望被关注的心理需求，未来将是直播的主流内容。

垂直类直播是指通常只围绕一个主题，在用户需求的内容上增加一些其他类别的服务的内容。以斗鱼直播为例，平台在游戏及配套相关的玩法和套路的解说基础上售卖相应的纪念品。直播发展的方向更多地倾向于垂直化，如"直播＋电商""直播＋体育""直播＋在线教育"等。比较典型的垂直类直播是斗鱼直播，其将服务从游戏类扩展到娱乐类及教育科技类。图3－2简单描述了垂直类直播与普通直播的区别。

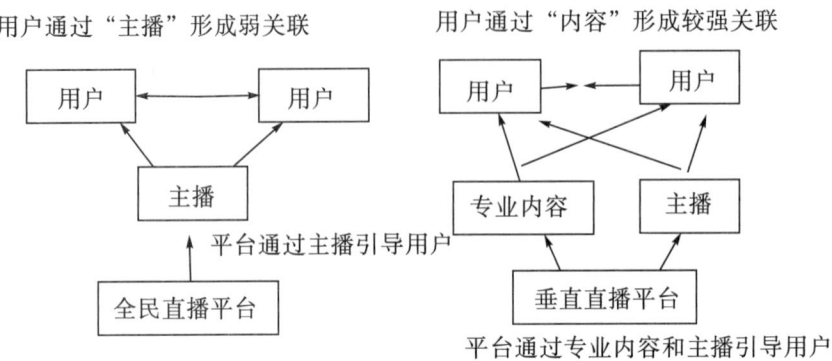

图3－2　垂直类直播与普通直播的区别

第四节　"直播＋"背景下的直播带货

随着电商经济的发展，直播行业独树一帜，网络直播带货作为一种新型电商营销模式显现出强大的吸引力，企业家、地方官员、主持人、演员等其他行业从业者相继走进直播间，开始"跨界"直播带货，凭借个人魅力、较强的亲和力、庞大的粉丝群体以及直播过程中较强的互动性、详细的讲解与体验分享，使直播带货的网络销售模式迅速发展。相关资料显示，2018年直播电商市场规模达到1330亿元，2019年达到4338亿元，同比增长226％。2020年以来，直播带货步入爆发式发展阶段，淘宝、微博、京东等平台也相继开通直播功能。网络直播带货的销售模式在为品牌销售商带来经济效益的同时，也为传统实体企业开辟线上营销新模式提供了参考，促进了社会经济的发展。

一、直播带货的定义

网络直播带货指的是具有一定网络影响力的带货主播、明星、网红、演员、主持人等，基于社交媒介、购物平台或直播平台，通过在线直播的方式对所需要销售的商品进行全方位展示、答疑、推广、销售等服务。直播带货不仅创造了消费社会的狂欢样态，而且体现了一种商业模式的迭代特征。

直播带货的形式主要有两种：第一种是商家、品牌方和自主创业者开设直播间，销售推广自家产品，这是品牌经营销售的新模式，从线下实体店铺走上线上直播平台；第二种是商家与职业主播签约，利用职业主播的个人直播间或直播平台，通过职业主播的网络影响力为观众、粉丝推荐商品，促进销售。由于表现形式好、内容丰富生动、交互性强、不受地域限制，直播带货这种销售方式很快在营销界走俏。

二、发展历程

网络直播带货与传统意义上的网络直播相比，有着更为具象化的使命，那就是达成销售的目的。几年前，以杭州为首的江浙等地出现了一批利用直播处理库存货品的厂商，他们通过网络直播的方式，以足够低的价格甩卖积压货品。在网络叫卖的销售方式取得成功后，越来越多的人（尤其是网红）开始利用直播推销产品。2016年，以短视频与直播为主的销售方式在网络红人之间兴起，这一年也被业界称为"网红元年"。淘宝发布的公开数据显示，2018年，淘宝平台通过直播产生的销售额超过千亿元。

三、价值分析

（一）重构"人货场"场景要素，提升供需链路转化效率（如图3-3所示）

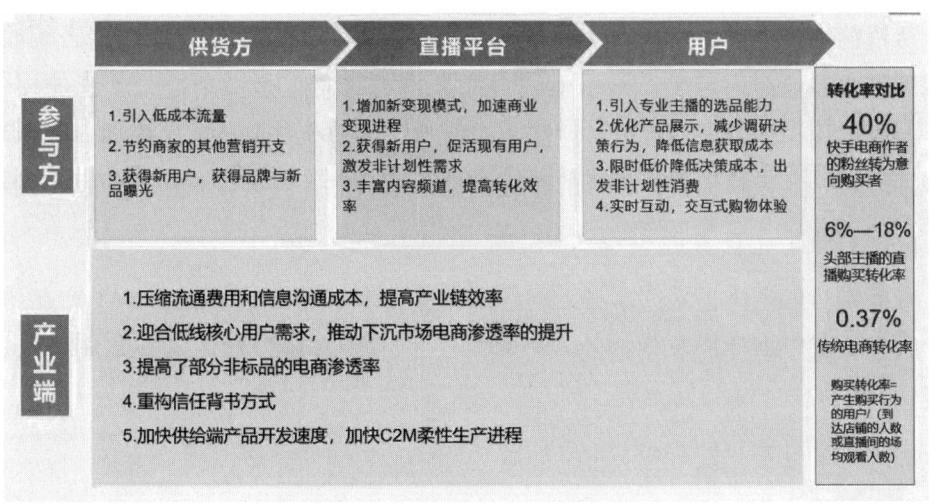

图3-3 直播带货的价值分析

（二）整合各类渠道的优势，后期依靠供给端输出价值

直播带货起初对渠道平台来说只是不断尝试的众多营销方式之一，这种模式的成功在早期及现阶段应归因于需求端驱动，即用户。通过与多种购物形式的对比分析，可以发现，直播带货现阶段带给用户的综合价值是比较明显的，是行业多链路优势的整合。长期来看，前期是需求端驱动供给端，后期是供给端驱动需求端，即供给端能不能持续通过直播为用户带来如此高的价值（如图3-4所示）。

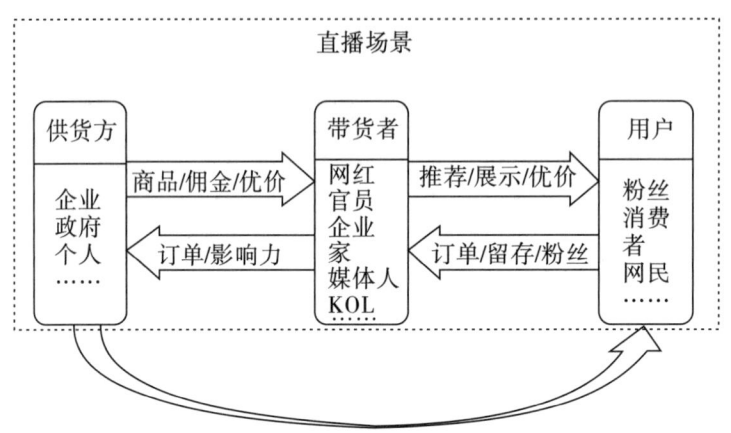

图3-4　直播带货的商业模式

如图3-4所示，基于直播这一独特的场景，带货者的嵌入和串联，改变了商品供给方和需求方在展示、推荐、决策、连接等诸多层面的样态，实现了商品和流量的闭环式变现，这是直播带货模式得以实现的关键。网红是最早的直播带货实践者，从依赖才艺展现、社交聊天等方式来获得直播打赏、流量分成和广告等收入，发展到较为专业的内容生产与引流、直播推荐与带货，是一个持续不断的探索过程。当直播用户达到海量规模，网红人设打造、内容生产和MCN机构运营达到专业级别时，企业在移动营销领域的相关条件不断成熟，直播带货模式便迅速发展。

1. 重视网红自身的影响力

直播带货的主体是网红本身，网红的个人形象和信用度直接影响了产品销售。如"口红一哥"李佳琦等创造的一个接一个的销售奇迹，都离不开其庞大的粉丝体量。

2. 口碑为王

在已经成熟的直播网红粉丝圈中，购买力是相对稳定的，网红推荐的产品，粉丝很快就可以抢购一空。由于该销售模式基于网红个人的信用，一旦网红形象受损或某几款产品出现质量问题，就会影响整个销售体系。

3. 形成生态链

网红（及其工作团队）在决定通过直播推销某款产品时，会先与品牌方谈好产品最低折扣和数量，为了与其他电商平台形成竞争优势，这个折扣优惠一般是极具诱惑力并且独一无二的。在随后定时、限时的直播中，网红负责将产品推销出去，粉丝买单。

四、直播带货的发展困境

（一）口碑脆弱

随着以抖音为主的直播带货平台频频被爆出产品质量问题，当下消费者对网红直播销售产品的信任度已然降低，未来，如何重塑口碑是直播带货重获民心的关键。

（二）市场饱和

过去几年是网红爆发的几年，一大批"头部网红"将直播的生存空间瓜分殆尽，后起之秀想要跻身头部网红市场的可能性非常小。

本章思考：

1. 什么是直播电商？直播电商的要素有哪些？每一部分是如何影响直播成效的？
2. 常见的直播电商平台有哪些？各有何特点？
3. 直播电商分类有哪些？试举例说明。
4. 直播带货产生的背景与发展历程有哪些？
5. 直播带货的模式特点有哪些？直播带货有哪些发展困境？

第四章 直播电商的发展历程与业务模型

第一节 直播电商的产生背景

直播电商作为直播与电商的有机融合物,是技术、媒介、平台、资本、企业和主播等因素协同驱动的。作为电商发展的新阶段,直播电商的基因是电商,本质是消费升级,主播则有助于实现"品效合一",通过重构"人、货、场"来提升交易效率和品牌忠诚度。直播电商的短期效果是助力企业大幅度提升销售额,长期效果则是帮助企业建立用户连接,重构C2B的商业模式,进而实现数智化升级。

我国电子商务与互联网一样,从诞生之日起就快速迭代,从最早的从事B2B业务的中国化工网和从事C2C业务的"8848"等传统电商,发展到京东等现代电商,再发展到拼多多等社交电商,最后发展到淘宝等内容电商,直播电商则是内容电商发展的最新阶段。电商快速迭代的深层次原因主要有基础通信技术,尤其是移动通信技术、用户规模、资本等驱动因素。

一、移动通信技术驱动直播电商快速发展

第一,5G移动通信技术能显著提升直播电商的用户体验。自从20世纪80年代1G移动通信技术出现以来,全世界的移动通信技术已经经历了1G、2G、3G、4G、5G的迭代,尤其是4G之后的移动通信技术使得直播这种新传播手段得以大规模使用,让移动互联网用户、直播用户和电商用户都出现了爆发式增长。5G作为新一代移动通信技术,相比于此前的4G等,不仅带宽、网速等基础技术能力得到了大幅度提升,而且互联网化、IT化、智能化、灵活性水平更高,能给用户带来极致的体验,促进直播电商更好地发展。

第二,我国流量资费水平大幅度下降为直播电商打下了坚实的基础。2G、3G时代流量资费较贵且网速太慢,导致短视频、直播等需要大流量的应用难以快速发展,而以图文为主的微博、微信等社交媒体平台则发展较快,2013年后4G逐渐普

及,流量资费下降,网络速度提升,加速了智能手机的普及。经过近几年的发展,4G 网络的全范围普及和覆盖以及 5G 的大规模商用,使得我国流量资费水平大幅度下降,根据中国信息通信研究院发布的《中国宽带资费水平报告》,2019 年第 4 季度,我国移动数据流量平均资费为 5 元/GB,同比下降 41.2%,用户月均移动数据使用量为 7.79GB,同比增长 76.2%,移动通信用户月均支出为 46.8 元,同比略降 7.5%。

二、直播电商已经具备了庞大的用户基础

第一,我国的网民数量尤其是手机网民数量规模巨大。根据中国互联网络信息中心发布的第 45 次《中国互联网络发展状况统计报告》,截至 2020 年 3 月,我国网民规模为 9.04 亿人,是 2015 年年底(6.88 亿人)的 1.31 倍,较 2018 年年底新增网民 7508 万人,互联网普及率达 64.5%,较 2018 年年底提升 4.9 个百分点。其中,手机网民规模为 8.97 亿人,是 2015 年年底(6.20 亿人)的 1.45 倍,较 2018 年年底新增手机网民 7992 万人,网民中使用手机上网的比例为 99.3%,较 2018 年年底提升 0.7 个百分点。随着用户数量和时间快速从 PC 端迁移到手机端,之前以搜索为导向的需求满足方式效果已不尽如人意,需要转型为以内容引导为导向的需求满足新方式。在内容生态的进化过程中,出现了以 KOL、创作者为核心的内容生产者,而以主播为核心的直播视频内容生产者是最新的内容生态。此外,由于智能手机尤其是高清晰度拍照手机价格的大幅度下降,低收入人群也能买得起高清晰度的拍照手机,这也为直播提供了良好的基础。

第二,网络购物用户规模庞大。截至 2020 年 3 月,我国网络购物用户规模为 7.10 亿人,是 2015 年年底(4.13 亿人)的 1.72 倍,较 2018 年年底增长 1.00 亿人,占网民整体的 78.6%;较 2018 年年底提升 5 个百分点;手机网络购物用户规模达 7.07 亿人,是 2015 年年底(3.40 亿人)的 2.08 倍,较 2018 年年底增长 1.16 亿人,占手机网民的 78.9%,较 2018 年年底提升 6.4 个百分点。

第三,网络直播用户超过 5.6 亿人。截至 2020 年 3 月,我国网络直播用户规模达 5.6 亿人,较 2018 年年底增长 1.63 亿人,占网民整体的 62.0%。其中,直播电商用户规模为 2.65 亿人,占网民整体的 29.3%。

三、短视频红利为直播电商培育了市场

截至 2020 年 12 月,我国网络视频用户规模达 9.27 亿人,较 2020 年 3 月增长 7633 万人,占网民整体的 93.7%。其中短视频用户规模为 8.73 亿人,较 2020 年 3

月增长1亿人,占网民整体的88.3%。近年来,匠心精制的制作理念逐渐得到了网络视频行业的认可和落实,节目质量大幅提升。在优质内容的支撑下,视频网站开始尝试优化商业模式,并通过各种方式鼓励产出优质短视频内容,提升短视频内容占比,增加用户黏性。短视频平台则通过推出与平台更为匹配的"微剧""微综艺"来试水,再逐渐进入长视频领域。2020年,短视频应用在海外市场蓬勃发展,同时也面临一定的政策风险。[1]

2020年初,受新冠肺炎疫情影响,网络视频应用的用户规模、使用时长均有较大幅度提升。短视频大大降低了用户使用门槛,每个用户都可以利用短视频展示自己,短视频红利和基于短视频的自媒体红利显著,形成了用户黏性大、获客成本低的短视频平台,为直播电商的高速发展营造了良好的外部环境。

四、直播电商的兴起原因[2]

电视购物直播早在20世纪90年代初就已经进入大众视野,如今近三十年过去了,其已经逐渐被消费者遗忘。而网络直播电商却在三年的时间里,从被大众熟知发展到取得了令人骄傲的成绩,这让我们不禁去思考其兴起背后的原因。

(一)技术原因

直播电商广受欢迎的内在驱动力源于科技日新月异的发展。直播电商作为"直播+"的一个分支,离不开直播技术的加持。如从平台上看,直播平台凭借技术的发展和进步,加强了网络直播页面和用户终端的连接。同时,由于网络超低延迟和超大宽带等基础技术的支持,网络直播质量和传播效果也得到了极大的提升。从用户角度而言,4G网络技术的普及以及智能手机的广泛应用,为全民可以观看直播提供了便利,用户不用再受时空的约束,无论在何种场景下,只要拥有一部智能手机,打开直播页面并登录,便可随时观看直播内容。除了"直播+"技术的支持,直播电商的直播间里还使用了抽奖和发放优惠券技术。当主播下达抽奖口令之后,直播后台就在直播页面中间链接抽奖按钮,增加了主播与消费者的互动,激发了消费者的观看热情,勾起了消费者的购买欲望,从而促使消费者产生购买行为。直播间里的购物链接也需要技术支持,消费者可以在观看直播的同时,购买自己喜欢的产品。

---

[1] 中国互联网络信息中心(CNNIC)第45次《中国互联网络发展状况统计报告》。
[2] 史晓楠. 直播电商模式的发展浅析[J]. 北方传媒研究·北方论坛,2020(1):21—24.

（二）商业原因

直播行业的快速崛起让各头部电商看到背后的流量、价值和财富，纷纷在平台上插入具有直播功能的入口，布局直播电商，渴望其带来更高的投资收益。这些投资者的加入不仅形成了"直播＋电商"模式，也促进了电商行业的迅猛发展，为各大店铺的店主和主播提供了网络直播销售的渠道。各大店铺的店主、带货主播也抓住了直播红利，顺应时代发展，热衷参与，广泛投身于直播电商，实现了电商投资者、电商商家以及消费者的互利共赢。

（三）社会动因

圈层概念来自地质学，原指地球的内、外部结构，后由经济学家、社会学家、人类学家等引入社会领域，出现了圈层传播的概念。随着人类社会的进步，圈层传播由亲缘关系建立，到亲缘关系与地缘关系共同作用，再到业缘关系、趣缘关系，呈现出强大的生命力。在当前社会，由价值观、共同爱好等组成的趣缘关系成为社会交往中圈层建构的主要因素，亲属、工作、地域等因素也依然扮演着重要的角色并发挥着重要作用。多种因素的共同作用使圈层传播现象日渐复杂，圈层建构的互动性和圈层维持的稳定性同时存在。从当前的社会交往圈层来看，当某个个体感受到直播电商的优点时，便会向自己所在的亲缘、地缘、业缘以及趣缘等不同的圈层传播扩散，使更多的人加入直播电商购物。而这个群体的成员也向自己所在的亲缘、地缘、业缘和趣缘等不同圈层的成员传播，使得直播电商购物在其他圈层扩散。如此推演，直播电商购物这个消息可以传到 N 个圈层当中，被更多的人熟知和信任。

直播电商带货模式并非横空出世，直播带货与电视购物的营销套路一脉相承。在互联网语境下，网红主播的明星效应、直播技术的强交互性、网民群体的消费力、主播口碑的正向发酵等因素共同构成了直播电商带货的动力源泉。[①]

1. "人对人"的传播模式使消费行为更具温度感

传统零售和电视购物是消费者和卖家、消费者和电视媒介的交互模式，以"货对人"为显著特征。而在直播电商带货新业态中，主播扮演的是售货员角色，其不仅承担商品信息的全方位输出，也是直播风格和氛围的传播者和营造者。在网络直播语境下，主播的性格特质等外围信息都可能是影响用户消费行为决策的因素。在网红效应的催化下，用户的消费动机得到满足，直播间形成了以带货为目的的排他性场景，继而使用户在直播过程中获得群体归属感。与单一的"货对人"模式相

---

① 岳小玲.直播电商"带货"的内容生产和优化路径［J］.新传媒，2020（19）：64-66.

比，直播电商在带货过程中打造的是"人对人"模式，在商品信息的输出中夹杂情感抚慰和传达社会主流观念的附加价值。主播的"话语""身体语言""行为"等直播技术因用户的"凝视"而商品化，直播间出现的所有元素都经过主播及其团队的精心策划，这种模式体现的是以用户和消费者为主导的思维逻辑。直播电商带货模式更加符合互联网时代消费者的行为惯性，因此该模式成为用户消费和娱乐的优先选择。

2. 直播营造的真实感降低了消费行为的感知风险

直播电商带货作为一种"拟真机器"，改变了媒介互动主体之间的关系，构建了全新的媒介真实感。[①] 纵观零售行业的三个发展阶段，传统零售使消费者与商品直接接触，电视购物使消费者足不出户便能达成购物目的，直播电商带货则在此基础上使消费者从主播试吃试验、效果模拟等行为中感知商品特性，并将用户从商品种类繁多、真假难辨的信息环境中剥离出来，成功带入电商主播营造的真实感中。直播电商带货通过营造真实感降低了用户消费的感知风险，在主播的试用策略和强感染力的产品介绍后，用户通过消费行为交付信任。

3. 受众向用户的角色转变实现了多方群体共赢

社交媒体时代加速了社会大众从受众向用户转型的步伐。在传统媒体时代，传播体系中的传受关系身份存在明显的角色划分，传播者仅为电视、报纸等新闻媒体，受众仅为信息接收者。而在社交媒体时代，用户拥有信息生产、鉴别、传播等多种权限，其价值也被进一步挖掘。用户（粉丝）在直播电商带货中具有反向选择的权利，不仅可以自主决定是否下单，也可以通过评论、点赞、观看直播等方式间接影响主播和直播平台的社会影响力。粉丝量和活跃度为电商主播向商品供货方争取了议价权，价格利差和优惠措施又通过直播带货渠道全部反馈至用户。[②] 直播电商平台的粉丝群不仅能够带来购买力，还能传递消费习惯、身份、职业、年龄等信息，对平台数据库的建立和人工智能的优化有着不同程度的贡献。因此，直播电商带货实现的是平台、主播、用户三方的利益共赢。

4. 自我意志和从众心理的驱动为消费行为赋权

用户对以直播电商带货为代表的网红经济趋之若鹜的原因在于该模式可以使用户离目标群体更近，从用户心理层面减少障碍和壁垒。如有的主播在直播间内设置"抢购倒计时"，在压缩消费者消费行为决策时间的同时，巧妙地利用消费者的从众

---

① 余富强，胡鹏辉. 拟真、身体与情感：消费社会中的网络直播探析 [J]. 中国青年研究，2018 (7)：5－12+32.

② 严觅. 社交媒体时代用户与大众媒体时代受众之比较——以直播电商为例 [J]. 传媒论坛，2020 (3)：133－135.

心理促成交易。与"不得不"的强迫性消费相比,"抢购倒计时"将用户对货量不足的担忧情绪极速推进,消费者只能将其他用户(粉丝)的行为作为决策参考。部分用户(粉丝)从直播围观到作出决策,并不完全是为商品的使用价值买单,也有部分原因是基于对主播的信任。由此可见,网络直播带来的晕轮效应最大限度地释放了用户(粉丝)的购买力。[①]

(四)心理原因

直播电商能够把握消费者的消费心理。俗话说"攻心为上,攻城为下""心战为上,兵战为下",直播电商的成功在于掌握了消费者的消费心理。直播电商的一个最大优点是与电视购物直播相比增加了实时的互动性,消费者能够享受直接的客服服务。除此之外,消费者可以通过观看直播真情实感地感受商品,可以看到商品的质量、颜色、样式等,从而作出明智的购物判断。

直播电商比电视购物更直观的优点促使消费者产生信任心理,从而催动了消费行为的产生。关于消费者的信任心理,对直播电商平台来说,一方面会引导消费者由购买欲望向购买行为转变,从而在电商平台完成商品的购买;另一方面,取得消费者信任能大幅度提高用户的重复购买行为以及消费者对产品的口碑传播,从而使产品被更多人的熟知并达到推广的目的。吸引消费者产生信任心理的要素是消费者追求同种商品价格最低化的心理。当此种心理产生时,消费者会认为自己有便宜可图,从而转化为购买力。综观淘宝直播的形式,可以总结出每个店铺的主播或直播电商红人在一定的时间段都会进行抽奖、秒杀以及促销等活动。对消费者来说,同一种商品可以以低价购买,满足了其追求经济实惠的心理,达到了效用的最大化。

直播带货之所以快速流行,是因为它确实能够带给用户不一样的体验。通过主播的视频讲解、产品演示、互动解答,消费者能够更快更全面地了解产品信息,不仅能够以全网最低价购买商品,还能缩短购物的决策时间。可以说,直播带货顺应并培养了用户的消费习惯。

直播电商这种"吆喝"的形式还会伴随有趣的内容,满足用户的一部分社交需求。曾经,在李佳琦的直播间,李佳琦和小助理直播卖货时会互相打趣揶揄,网友对此评论:"即使不买货,看着两人打趣也是好玩的。"可见,直播间对用户而言不只是卖场,可能还会承载着对网红主播的信任和精神寄托。

(五)国家层面的原因

国家层面对直播带货的鼓励体现在一系列的政府文件与领导讲话之中。如

[①] 吴小飞. 网红经济的内容生产研究——以 Papi 酱、张大奕、小智为例 [D]. 合肥:安徽大学,2017.

2020年2月28日，国家发展和改革委员会等23部门联合印发《关于促进消费扩容提质，加快形成强大国内市场的实施意见》，其中提出要鼓励线上线下融合等新消费模式的发展，完善"互联网＋"消费生态体系，鼓励建设"智慧商店""智慧街区""智慧商圈"，促进线上线下互动。此实施意见的出台揭示了国家鼓励线上线下融合这种消费模式，而直播带货恰恰就是此种消费模式的直接体现。2020年3月6日，在决战决胜脱贫攻坚座谈会上，习近平总书记也强调："要切实解决扶贫农畜牧产品滞销问题，组织好产销对接，开展消费扶贫行动，利用互联网拓宽销售渠道，多渠道解决农产品卖难问题。"2020年4月7日召开的国务院常务会议决定，第127届广交会于6月中下旬在网上举办，这是我国历史上首次完全以网络形式举办的贸易盛会。2020年5月22日，李克强总理在第十三届全国人民代表大会第三次会议中作了《2020·年国务院政府工作报告》，其中特别指出："电商网购、在线服务等新业态在抗疫中发挥了重要作用，要继续出台支持政策，全面推进'互联网＋'，打造数字经济新优势。"

除此之外，各省市也纷纷出台相关政策、规定，促进直播电商的发展，分享直播电商带来的红利。

1. 广州

2020年3月23日，广州市商务局出台《广州市直播电商发展行动方案（2020—2022年）》，从五个方面提出16条政策措施，大力发展直播电商，创新商业新模式，计划将广州打造成为全国著名的直播电商之都。该计划包含构建一批直播电商产业集聚区，扶持10家具有示范带动作用的头部直播机构，培育100家有影响力的MCN机构，孵化1000个网红品牌，培训10000名带货网红和"网红老板娘"等，争取用三年时间将广州打造成全国著名的直播电商之都。

此前，广州市出台了《关于推动电子商务跨越式发展的若干措施》，全力支持以直播电商为代表的电子商务新业态发展；指导市电子商务行业协会成立直播分会；促进线下商家利用各种网络平台，通过各类主播等以多种方式销售，引领直播经济。

2. 青岛

2020年上半年，青岛市出台《青岛市直播电商发展行动方案（2020—2022年）》，从三大方面提出8条新政，目标是到2022年，推进实施直播电商"五个一"工程，即构建一批直播电商产业集聚区，扶持一批具有示范带动作用的头部直播机构，培育10家有影响力的MCN机构，孵化100个网红品牌，培训1000名带货达人，将青岛打造成中国北方直播电商领先城市。

3. 重庆

2020年5月10日，重庆市商务委发布《重庆市加快发展直播带货行动计划》，提出将大力实施直播电商带货"2111"工程,即到 2022 年,全市打造 20 个以上产地直播基地,至少发展 100 家具有影响力的直播电商服务机构,孵化 1000 个网红品牌,培育 10000 名直播带货达人,力争实现直播电商年交易额突破百亿元,将重庆打造成为直播应用之都、创新之城。

4. 杭州

2020 年 5 月 20 日,由杭州市政府、中央广播电视总台国家(杭州)短视频基地、浙江省商务厅、浙江广播电视集团联合主办、杭州市商务局等部门承办的"云上杭行 5·20 直播电商季"活动启动仪式在浙江国际影视中心举行,会上揭幕了杭州直播电商领军人物提名、杭州市重点培育直播平台等榜单。

2020 年以来,浙江省直播电商拉动了 900 亿元消费,累计有 55 亿人次观看直播,全国前 10 的 MCN 机构,浙江占到 7 家,杭州将会大力推动全行业直播赋能。

第二节　直播电商的发展历程

一、直播电商的雏形:电视购物直播[①]

电视购物直播是一种以电视为主要传播路径,且带有宣传、销售商品等特性的购物类直播,在 20 世纪 90 年代出现在大众视野中,消费者在购物类直播频道购买产品。通俗地说,电视购物由主持人充当导购,向观众介绍产品信息以及订购信息,使观众了解商品的销售情况,从而加速观众作出购买的决定,观众可以通过屏幕前的预订电话订购商品,采取汇款或者银行转账的方式将钱款转给卖家,卖家通过快递把产品送到消费者手中的一种购物方式。从本质和表现形态上看,现在的直播电商与电视购物直播是采用相同的方式进行销售的,不同的是直播电商避免了电视购物直播门槛较高、缺少有效互动、传播效果不明显等弊端。追根溯源,直播电商是在电视购物直播的基础上发展而来的,其对于网络购物的直播发展有一定的借鉴意义。

二、直播电商的起源:网络直播

从直播电商的本质和表现形态来看,电视购物直播是直播电商的雏形,但是直

---

① 史晓楠. 直播电商模式的发展浅析 [J]. 北方传媒研究·北方论坛,2019 (2):21—24.

播电商的兴起却离不开直播媒介的不断进步与演化，是直播媒介一次次的发展，形成了今天的"直播＋电商"模式。如果说电视购物直播是直播电商的内在本质，而直播的不断发展则为直播电商提供了外在的媒介形式。网络直播是主播通过互联网对现场状况进行直播和录播，并且观众能够实时在线参与，它在我国兴起于2005年，经过了以PC端秀场直播为主的1.0时代，以游戏端直播为主的2.0时代，以移动直播为主的3.0时代。从萌芽期走向探索期，迎来了高速发展期，目前已进入相对成熟稳定的时期。

2016年以来，随着移动网络和智能手机的全面普及，直播这一新型传播形式经历了爆发式增长，逐渐成为人们的一种生活方式。直播从多方面改变了传统的传播方式：形式上，由图文、录制音视频变为实时视频；内容上，直播可以传递的信息类型更加多元；模式上，改变了商家与顾客、生产者与消费者之间的沟通方式。

三、直播电商的形成："直播＋电商"的商业模式

2016年，电商行业投资者看到了直播行业发展的前景，开始争先恐后地加入直播大军。同年2月，聚美优品在App里加入了直播选项，此服务正式面向消费者，将使用聚美优品的用户直接引进直播间，开启直播电商模式；3月，蘑菇街也进军直播行业，为年轻女性提供实时的客服服务，商家尝试借用直播进行产品销售和业务推广；5月，淘宝、天猫纷纷进军直播行业，之后天猫直播又与淘宝直播合二为一，在淘宝直播上共同打造精品内容并提供服务；随后，京东也加入直播阵营。各大电商平台包括跨境电商纷纷进军直播行业，并在直播行业谋篇布局。一些新兴直播电商平台也紧跟时代步伐，在小众领域崭露头角，如以创业为目的，努力进军直播电商平台的红豆角、波罗蜜等小型公司。可以看出"直播＋电商"模式已经基本成型。

2016年也是直播电商作为一种新型营销传播模式发展最迅速的一年。此后电商平台逐渐开始看重直播的盈利能力，纷纷布局"直播＋电商"模式，将直播页面与购物页面以简单操作相互链接，以求借助直播的优势带动电商和数字经济领域的发展。

四、直播电商的兴盛

2019年，直播电商开始正式兴起，也因此被称为直播电商元年。技术、政策、商业环境等外部条件逐渐成熟，直播行业进一步稳定发展。中国互联网络信息中心发布的《第44次中国互联网络发展状况统计报告》显示，截至2019年6月，我国

网络直播观看用户人数已达 4.33 亿人，超过互联网用户总量的一半。2020 年初，线下生活如消费、教育、工作等，受疫情影响基本停滞，直播再一次进入大众视野，更加全方位地渗透各行各业，如直播电商、直播课堂、直播疫情防控新闻发布会、火神山和雷神山医院建设直播等。疫情在一定程度上推动了直播的发展，也促使许多传统行业加速焕发新的活力。艾媒资讯报告显示，2019 年上半年中国观看直播电商的用户每周观看一到三次、每周观看四到六次、每天一次、每天多次分别占比 16.5%、29.1%、14.2%、11.0%。

直播为传统电商和社交电商提供了新的营销传播模式：主播将有相同喜好的观众即消费者聚集在直播间，消费者在观看直播的同时就可以点击直播间显示的链接直接购买商品，消费者与消费者之间、消费者与主播或商家之间还可以实时互动，能获得更多的实体店或普通网购所不具备的购物体验。同时，主播在直播电商中通过对商品的试用等形式为消费者提供品牌介绍和商品展示，品牌信息、商品的特点、用法、价格等所有信息瞬间便可以传递给感兴趣的消费者，进而影响和推动他们的购买决策过程，为传统电商创造了新的接触点。以 2016 年 3 月上线的淘宝直播为例，2019 年"618"期间，淘宝直播带动了近 130 亿元的销售额，开播商家数同比增长约 120%，开播场次同比增长 150%；"双 11"当日，淘宝直播间销售额约达 200 亿元。[①] 对商家来说，直播电商俨然已经成为一种新的带货方式；对消费者而言，直播电商已经渗入他们的日常生活，成为一种新的消费方式。

五、直播电商的发展阶段

综上，可以看出，我国的直播电商发展并非一蹴而就，主要分为快速成长期、商业变现期和商业爆发期三个阶段，不同发展阶段的特点如下：

（一）快速成长期（2015—2017）

在这个阶段，我国高性能手机硬件和网络的普及度迅速提高。在智能终端和网络普及的背景下，4G 实现了商业化进程。许多依靠网络的工具型产品衍变行业爆发，资本纷纷抢占赛道，形成内容产业百家齐放的局面。在发展初期，内容主题以娱乐为主，监管不严，行业规范尚不成熟导致违规违法现象普遍。

（二）商业变现期（2017—2019）

经过前期内容的野蛮生长后，在这个阶段行业行政监管趋严。在行政管制高压

---

① 秦佳怡. 直播电商的传播特征、问题及对策研究——以淘宝直播为例 [D]. 上海：华东师范大学，2020.

下，随着热点涌入和不合规的企业相继倒闭，资本进入脚步放缓，企业融资遭遇困境。直播平台开始谋求商业变现，礼物打赏和广告是这一阶段的主要变现模式。但随着竞争加剧和内容同质化，流量成本上升，有的直播平台开始探索直播电商模式，直播成为新的营销工具，特别是爆款产品、爆款主播的辉煌成绩，令移动社交、短视频、电商等行业头部企业纷纷布局直播电商行业竞争加剧。

（三）商业爆发期（2020年至今）

新冠疫情影响下，直播规模进一步扩大，直播用户突破5亿人。直播模式被应用在电商、在线教育、在线办公、在线娱乐、在线医疗、在线电竞等垂直产业，效果也逐步被验证。在用户和商户双方对直播模式接受度提高的背景下，特别是疫情期间，兼具娱乐和社交特点的直播电商深受处于社交隔离中的人们的欢迎，直播电商行业近万亿市场被激活。但是在经历了快速成长之后，直播电商行业的流量造假、带货质量问题等行业乱象也开始暴露，这令行业发展进入了新一轮的洗牌变革期。

六、直播电商的演进逻辑

直播电商与电视购物有相似之处。从形式上看，直播带货仍然是一种借助视听媒介为用户提供消费建议，进行商品导购的营销模式，并依赖于主播、平台、供应商三方的有效参与。但是，诞生于网络的直播电商天生具备网络化的基因，呈现出不同的行业发展形态，它以数字化、智能化技术为基底，以用户为中心，蕴含着不同于电视购物的媒介属性和价值逻辑，通过与经济社会的发展和新兴技术的迭代相交融，搭建了全新的商业模式和发展逻辑。网络直播具备不同的媒介属性。从媒介形态上看，电视单向、一对多的特性不同于网络双向、多对多的结构，这使得网络与电视在传播模式上有着本质的不同。

第一，单向的输出变成了双向的沟通和反馈，电视观众转变为网络用户，消费选择增多、权利增加、传播角色的改变等极大地突出了用户的个性化需求和偏好，用户不再局限于电视购物所提供的内容和商品，而是结合自身需求寻找信息和产品。互联网双向传播的特质为直播电商的主播、用户提供了快速、即时的反馈渠道。相比之下，传统的电视购物更多的是通过广告、宣传片、节目等形式呈现，录制、包装和制作过程意味着已经设定好的内容、商品在播出时不能因时、因地而随时更改，这不仅难以快速捕捉用户和市场的需求变动，而且不易实时接收用户的反馈，缺少消费者与商家和带货主持人之间的互动。而在直播电商中，主播虽然也有直播内容脚本和选品过程，但依然可以根据用户反馈、供货量进行调整，结合热点事件、社会话题进行借势营销，用户不再需要打电话才能购买，一个点赞、一条评论就能快速传递自身的消费意愿和态度，一个链接就能轻松购买商品，用户的消费参与度更高，与主播的互动更为密切，用户也不再是电视机前围观的受众，而成为直播间的参与者和玩家。

第二，移动互联网的发展突破了传统的时空限制，塑造了新的消费时空。一方面，用户可以随时随地、根据自身实际情况来获取信息，在时间上打破了电视媒体的时段概念，激活了属于每个用户自身的"利基时间"；另一方面，移动互联网在空间上突破了电视媒体对固定场所的限制，极大地开发了场景的功能与价值，在用户进行信息获取时，实现了个人时空与大众媒体固定时空的解绑，从而发展和开拓了新的缝隙空间和时间，使得信息传播变得碎片化和场景化。因此，相较于"客厅产业"的电视，移动直播贴合了用户见缝插针、多平台切换、多任务处理的信息消费习惯。具体来说，网络直播受环境限制较小，用户可以在不同的时间、场景下观看直播，与电视相比，网络直播对媒介消费的情景要求较低，而相比网络图文、音频、短视频，网络直播时间较长，主播对商品的介绍和"秒杀"的时间机制要求用户的投入程度较高，甚至要保持全程在线的状态，是一种在物理时间上强占有型的媒介。因此，直播电商将直播的优势与移动互联网技术结合，丰富了传统电商平台图文式的呈现形式，成为适应用户消费行为和数字经济发展的重要媒介。

第三，梅罗维茨曾经指出，印刷媒介去除了信息大部分的表象形式，更多地传递抽象信息，而电子媒介在传递抽象符号外，还包含着大量表象信息，能够传递个人化、私密化的幕后信息，因而具有"后区偏向"的特点。网络视频的出现结合了视听媒介形象化的表达和互联网草根化、分众化的基因，营造出基于关系、社群、圈层的传播模式。因此，在内容层面上，电视购物和直播电商最大的区别在于：电视购物往往通过主持人、广告、宣传片、节目，对消费者采用狂轰滥炸式的灌输手段；直播电商则是主播先通过分享、展示、聊天等互动方式与用户建立粉丝关系，让用户对自身产生情感认同和支持行为，并在此基础上向用户传递商业信息，从而达到变现的目的。例如，当观众打开电视购物频道时，会发现其可能一天24小时都在不间断地播放购物广告和节目，主持人的一切行为都在围绕商品本身进行，传递商品信息的方式十分直接和单一。而当用户进入直播电商间时，主播们除了介绍商品信息，还会分享自己的生活点滴，展示自己的宠物，与助理互开玩笑，邀请明星来主播间涂口红、吃零食等，因此，用户在观看直播时不是被迫观看了一场商品推介大会，更像是在线参与了一场有趣的综艺秀。同时，相比电视的大屏播出，直播电商更多地采用自拍式镜头和近景、中景的呈现方式，因而更加贴近主播的面部，放大了主播的表情，使得用户更容易产生对象感，也容易引起用户与主播之间的情感共鸣。

第四，网络的发展促使受众向用户转变，带来了海量的 UGC 内容，移动通信、视频化技术的发展为用户进行视听化表达提供了工具和空间。在大众传播时代，广播电视是视听媒介的控制者，在 Web 1.0 和 Web 2.0 时期，以图文为主的表达方式依然潜含着精英逻辑，媒体、公共知识分子、专业人士依旧掌握着内容生产的权力和话语权。然而，4G 发展带来的短视频浪潮极大地降低了公众进行自我表达的门槛和成本，一个手机、一个支架就可以搭起一个小小的直播间，李佳琦等可以成为影响力堪比明星的头部主播，身处贫困地区的新疆尉犁县副县长也可以通过直播推销当地农特产，一年带动千万元销量，助力全县脱贫。显然，相较于电视购物，直播电商走出了演播室，不再局限于固定的摄影棚，而是以广袤多样的地理空间为直播场景，当副县长直播在农田里切开甜瓜、在烤架上烤羊肉串时，这种去中心化、接地气、直观生动的表现形式显然给用户带来了更强的冲击。

七、从电视购物到直播电商的革命性变化[①]

（一）形式和手段相同

电视广告—电视购物—直播带货，本质上都是媒体商业化的一种体现，也都是不同流量载体下的同一种玩法。某种意义上来说，直播带货和电视购物都是一个"主播"加上一块屏幕，主要通过有声语言、副语言描述产品，推销给广大受众。但无论是主播还是屏幕，如今的直播带货都与过去的电视购物有很大的不同。基于消费者心动不如行动的消费心理，结合媒体的品牌宣传优势，直播带货可以将产品价格降到一个低价区间，激发消费者的购买欲。

（二）载体和主体差异

在自媒体时代，随着移动端购物的发展和移动支付的普遍化，人们逐渐接受了网上购物这种更高效便捷的购物方式，使得消费者的购物方式发生变化。网上直播购物更注重个人 IP，以人为品牌，利用粉丝效应，提高商品的购买率。电视购物则侧重于对产品本身的宣传、介绍和包装。

（三）真实性和互动性差异

直播带货真实可见，价格更加透明。主播可以向观众现场展示物品，在直播的

---

① 刘畅，马新新. 从电视购物到直播带货——浅析直播电商的革命化［J］. 新闻研究导刊，2020（18）：5-6.

过程中,观众可以随时提出疑问,主播现场答疑解惑,观众对商品可以有更透彻的了解,并且具有时效性,而电视购物就不存在以上这种便利性。直播经济本质上建立在主播和消费者互动甚至信任的基础上,如果产品后续出现问题,还可以联系客服解决,而电视购物的主播和消费者是不可以互动的,电视购物的主播不会向消费者道歉,但直播的主播会因为消费者所购买的产品质量不过关而向消费者道歉。

八、直播电商产生的社会影响

(一)促进营销模式的改变

直播带货突破了传统线下销售模式的局限,秉承了现代电子商务销售的优势,同时对现代电子商务销售模式进行创新,是一种全新的营销模式。直播电商作为内容电商的高级形态和最新形式,其"现场+同场+互动"的特点,实现了内容多维度的升级,能够通过更紧密的互动与用户建立起更为长久的"信任感",更好地输出品牌价值,真正实现"品效合一"。直播电商是电商渠道"人—货—场"的彻底转型升级,核心则是基于用户生命周期而管理构建的新的营销体系,以及与用户的深度连接。①

艾媒咨询数据显示,2017年淘宝直播业务的在线交易额达200亿元,占淘宝天猫总交易额的5%;2018年淘宝直播业务的在线交易额超1000亿元,约占总交易额的21%;2019年淘宝直播业务带货规模高达2500亿元,同比增速150%,约占总交易额的44%。可见,直播已经成为淘宝电商经营的主要营销手段。图4—1为淘宝直播电商营销业务带货规模趋势图:

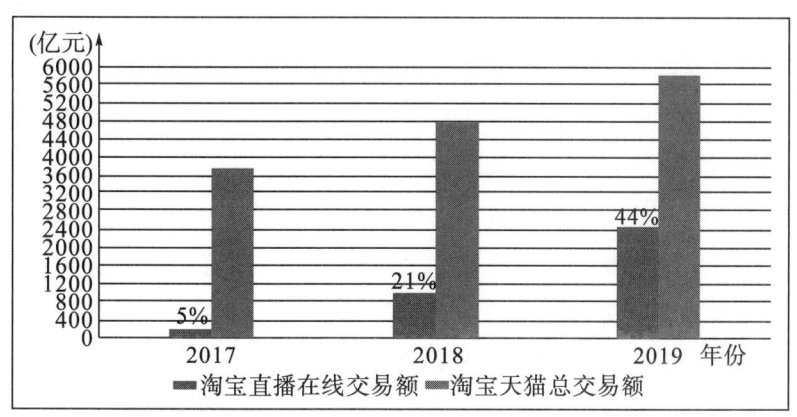

图4—1 淘宝直播电商营销业务带货规模趋势图

---

① 中国直播电商的发展动因、现状与趋势[EB/OL]. http://www.8u.cn/news_detail_577.html.

直播营销业务的开展给淘宝带来了高流量和高转化率，吸引了越来越多的商家入驻淘宝电商平台。淘宝联合淘榜单公布的数据显示，2018 年，通过直播业务带货成交额超过 5000 万元的店铺有 84 家，其中 23 家实现了成交额破亿的战绩。阿里巴巴 2019 年财年数据显示，淘宝天猫的年度活跃买家规模约为 6.54 亿人，比 2018 年新增 1800 万人，而且 2018 年天猫也新增了 5.5 万个商家，平台商家总体规模达到 30 万个。越来越多的商家投身直播，将其作为主要销售渠道。

直播电商作为电商平台的一种内容营销手段，改变了电商原有的销售模式，也改变了人们的购物方式，开启了电商时代的消费市场。如今直播电商被业内认为是最具发展潜力及最有效的营销手段，在移动互联网背景下，传统的 4P（产品、价格、渠道、促销）营销力量升级为 4C（消费者、成本、便利、沟通）理论，直播电商则更明显地体现了 4C 理论的优势，如：以用户为中心的用户体验更好，用户通过直播场景可购买高性价比产品，省去中间商赚差价，成本更低，厂家和用户之间的触达更为便利，且带有很强 IP 属性的主播能与用户建立高度的信任，沟通效果更好。尤其需要指出的是，直播电商与之前电商在销售方面最大的区别是"品效合一"，直播电商除了能更为高效地销售商品，还能更好地帮助企业建立和传播品牌，即主播利用直播电商完成产品理念输出、品牌认知构建，而这需要让主播完成产品学习、品牌认知，用社会化、人格化的思维进行产品的营销设计。

（二）促进消费方式的改变

以有趣、有料、有用的内容来营销更容易赢得用户的信任，成本更低且效果更好。基于互联网的内容营销经历了图文、音视频、短视频、直播等阶段。直播带货的主播具有很强的 IP 属性，且与用户之间能够频繁、高效互动，让用户的信任感更强。与传统电商购物模式相比，直播电商的买卖双方能够实时互动，买方可以通过不同的智能终端在线观看卖方介绍商品信息的视频，并通过直播间评论的方式实时向卖方发问；卖方则会在看到评论后及时解答，并主动引导其他买方提问，以补充更多的商品信息，满足买方了解商品情况的需要。

在传统的线上和线下销售模式中，厂商都需要花费大量的广告费用来推广自己的产品，这些费用无疑都会成为产品的销售成本，最后都是由消费者买单。在直播带货模式下，消费者购买商品是基于对主播的信任，厂商无须再花费大量的广告费用，这样产品价格就会更优惠，最终受益的依然是广大消费者。一般来说，大部分消费者在购买商品的时候都会具有选择恐惧症，面对形形色色的 App、不同品牌和类型的商品，消费者往往无所适从，会纠结于自己究竟从哪个 App 上面购买，选择哪个品牌的商品，作出这些选择往往是需要花费时间和精力的。现在有一个信任的主播推荐了合适的商品，并有购物链接和优惠券，可以帮助消费者省去大量的时间成本。

（三）促进产业链价值的提升

与传统电商营销模式相比，直播电商营销模式有效提升了电商产业链参与各方的价值，使各方达到共赢。直播电商模式下各参与者的价值变化如图4－2所示：

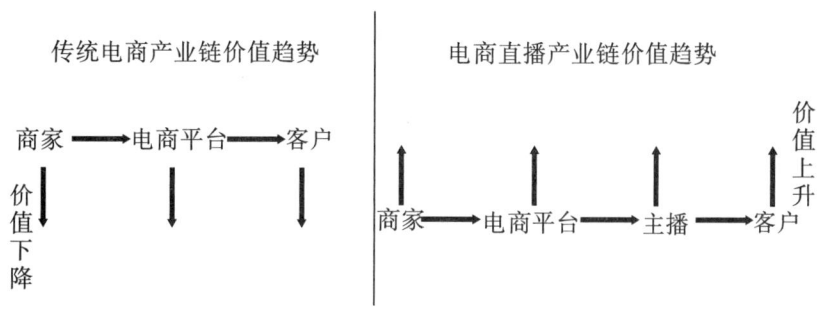

图4－2　电商产业链价值趋势图

随着电商平台发展模式的日趋成熟，传统电商模式产业链各节点的价值逐步降低。对顾客来说，电商平台商品量急剧增长，同质化严重，商品文字、图片等信息过分"美化"，使顾客在挑选产品时常常出现"不知道买什么"的无力感。在此情况下，支持顾客购买决策的时间成本和货币成本逐渐增加，顾客价值逐渐下降。对电商平台和商家来说，电商平台商家数量的增长和顾客价值体验下降，使其流量红利逐步消失，商家盈利触顶，电商平台消费市场低迷，电商平台和商家价值下降。而在直播电商营销模式下，顾客、商家、主播和电商平台的价值都得到了极大的提升，实现了电商产业链各方价值共赢。

1. 顾客价值提升

（1）经济成本降低

淘宝直播间的商品价格远低于传统电商销售同一商品的价格，顾客能以较低的经济成本获得某一商品。

（2）时间成本降低

传统电商模式下种类繁多的同质商品和一些干扰性的广告使顾客在选购商品时耗费了大量的时间和精力，而直播电商模式下，主播承担了为顾客货比三家的选品、讲解和讨价还价的任务，为顾客节约了时间成本。

（3）体验价值增加

直播电商以顾客为中心搭建的消费购物场景增加了顾客的现场感和参与感，主播与顾客的双向交流和即时互动答疑、弹幕等强互动信息的烘托氛围也提高了顾客的临场参与感。

2. 商家价值提升

（1）直播助力商家快速定位目标市场，实现产品的精准营销

直播销售的本质是渠道销售，主播的关键意见领袖作用代表了某种消费偏好和消费需求，因此，商家选择适当的主播就等价于定位目标市场，实现产品的精准营销。

（2）定制化生产，商品"零库存"成为可能

传统电商模式下，商家推广新产品时往往由于顾客对其存在"认知风险"而达不到很好的宣传和销售效果。在直播电商模式下，通过主播的现场展示与介绍，加之粉丝对主播的信任，可以将"认知风险"降到最低。商家可以通过主播以预售的方式推广产品，收集需求量，结合顾客改进商品并按需生产，实现产品生产"零库存"。

（3）资金回流速度加快

一方面，主播的流量渠道和商家的价格优惠极大地提高了产品的单品销售额和连带销售率，提升了交易效率，加快了商品流转，资金周转率亦得以提升。

3. 主播价值提升

（1）经济价值提升

主播通过销售商品获得大量的销售佣金。

（2）社会价值提升

主播可由一个默默无闻的小人物逐渐成为某领域的网红或意见领袖，社会地位和社会影响力得到大众认可，社会价值得到提升。

4. 电商平台价值提升

（1）顾客黏性提升

通过直播电商模式提高了顾客价值，使顾客越来越习惯使用直播购买产品，顾客对电商平台的黏性提升。

（2）经济价值提升

销售额提升的同时也提高了电商平台的收益。

（四）促进社会就业的增加

直播电商发展迅猛，成为助推我国经济社会发展的重要新动能，尤其是在疫情期间，以直播电商为代表的数字经济发挥了不可替代的积极作用，在激活消费市场、拉动经济增长的同时，也创造了大量的就业机会。

国家统计局发言人表示，"直播带货、网络零售等增加了新型就业，对稳定就业发挥了重要作用"。商务部也曾表示"网络零售成为消费市场的稳定期；直播带货成为电商发展的新引擎"。中国劳动和社会保障科学研究院院长莫荣表示，依托互联网等现代科技手段的"新就业形态"，阿里等数字平台成为实现稳就业的重要载体，"因为数字经济的发展，中国在'新就业形态'上正成为世界探路者"。

2020年7月，中国人民大学劳动人事学院发布的《阿里巴巴全生态就业体系与就业质量研究报告》显示，淘宝直播一年带动就业超过173万个，除了主播还诞生了助播、选品、脚本策划、运营、场控等多种新职业。根据该报告的测算，2019年阿里巴巴经济生态共蕴含就业机会6901万个；其中，淘宝等电商平台共带动就业机会4976万个，相较于前一年增长894万个。借助电商和直播，农民变身为"新农人"、手机成为"新农具"、直播成为"新农活"。数据显示，淘宝"村播计划"启动一年便带动了5万多新农人加入直播，淘宝还联合16个省市共同孵化20万新农人。直播带货、网络零售同样成为大学生的选择之一，数据显示，2020年淘宝上增加了20万名"淘创大学生"。

在直播电商真正破圈、引爆话题热度的过程中，作为直播电商产业链的"对外窗口"，主播无疑是其中最受瞩目的一环。无论是淘宝的李佳琦等网红主播，还是在快手直播3小时成交额达3.1亿元的董明珠等商界大咖，都成为主播生态中的重要组成部分。而在这些头部主播之外，还有数量更为庞大的腰部主播、尾部主播。数据显示，目前，快手日活已突破3亿人，快手电商日活突破1亿人，而平台上有潜在经营行为的账号超过100万个。随着快手直播电商布局的不断升级，仅快手一个平台的带货主播数量就远远不止100万人。主播岗位的人才缺口近几年在为社会就业提供大量新增机会，越来越多的年轻人成为电商主播，也为这一新业态注入更多的生机和活力，成为激活经济社会发展的强劲动力。而直播电商的巨大市场前景更是吸引了众多高学历人才加入电商主播队伍。

（五）拉动社会经济的增长

数据显示，2020年每天约有3万家新的直播商家入驻直播平台，而直播带货的订单总量也在以每周20%的速度增长。大量带货主播的存在为商家提供了广阔的选择，无论大型商家还是中小商家都可以选择自己的带货渠道。由于直播间也存在流量，通过主播和选品的合作，一件好的商品如果确实物美价廉，即使品牌力较弱也可以迅速曝光，这给了不少用心提供商品的中小商家一个巨大的机会。

2020年5月20日，由杭州市人民政府、中央广播电视总台国家（杭州）短视频基地、浙江省商务厅、浙江广播电视集团主办的"云上杭行5·20直播电商季"在中国TOP直播电商产业园盛大开幕。直播电商行业、杭州知名品牌企业、直播电商头部企业齐聚一堂，共同为"杭产优品"代言带货。短短两个小时的直播带货活动共吸引粉丝968.67万人，直播间销售总量达到26.25万件，实现成交额

1777.95万元，万隆、网易严选、姚生记的销售总额位居前三，分别是平时的85倍、29倍、20倍，消费带动效益显著。

"手机＋自拍杆"成为农民脱贫致富的"新农具"；"好物推荐＋用户黏性"使小微商家有了跟消费者"畅聊"的好机会；进车间、逛厂房，传统品牌有了展示形象的新窗口；全国直播电商平均每天超5万场，观看人次超2.6亿……伴随着直播电商的迅猛发展，消费领域潜力得到了极大的挖掘，"万物可播，人人可播，处处可播"的发展态势，为促进经济发展拓展了纵深空间。

第三节　直播电商业务模式概述

一、内容型社交电商平台①

内容型社交电商是指销售商创作的内容（多来源于创作者的亲身经历和体验）通过社会化媒体传播，以触发消费者体验和购买，最终实现销售的电商模式。具体而言，内容电商通过图文帖子、短视频等形式，发布购物攻略、体验分享等内容吸引用户，用户在平台内或跳转到电商平台购买商品，同时一部分用户会将自己的使用感受分享到平台，形成"发现—购买—分享—发现"的闭环（如图4-3所示）。

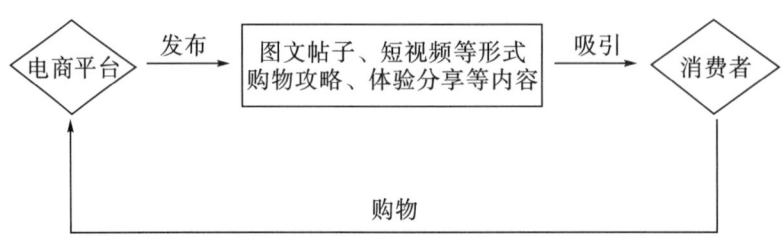

图4-3　内容电商"发现—购买—分享—发现"的闭环

（一）发展历程

内容电商的出现是内容方和电商方共同推动的一种互补选择。一方面，传统电商急需找到新的流量来源，内容作为介质，在提升电商用户黏性和消费者体验上作用明显；另一方面，社交内容平台开始成为流量变现渠道。

2016年被称为内容元年，这一年各大新媒体平台崛起，开始了内容的发展，

---

① 《2019年度中国社交零售报告》。

内容创作刚开始的时候只是普通的接入广告，然后按照文章的浏览量来获取对应的广告费。没过多久，内容创作者发现其实可以把广告商品嫁接到内容当中，可以更直接地获取广告收益，提高广告转化率。

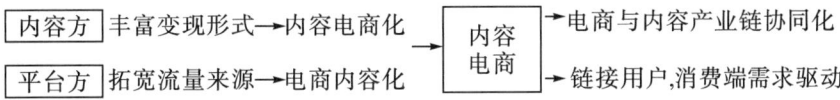

图 4－4　内容电商发展历程

（二）核心角色：KOL（关键意见领袖）

2019 年波士顿咨询公司（BCG）的调查显示，超过 70％的 30 岁以下的年轻人易受 KOL 影响。KOL 基于品牌方提供的信息为产品生产内容，再通过平台传播品牌及品牌理念，实现营销效果最大化。良好的 KOL 营销策略能够增加品牌曝光率，让品牌形象深入消费者群体。KOL 营销建构的是一个个拥有完整的闭环的"种草"消费圈，擅长在不同圈层中密集传播的品牌，有望收获品牌与消费的双赢。

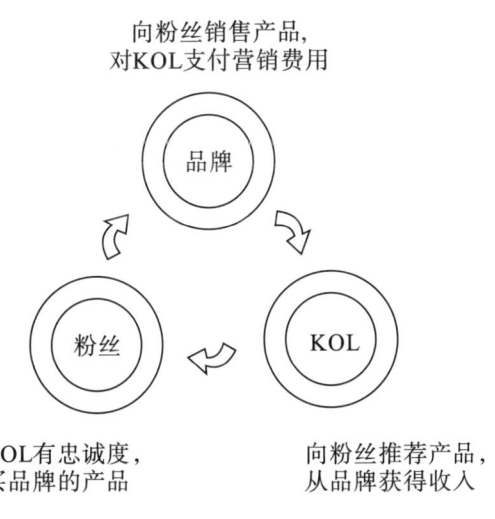

图 4－5　"种草"消费圈

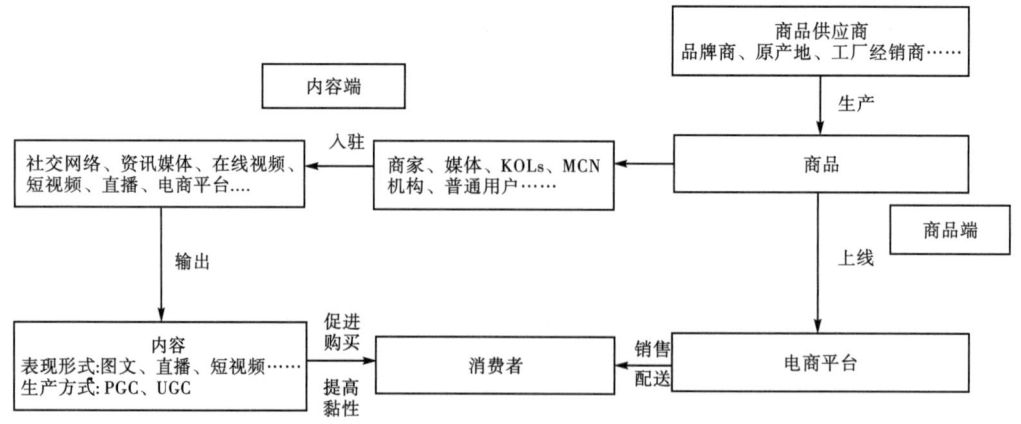

图4—6 2019年中国内容类社交电商供应链

MCN（Multi-Channel Network）机构通常通过签约、培训或收购等方式，将具有变现潜力的内容生产者（包括KOL）纳入旗下，并承诺为内容生产者提供技术支持、流量运营、商业推广，从而以广告、电商、内容分成、版权出售等方式实现利润分成。美国视频网站YouTube是MCN机制的最早倡导者。2009年，YouTube开始大力推动以专业内容生产者（PGC）联合为基础的视频MCN机构，并催生了Maker Studios、Style Haul、Full Screen等先行者。2015年，YouTube排名前10位的MCN机构贡献了248.7亿次的观看量，其中排名第一的Maker Studios拥有全球7万多频道，视频月点击量高达55亿次。高效的内容生产组织经验迅速影响了中国市场。2016年，微博率先启动MCN管理系统内测，倡导与MCN在垂直细分市场领域合作。除此之外，网易、百度、快手、抖音、头条号、阿里、微信等机构均开始倡导MCN合作，并推出了多个百亿现金补贴计划。

截至2019年年底，我国已有超过2万家MCN机构，其中签约规模在50人以上的达到了87%，签约100～300人的更是高达45%，美妆、时尚、娱乐、美食、母婴、汽车、游戏等强变现领域成为最受青睐的内容垂直类型。激烈竞争之中，市场结构的集中化趋势愈加明显。少数头部MCN所创造的收益占到了整个市场收益的大多数。近几年，短视频是MCN机构重点"深耕"的领域。根据《2020中国MCN行业发展研究白皮书》，有96%的MCN业务是短视频的内容生产。

作为中国平台经济发展脉络中的新兴商业体，MCN机构的崛起预示着内容消费专业化时代的到来。不同于一般的用户内容生产，MCN机构通过组织化、结构化的商业运营模式，正在重塑当下个体化、单人式、业余性的短视频内容生产。如果我们将短视频的产业链生产视线拉长，就可以发现，MCN机构不仅是内容生产层面的中介，更是整个正在崛起的内容消费产业的形塑者。通过内容制作、网红孵化、流量获取、变现创收等形式，MCN机构内嵌于平台内容生产，并在多个维度实现了社会生产机制的特征改变。

实现内容生产和数字劳动的中介化MCN机构的出现对内容创作产业的工作机制和劳动关系进行了重塑。通过资源的集结和匹配，MCN将原子化、分散的创作个体进行了编织和整合，在内容生产的业务运营上更加系统化和流程化。通过对签约账号、加盟个体的技能培训、内容策划和运营包装，MCN公司与其内部员工形成了基于受众消费和资本运维双向互动的利益分配关系。随着MCN机构的爆发式增长，内容竞争日益加剧，短视频内容生产者的劳动也呈现出日益加剧的不稳定性和不确定性。"头部网红"效应日益明显，而尾部MCN机构和人员的生产生存状况堪忧。

（三）以内容创新为基础，不断开创资本变现新模式

MCN机构的强势崛起与我国数字化进程不断加快密切相关。为了占领市场高地，短视频平台在创始初期给予MCN较大力度的补贴，使较多中小MCN机构得以存活并壮大。随着用户内容消费渠道的多元化和消费口味的不断变化，MCN机构不断创新业务形态和内容模式，剧情段子、日常分享、实验测评、知识普及、话题讨论等是MCN机构短视频创作的主要类型。而随着5G、VR和人工智能等技术的升级，数字技术可供性也为MCN开辟了更多的资本变现的可能，除了早期的广告和平台补贴外，IP及周边、电子商务、线下商演、课程销售等"线上""线下"相互联动的生产盈利模式也正在扩展。

建立消费黏性，赢得"注意力"市场。短视频的制作和生产带有强烈的情感化、数字化。内容生产者通过在短视频的展演中注入情感，以互动、表演、在场的方式实现与消费者的时间价值交换。在此过程中，消费者的"注意力"转化为二次广告或者产品的销售，但是与传统的大众媒体广告不同，短视频或直播中的价值交换内嵌了视频展演者与观众之间的"情感连接"，因此，平台货币化的实现其实是数字化和情感劳动的双向中介。依靠机构内部精细化的管理模式和奖罚政策，MCN公司以内容生产者的情感获得消费者持续的注意力，并通过打赏、广告、销售产品实现产业货币化目的。

二、拼购型社交电商平台

拼购型社交电商是指通过拼团减价的模式，激发消费者通过自己的社交网络自发地寻找有购买需求的人。拼购类电商的典型代表如拼多多，其在三年时间内就成长为备受瞩目的电商巨头，并在2018年7月成功上市。拼购类电商兴起不久便实现了爆发式的增长，到2018年，我国拼购类社交电商规模达到5352.8亿元，同比

增长257.6%，但增速同比2017年（793.4%）开始降低，获客成本不断增加，开始向成熟期迈进。

三、分销型社交电商平台

分销型社交电商主要采用S2B2C模式，让客户成为商家的分销节点，通过设置分销佣金让利给分销节点，形成裂变式传播，实现"自买省钱，分享赚钱"。商品必须拥有足够的利润空间，商家在保证自身盈利的同时能够给分销商足够的利润，激发客户的分销热情。在我国，分销型社交电商在2011年随着微博、微信朋友圈、移动支付的兴起开始迅猛发展，但随之而来暴露出非常多的假货、残次品、涉及传销等问题，2019年1月1日，随着《电商法》的实施，监管日趋严格，逐渐步入规范成熟期。

（一）微商及其发展

从概念上看，微是微小的意思；商自古以来都是对商人、经济的一种解说。在现实生活中，每个人都是一个微小的商人。

王鹤翔认为微商就是指利用互联网技术，借助微信、微博等社交工具，进行产品展示、推荐、分享、销售等活动的商家或个人。[①] 俞华认为微商是基于微信生态圈的移动社交电商。2017年1月，由中国电子商会微商专委会等组织联合起草的《微商行业规范（征求意见稿）》将微商定义为"利用互联网平台的分销模式，采取无店铺销售商品或服务的商业行为"。2017年7月中国互联网协会发布的《2017年中国社交电商和微商行业发展报告》指出，微商主要指从业者利用互联网社交媒体作为传播工具完成商品与服务交易的行为。[②]

综合来看，从应用工具的角度可以将微商定义为狭义和广义两种情况。狭义的微商就是以移动互联网为基础，利用微信从事产品宣传与销售的服务；广义的微商又叫移动社交电商，是除使用微信之外，还通过微博、QQ、抖音、陌陌等社交软件，以人为中心，以社交为纽带从事商务活动的新型电子商务经济形态。

目前微商主要有B2C与C2C两种模式。B2C模式是由企业主导，以微商城等为主要形式的商业形态。C2C模式即个人在微信、微博、QQ空间等社交媒体进行宣传并销售商品的行为。这两种形式都有明显电子商务的性质。[③] 随着电子商务的发展又衍生出B2C2C、C2C2C等模式。

[①] 王鹤翔. 移动互联时代"微商"的发展前景展望 [J]. 价值工程, 2018, 37 (29): 198-199.
[②] 梅岭. 社交电商的时代来了吗 [J]. 中国质量万里行, 2017 (8): 9-11.
[③] 茹莉. 微商商业模式解析及其规范化发展 [J]. 河南社会科学, 2018 (10): 117-120.

2013年,微商是大多数淘宝商家推广商品的方式,2014年,随着微信支付功能的开放,微商进入高速增长期。2016年微商交易额超过3600亿元,同时在品牌化和制度化方面日趋完善。2017年增速仍领先于传统电商和其他商业领域,解决了3000万以上人口的就业问题。[①] 2019年1月1日,《中华人民共和国电子商务法》正式实施,微商被纳入电商经营者范畴,需办理市场主体登记,并依法履行缴税义务,接受法律监管,消费者维权有法可依。

(二)微信社交电商平台的优势、劣势[②]

1. 微信社交电商的优势

(1)碎片化时间

信息化进程的不断加快,以及移动手机、网络的普及和高速发展,人们使用手机的时间被切割,购物方式也从PC端转向移动端。据调查,我国网民每天要花费大量碎片时间在手机上网上,其中刷微信的时间占了约30%。微信的朋友圈、聊天功能、支付转账、公众号等占据了人们日常生活的焦点,其便捷性使人们在几分钟内便能完成从锁定物品、沟通到下单的全过程。

(2)朋友圈更容易获得信任

社交电商是基于熟人发展起来的,微信用户的好友来源大部分都是朋友、同事、家人、亲戚和同学。在我国整体商业诚信体系尚不健全的情况下,这些相互熟悉的人存在良好的信任基础,所以朋友圈推荐的商品更容易得到信任。在传统电商粉丝购买转化率不足1%的情况下,微信社交电商的转化率能达到10%甚至更多。比如,如果用户在一般的电商网站上浏览到推广广告,大部分情况下都会置之不理,而如果是其好友在朋友圈中发布了购物体验,用户更容易相信该推荐信息并加以推广,这种基于熟人推荐的运营模式更容易实现流量转换。

(3)去中心化

电子商务的高速发展使得入驻淘宝、天猫等传统电商平台的商家越来越多,其中心化模式也让平台筛选信息的成本越来越高。过去入驻传统电商平台的商家大都只重视产品销量而不注重品牌建设,中心化模式使这些商家花更高的价钱购买流量导致其生存变得举步维艰,同时商家为了获得较高的购买率深陷价格战的囹圄。而微信商户可以不受中心化的局限,只要建立微信群几乎不花任何费用就能和消费者做到很好的沟通,也更容易征集消费者的需求信息,为消费者提供更完善的服务。微商消费者也不再是单一的被动接受者,还可以参与产品的采购、制造和宣传,实

---

① 王琳. 微商发展影响因素探究及前景预测[D]. 曲阜:曲阜师范大学,2018.
② 贾园园. 社交电商背景下微商优劣势分析及对策[J]. 现代经济信息,2020(1):154-156.

现个性化定制，厂家或商家可以按需生产或按需进货，以达到去库存、降成本的目的。当然，微商去中心化并不是没有中心，也不是跟中心化相对立的，准确地说应该是：去中心化＝∑（小型中心化）。

（4）精准营销优势明显

据调查，20～35岁年龄群的女性更倾向于社交电商购物，她们处在消费旺盛期，也更容易接受新鲜事物。一些微信商家针对这个年龄段女性的需求特点，打着"温情"牌和"关爱"牌的服务理念，利用优质精准的内容吸引不同需求的客户群体，以招揽客户、增加客户黏性，提高流量转化率。比如，一个售卖孕婴产品的微商群，可以在群内定期发布一些产后恢复、育婴经验、辅食制作等实用知识，将群内的用户变成忠实的粉丝，最终"零费用"就将这一部分用户转化成真正的购买力。

（5）本地化优势明显

微信群的创建可以将本地客户聚在一起，定期发布新品、促销品或者秒杀来吸引客户流，使得本地客户在本市就能完成线上、线下的双重体验。微商的本地化优势对偏远地区尤其明显，消费者在传统的电商平台上要面临个别商品不包邮以及运输时间成本问题，而在本地微信社交平台可以轻松实现上午下单、下午收货的快捷和便利。

2. 微信电商平台的劣势

（1）微商标准化运营难

微信最初的定位是便捷的聊天社交服务工具，而要打造成一个电商平台，其用户群并没有在上面形成良好的购物习惯。"流量并不等于购买力"可以说是微信的先天劣势。同时，微信社交媒体的电商运营不像淘宝、天猫这样成熟的大平台，其品类不够丰富，无法满足客户群日益多元的购物需求。多数微信购物缺少完善的物流信息和评价体系，商家很容易对数据进行造假。微信卖家众多，小到个人商铺，大到集团连锁店以及第三方接口，不同的品类需求和经营者意味着微信很难做到标准化大规模电商平台的运营。

（2）微信朋友圈暴力刷屏

现实生活中的朋友是经过长时间的接触，彼此的关系比较紧密。如今，微信用户零成本注册加上仅需"扫一扫""摇一摇"等方式就可以互为好友，缺少了中间的相处过程，造成微信朋友圈的泛化。微商的迅猛发展也导致微信朋友圈充斥着代购、营销甚至是虚假广告，造成很多微信用户特别抵制这种刷屏现象，大大影响了微信朋友圈的用户体验。有些微信商家通过活动形式来提高关注和流量，获取流量后又不好好经营，一味刷屏，过度消耗自己的信用值，导致这种辛辛苦苦获取的流量的转化率极低，甚至被直接屏蔽或拉黑。

（三）微商的未来发展

微商是基于移动互联网的空间，以社交软件为工具，以人为中心，以社交为纽带的新的商业模式。微商本质上属于基于微信社交媒体的传统销售，其以朋友圈为依托、用户自发而成，虽无须通过支付工具直接交易，但微信封闭环境下的小范围销售行为依然属于传统销售，即使微商团队所采取的代理分销制也属于传统企业惯用的商业模式。微商的盈利模式比较单一，只有"消费者＋传播者＋服务者＋创业者"一种。在营销方面，微商依靠宣传微信号、推送礼来增加好友，依靠朋友圈的大量刷屏来获得销量，本身还是传统销售的模式套路。在朋友圈赤裸裸地刷屏，将产品尽力呈现在用户面前，强推给微信好友，显然是一种强直性营销行为，以此来获得产品的利润分成显然是相当困难的，此种营销行为显然是不可持续的。

微商并不只是大家看到的朋友圈刷屏的面膜党和招代理圈钱的类传销模式。和电商被接受的过程一样，微商仍处于发展初期，存在很大的混乱。

基于移动互联网平台的工具开启的小微时代强调的是社交关系营销，是基于熟人和陌生人的中关系营销。与传统电商相比，微商的推广成本更低。传统电商以商品为中心，微商则是以人为中心。移动互联网时代是社交的时代，人与人的关系才是最核心的东西，通过关系获得信任，通过信任卖出商品是关键所在。但社交购物的微商时代，追求的是关系深度，不一定要有太多的客户，只要维护好粉丝，就能形成多次转化。

第四节　直播电商业务模式分类

今天的直播不仅仅是单纯卖货，还要考虑直播内容。通过直播内容的起承转合，甚至讲故事，深度透析产品内容及文化。常见的直播电商业务模式如下。

一、基地走播模式

供应链构建直播基地，主播到各个直播基地做直播，一般提前到基地选好货，等基地做好准备，主播在实地开播。基地往往会为协助主播一唱一和，采用好款惜售的模式，容易造成冲动下单。最合适的是生产商做直销，例如保健品、快消品、限量服装等，无论是自产自销还是产地直销，到产地买，性价比最高，观众对产品的品质也放心。部分大宗商品如房屋、汽车，营销方案合适的话也可以采用。局限在于该直播模式的内容每天都差不多，不容易被观众期待。

二、直播间出品模式

这种模式也叫 DTC（Direct to Consumer）模式，是操作难度最大、门槛最高的一种。主播根据粉丝的需求，采用 ODM（Original Design Manufacturer）或 OEM（Original Equipment Manufacturer）的方式推出特有的款式。成交的冲动性主要来自粉丝对主播的信任以及对款式的认同。这种模式比较合适各类小商品、小日用品，对主播的名气要求比较高，基本都是直播的头部主播，对生产部分的柔性化生产也有要求。

三、店铺直播模式

主播对每一款在售产品进行介绍，或者由观众在评论区留言让主播介绍特定的款式。直播内容就是店铺的各个款式。竞争力来源于在播商品，依靠购物袋中的商品引起观众互动。这种模式比较适合有一定规模的品牌，尤其是服装、首饰、3C 穿戴类的商品。

四、海淘代购模式

传统的海淘升级后，通过更直观的方式，由主播在国外给粉丝带货，因为镜头只对着部分商品，所以商品的呈现不是很直观，往往有一定的价格差，时常一家店里库存较少，好卖的容易被哄抢。保健品、母婴用品、美妆、日用品等比较合适，对海外渠道有一定要求，同时直播质量由于网络原因一般不太好。

五、直播砍价模式

主播拿到货主的商品后，把商品的优缺点分析给粉丝听，同时也告诉粉丝商品大概的价值，征询有意向购买的粉丝。在这个基础上，货主报价，主播砍价，价格协商一致后，三方成交。主播赚取粉丝的代购费和货主的佣金。一货一品，容易哄抢。观众喜欢围观砍价和成交过程，因而直播氛围较好。

六、商品秒杀模式

主播和品牌商合作，帮品牌商带销量，同时为粉丝谋福利。这种模式容易形成头部效应，主播带货能力越强，越受商家青睐，拿到的折扣越低，而主播的收益来自"上架费＋销售返佣"。目前淘宝的很多主播如李佳琦等都会采用这种模式。

七、达人带货模式

达人是指在一个领域有非常深厚的专业认识，对该领域的商品了如指掌，是该领域的消费意见领袖。通过此模式获取的粉丝，对主播的信任度较高，从而使得转化率有不错的表现。例如做口红的李佳琦、各类美食主播及健身主播等。①

八、社交应用与电商平台合作共赢模式

社交应用运营商拥有巨大的定向流量，他们渴望能够将其变现，而电商商家则头痛于如何拥有更多的低成本流量，随着移动支付的快速发展，二者的融合势在必行。在我国，社交应用与电商平台合作共赢的例子屡见不鲜，如淘宝和微博合作推出的淘宝微博版，实现账号互通，淘宝卖家可以在新浪微博淘宝版直接发布商品，并通过后台进行商品管理及商情监控；抖音和淘宝合作，让大家在看抖音小视频的同时还可以直接在淘宝上购物，很多粉丝众多的抖音号都成了带货王，捧红了不少产品；再比如京东拼购和微信之间的合作，推出了京东拼购微信小程序等。

第五节　基于价值共创的直播平台②

2019 年以来，网络直播日益面临着由增量市场向存量市场的转变。在此期间，市场竞争进一步加剧，熊猫、龙珠等大量中小直播平台倒闭；行业集中度进一步增高，诞生了斗鱼、虎牙、YY 三家上市直播平台；同时还吸引了新的跨界竞争者，抖音、快手等短视频平台纷纷引入直播作为变现渠道。

基于双边平台战略发展模式，直播电商平台的壮大都是依靠热门内容和主播激发观众的双边网络效应，在双边规模的扩大中不断累积话语权，然后以直接或间接的方式实现流量变现，最终形成竞争优势。

与此同时，在智能时代媒介融合与媒体泛化的背景下，连接的成本被极大地降

---

① 你必须要知道的直播电商最赚钱的 11 种商业模式 [EB/OL]. https://www.sohu.com/a/417065778_120799941.

② 何渊硕. 价值共创理论视阈下网络直播平台发展策略初探 [J]. 新媒体研究，2019，5（22）：55－57，64.

低。更多的利益相关方以更低的成本便捷地参与直播平台的价值共创。可以说，平台的发展超越了平台内部的价值创造，越来越依靠对平台外部资源的整合能力。直播平台正是通过提供价值主张和情境，对各个利益相关方的资源进行整合，并在资源整合的互动中实现价值共创。

一、价值共创的内涵

自从 20 世纪 90 年代左右价值共创理论第一次被提出后，先后经历了顾客体验、早期服务主导逻辑、服务逻辑、服务科学、服务生态系统五个发展阶段。其中，基于服务生态系统的价值共创理论，因其对价值共创主体的包容性，特别适合智能时代媒介融合与媒体泛化背景下互联网平台的价值共创研究。

基于服务生态系统的价值共创理论认为，价值共创互动行为会受到情境的影响，并且在复杂的情境中价值共创主体的原有身份边界会变得模糊，从而耦合到更加复杂的价值共创生态系统中，并通过主张、制度、技术、资本等操作性资源参与价值共创。互动是通过"参与者—参与者"这种最小的二元结构的直接互动完成的，并且互动可以在宏观、中观、微观三个层次发生。

二、直播平台的价值共创

网络直播平台通过提出"直播"这种媒介形式与内容形式的价值主张，通过直播推流、实时弹幕、虚拟礼物等技术构建了一个情境，各个利益相关方在以直播平台为核心的资源整合互动中实现价值共创。总的来说，这种资源整合的互动可以分为微观和宏观两个层面。

（一）微观实体的互动

直播平台价值共创的微观互动是通过实体间直接的二元互动完成的。参与直播平台价值共创的实体主要包括直播平台、主播、用户、公会、游戏公司、广告主、政府、投资人、其他竞争平台等。本节将选其中最关键的三个实体（直播平台、主播、用户）展开剖析。

直播平台作为价值主张的发起方与情境的提供方，拥有最多的互动对象与互动形式，包括：对政府监管的执行和建议，吸引投资人注资并分红，招募和培养主播，与公会建立合作关系，优化用户体验，与游戏方建立内容版权合作，争取广告主的广告投放，与其他直播平台展开竞争。直播平台以自身为核心构建直播生态系统，并从生态系统的价值共创中择取属于自己的利益。

主播作为直播平台最重要的内容创造者，是直播平台实现价值的关键途径，其互动对象与方式包括：为用户提供喜欢的直播内容，为公会提供收益并从公会获得培养机会，与直播平台签约并遵守平台规则，配合广告主完成营销活动，成为直播某款游戏的主播，与其他主播合作或竞争。主播围绕内容与用户进行价值共创，平台签约、公会孵化、游戏合作这三项互动都有助于主播更加高效地为用户产出优质内容，广告主的营销活动也是基于主播的内容和用户影响力。

用户作为直播平台收益的核心来源，所有的价值都需要获得用户的认同才可以实现，其互动对象与方式包括：观看主播直播内容并与主播互动，参与直播平台的各种运营活动，观看游戏公司某款游戏的直播内容，与其他用户形成社群。用户来到直播平台上获取价值，价值以主播与直播内容的形式呈现。通过用户对直播的直接打赏，整个直播平台的价值共创生态系统获得了驱动力。

（二）宏观资源的互动

直播平台价值共创的宏观互动是通过资源在实体间间接地多元整合完成的。微观层面的实体之间的互动，从宏观层面来看其实就是资源整合的过程。直播平台所整合的资源类型包括价值主张、情境、制度、内容、技术、流量、资本、人力。

直播平台通过提出"直播"这种媒介形式与内容形式的价值主张，运用直播技术构建直播的播出与观看情境，让各个利益相关方参与直播平台的资源整合过程。各个利益相关方运用直播平台揳供的情境，参与与其他主体的互动，并且在互动的过程中遵守直播平台的制度。这种制度同时还受到政府监管部门的指导，所播出的内容、技术的使用方式、资本的运作方式、流量的运营方式必须符合国家法律法规。

主播运用直播平台的推流技术，将直播内容分发给用户，使自己创造的内容资源在用户处交换为流量和资本资源，同时将其中部分资本转移给直播平台和公会，作为对使用直播平台与公会的情境、制度、技术资源的交换。直播平台则会将获得的资本资源用来更新技术资源，雇佣更多的员工扩充人力资源，优化直播平台的情境，从而为主播和用户创造更好的体验，或者直接将其作为分红返还给投资人；公会则会将获得的资本转化为技术资源和人力资源，去孵化和培养更多的主播。

用户通过提供流量与资本资源换取自己想看的内容资源，满足自己的娱乐需求。直播内容这种资源大部分在用户的体验过程中消耗掉了，还有少量直播内容资源经过加工剪辑在其他媒介生态系统进行二次传播，继续进行新的价值共创互动。广告主作为直播平台价值共创的重要参与方，则通过向直播平台提供资本资源，换取直播平台签约主播的内容资源，最终目标也是转换为用户的流量与资本资源。而用户的流量和资本资源是在其他非直播平台的服务生态系统中，通过价值共创的过程获取的。这种资源整合与实体间的互动使得直播平台的服务生态系统耦合到更宏大、更广阔的服务生态系统中去，从而构成一种松散的时空结构。

三、直播平台价值共创的三重困境

目前直播平台的价值共创面临三重困境，主要包括流量荒漠化、运营粗放化、内容同质化。

（一）流量荒漠化

流量荒漠化是指网络直播这种媒介形态与内容形态的流量红利已经消失，并面临着用户流失的风险。获取新用户的成本急剧升高，高出的成本承担起教育新用户的作用；同时直播平台的存量用户还面临着快手、抖音等短视频平台的激烈争夺。流量荒漠化将直接导致用户使用直播平台的时间缩短，在直播平台上的资本投入也随之降低。流量和资本作为直播平台价值共创的核心驱动力，当流量荒漠化发生时，将对整个直播平台生态造成系统性影响。为应对流量荒漠化，各大直播平台纷纷加大了主播招募力度，以期用主播直播内容资源的增长去对冲用户流量、资本资源的衰减，这种策略直接造成了第二重困境：运营粗放化。

（二）运营粗放化

运营粗放化是指网络直播内容资源快速增长，却缺乏人力资源与技术资源，无法提升内容资源的价值。直播平台为应对流量荒漠化招募了大量主播，其中很多主播并不具有直播经验与内容创作的专业素质，他们被分配到直播平台的各个内容专区，产生了大量低价值的内容资源。直播平台和公会因为人力资源的匮乏，往往将优质的人力资源优先分配给已经成名的高人气主播，很难顾及这些新人主播。因为新人主播创造的内容资源价值较低，专门负责新人主播孵化的运营人员的专业水平也往往较低，很难为新人主播提供优质的内容资源，这种状况直接造成了第三重困境：内容同质化。

（三）内容同质化

内容同质化是指直播平台上大量直播专业水平较低的主播产生了大量内容高度雷同、无法给用户带来差异化体验的内容资源。这些主播大部分聚集在娱乐专区，以聊天或唱歌的形式与用户互动；少部分聚集在游戏专区，以游戏内容与用户互动。因为这些主播提供的内容资源并不能满足用户的娱乐需求，所以用户并不会向他们交换流量和资本资源。同时，大量同质化内容使网络直播平台的生态情境进一步恶化，直播平台需要使用更先进的技术对内容进行智能推荐，用户需要花费更多的时间去寻找较为优质的直播内容。情境恶化造成了直播平台整体成本的增加，劣币驱逐良币则导致用户观看的时间与付费意愿进一步降低，最终增加用户流失的风险。用户流量和资本的衰减则又加剧了第一重困境流量荒漠化的状况，三重困境恶性循环，直到直播平台的服务生态系统最终瓦解。

四、基于价值共创的直播平台发展策略

网络直播平台目前所面临的三重困境可以通过优化价值共创路径、深化价值共创互动、强化价值共创结构的策略来解除。具体而言，可以采用组织裂变、版权金融、生态耦合三种策略。

（一）组织裂变：整合人力

组织裂变是指直播平台通过注册或入股公会的形式，以公会名义招募更多的主播运营人员，并且为公会的主播运营人员提供充分的专业培训，从而实现整个网络直播平台生态中优质人力资源的增长。此前，直播平台直接分配人力资源负责主播运营工作，经过优化价值共创路径之后，直播平台只需要分配少量运营人员负责头部主播的运营，其他大部分主播运营则转岗为公会运营，主要负责公会的主播运营教育和培养。通过"直播平台公会运营—公会主播运营"的组织杠杆，直播平台可以撬动远超当前直播平台生态中的人力资源，从而可以分配大量优质人力资源去提升新人主播的内容资源价值，运营粗放化和内容同质化的困境得以解除。

（二）版权金融：整合资本

版权金融是指直播平台以主播内容资源为标的物引入资本，从而实现用未来的内容资源、资本资源置换当前的资本资源，为打造优质内容资源提供充分的资本保障。当前，直播平台生态中缺乏针对主播内容的投资渠道，外界资本很难针对某款直播内容、某特定主播进行精准投资。经过深化价值共创互动之后，直播平台能够建立资本与内容之间的互动渠道，资本可以通过灵活的金额、灵活的方式、灵活的时间为直播内容注资，帮助主播孵化出更加优质的直播内容资源，建立以主播为核心的直播内容品牌。当内容资源面向用户播出后，资本方也能够收获属于自己的收益。因为融资的灵活性，能够极大地扩展潜在的投资人群体，从而使更多的资本资源注入网络直播平台的生态系统。主播内容资源借由资本助力，内容同质化的困境可以进一步解除。

（三）生态耦合：整合流量

生态耦合是指将直播平台的优质内容资源产出能力融入更广阔的媒介服务生态系统，借用其他媒介生态的情境、制度、技术获取流量，并将所获取的流量通过直播平台具有掌控力的主播直播内容转换为资本。当前，直播主播主要在自己签约的网络直播平台上进行直播，并且网络直播平台往往要求旗下签约主播在平台露出上具有排他性，经过强化价值共创结构之后，网络直播平台仅仅要求旗下签约主播在直播平台上具有排他性，但是可以在其他媒介平台上进行露出，通过主播自己的优质内容资源的产出能力吸收直播平台之外的其他媒介的流量红利，并且所获得的收益按比例进行分成。此时，网络直播平台的身份转换为主播经纪公司，网络直播平台的自有流量也转换成了孵化超人气主播的过程性资源，超人气主播在其他媒介生态中吸收的流量最终也将反哺网络直播平台的自有流量，流量荒漠化的困境得以解除。

本章思考：

1. 直播电商是在怎样的背景下产生的？
2. 直播电商经历了怎样的发展历程和发展阶段？每个阶段有什么特点？
3. 直播电商相较于传统电视购物有什么继承与创新？
4. 直播电商常见的业务模式有哪些？各有何特点？

第五章　直播电商的问题、风险与未来展望

第一节　直播带货存在的问题[①]

为获取利润，有些直播人员或经营者在借助网络媒体进行商品推销时，会采用流量造假、虚假广告、夸大宣传、降低产品质量等手段，使消费者权益受到损害。此外，直播带货中消费者维权难的问题也比较突出。

一、网络流量造假

在互联网平台中，流量是描述一家网站用户数量以及用户所浏览网页数量等相关数据的指标。某家网站或某个网页流量大，说明其内容更受关注，更受舆论追捧，其搜索量、阅读量、转发量、点赞量等均可作为流量数据的统计内容。随着互联网的日益普及，流量几乎覆盖了整个市场运行，其统计数据可为行业进行市场分析、舆情热度监测提供重要依据。流量数据在某种程度上决定着投资者投资的可能性以及经营者销售商品或提供服务的方向。流量具有强大的变现能力，掌握流量就等于掌握了潜在的客户与经济利益。市场上除可以法人、组织等形式聚集流量外，也可以个人形式获取属于私人的流量。比如有些演艺界人士通过演戏、唱歌、跳舞等特长吸引粉丝，赚取相应的信赖感，获取他们对自己的关注，并最终转化为流量。投资者基于流量数据进行投资决策，流量数据影响经营者赢得投资的可能性，决定其产业发展方向，而知名人士可利用自身社会影响力影响流量数据，于是带动了投资者、经营者、知名人士直接或间接的结合。经营者会利用流量明星进行广告宣传，投资者会针对流量明星进行有目的的投资，而流量明星为从经营者、投资者处获取利益，会通过各种方式提升自己的流量，流量成为市场的风向指标。从流量明星的例子可以看出，流量可以通过人为的方式产生并膨胀。随着社交媒体的普

[①] 苏海雨. 网络直播带货的法律规制 [J]. 中国流通经济, 2021 (1): 97-104.

及，除明星外，也有不少个体凭借自身的独特性聚集自己的粉丝，产生了一定的社会影响力，自带流量。流量背后隐含的巨大商机促使人们开始依靠粉丝的信赖感进行商业活动，直播带货就是其最主要的表现形式，并由此导致平台市场上"得流量者得天下""唯流量论"的观点盛行。流量成为很多商业活动的衡量指标，流量造假现象层出不穷，甚至出现了刷流量的应用程序（App），衍生出刷流量的交易活动。

二、虚假广告与夸大宣传

网红带货本质上是一种以实时直播为媒介，由网络主播声情并茂地介绍商品外观、结构、性能等进行推销，能在很大程度上克服一般网络销售中单一图片画面或文字模式缺陷的简单销售模式。对消费者而言，明星代言的广告经过后期各种剪辑，商品过度精致化，容易产生距离感，而直播带货最大的优势就是实时性，可通过与消费者互动增加亲切感，提高信任度，能更好地激发消费者对商品的好奇心。同时，把限时抢购、限时折扣等作为重要营销手段，为消费者营造一种紧张激动的氛围，也能在很大程度上激发消费者的购买欲。但是，直播带货也暗含了普通电子商务的缺点，尽管消费者与主播可通过互联网在直播间积极交流互动，亦无法消除互联网导致的信息不对称，现实中仍有主播利用信息优势进行虚假广告和夸大宣传。

为增加商品销量，虚添产品荣誉、虚构产品性能甚至成为直播带货的常态。以某网络主播的诺贝尔化妆学奖事件为例，该事件发生后迅速登上微博热搜头条，引起了各大媒体的关注。该主播在推销某品牌化妆品时，为强调其化妆效果，称其中的某个成分曾获得诺贝尔化妆学奖，在遭到众多网友质疑后又改口为诺贝尔化学奖。无独有偶，在某场关于羊肚菌的直播带货中，某知名主播称该食品具有补脑提神、补肾壮阳等功效，甚至使用了"绝对"等绝对化用语。其中，有关功效的描述是对直播商品食用与药用价值的混淆，存在故意误导、引诱消费者的嫌疑；"绝对"等词汇的使用直接违反《中华人民共和国广告法》禁止在产品推销过程中使用"国家级""最高级""最佳"等绝对化用语的明文规定。市场上类似的现象并不少见，那么到底是什么原因导致虚假广告、夸大宣传的泛滥呢？消费者与经营者之间的信息不对称是经营者进行虚假广告和夸大宣传的直接原因。在直播带货中，经营者之所以敢提供劣质商品，主播之所以敢进行虚假广告或夸大宣传，正是因为他们认为消费者无法鉴定广告的真实性。通过直播带货购买商品，消费者对商品价格、生产者、外观、性能、主要成分、有效期等信息的了解，几乎全部来自网络主播。此外，在这一交易过程中，除送货外，其他程序均以虚拟化的形式进行，消费者与经营者几乎没有现实中的接触，也不了解经营者的具体信息，很难通过自身的经验判断直播信息的真伪和可靠性。

三、产品质量难保障

直播带货中频繁出现的产品质量不达标问题引发了消费者对直播带货的不信任感。直播带货之所以备受青睐，一个重要原因就是直播推销的商品价格号称"亏本出售""全网最低价"，而这一口号恰恰契合了多数消费者的心理，即希望以最低的价格买到质量最好的商品。为增加销售利润，经营者可能会通过以次充好、以不合格产品代替合格产品等方式大幅降低商品售价以吸引消费者。这种情况在市场经济活跃的背景下并不少见，但因直接进行实物交易便于监管，且消费者能在购物时接触商品进行质量检验，商品质量具有一定的保障。近几年，网络直播带货出现了很多质量"翻车"现象，大多源于直播过程中的名不副实以及购买后的缺斤少两。以某知名网络主播不粘锅事件和脱毛仪事件为例，一件是因为他在直播中推荐的一款不粘锅，直播演示中锅的性能与宣传明显不符；另一件是因为消费者在观看直播并购买其推荐的脱毛仪后，纷纷发现"货不对板"。不仅知名主播频频"翻车"，其他主播直播带货中出现的产品质量不达标问题也纷纷见诸报刊。据《工人日报》报道，某位消费者观看直播后购买了什锦枣夹核桃，收到货后不仅发现枣"缩水"，核桃受潮，而且查证该产品属于"三无"产品。随着"全网最低价"成为网络直播的标签，在商品售价低于市场平均水平的情况下，有经营者为实现赢利会通过降低产品的成本来弥补自身的利益损失，甚至使用不合格、劣质、有害的材料。产品材质和做工的好坏直接决定其售价的高低，售价越低，产品质量越可能有问题，而所谓"亏本出售"不过是经营者进行遮掩的幌子。除宣称"全网最低价"外，直播带货中还出现了"三无"产品和假冒伪劣产品，这些都是在利用消费者对品牌的信任进行商品推销。

四、消费者投诉维权难

与经营者的组织性、强经济性、知识专业性相比，分散的消费者在市场经济活动中处于相对弱势的地位。为保护消费者合法权益，国家通过单独制定法律对消费者进行特殊保护。《中华人民共和国消费者权益保护法》就规定了对消费者有利的各项权利，如经营者提供的商品或者服务不符合质量要求的，除法律例外规定外，消费者自收到商品之日起七日内可以无理由退货，七日后可以协商退货或要求经营者履行更换、修理等义务，必要时可以投诉等。在市场交易过程中，如果消费者面临经营者侵害即可维权，市场乱象就能得到遏制，但受直播带货交易形式的隐匿性影响，消费者权益受到侵害时并不能及时有效地得到救济。主播在推销商品时，大多要求消费者直接通过个人的微信或支付宝支付，或者直接在自己的主页中显示收款的微信号，把顾客引流到微信下单购买。此时，消费者与网络主播的交易记录仅显示为微信、支付宝的转账记录，因微信不属于正规的网络交易平台，没有经营资质，微信转账行为实质上属于自然人之间的个人交易。换言之，在这种情况下，直播平台并没有介入消费者与经营者的交易活动，《消费者权益保护法》也没有特别针对这种特殊情形进行相关规定。这种越过平台的交易，导致经营者能轻易抵赖和不负责任，在没有网络平台干预的情况下，消费者依靠自己维权成功的可能性较低。司法诉讼的局限性也是导致消费者维权难的重要因素。司法诉讼程序成本高，往往需要耗费大量的人力、物力、财力，对消费金额较小的网络购物者而言，经过权宜后一般会放弃司法诉讼救济。如前所述，直播带货大多以微信、支付宝作为媒介，其交易行为具有相对隐匿性，特别是在证据不充分的情况下，消费者几乎不会因为一笔订单而进行民事诉讼。因此，直播带货中的自力救济和司法救济均面临一定困境，消费者维权难成为亟待解决的问题。

五、直播平台、带货主播、销售商三者责任缺失，市场监管缺位[①]

网络直播带货过程的主体包括直播平台、带货主播、品牌销售商和直播观众等，主体责任界定不清晰阻碍了消费者维护自身合法权益。具体表现为：其一，主播进入直播平台的门槛较低、限制较少，造成平台中主播素质参差不齐，直播过程中发布虚假广告、吹嘘产品效果、说脏话、欺骗、误导消费者等行为频发，既污染网络环境又损害消费者权益；其二，带货主播没有职业资质，且国家也没有相关职业资格证书，主播没有受过专业训练，不懂得相关法律法规，在直播带货过程中，对委托方、所属公司又或是自家店铺带货权责义务缺乏正确的认知，对直播产品的来源、质量、效果进行夸大、吹捧，不仅违反《网络直播营销行为规范》，也损害了自身形象，影响自身的职业发展；其三，品牌销售商为提高销量、赚取利润，在与主播对接时对产品质量也会进行一定程度的夸大，甚至提供不良商品，这是企业缺乏社会道德和责任感的体现，虽能得到一时效益，但也是对品牌形象的抹黑；其四，市场监管缺位，多元化的平台虽然给直播带货创造了机遇，但也增加了市场监管部门的管理难度，对于纠纷难以界定责任方。

---

① 焦倩倩. 新媒体背景下网络"直播带货"的乱象与优化对策 [J]. 经济研究导刊，2020（34）：127-129.

六、网络直播带货模式助长了"虚假需求"之风

"虚假需求"是由马尔库塞提出的,指的是利益集团为了个人利益,通过大众媒介将需求强加于人。目前的网络直播带货模式借助网络主播的直接讲解、实时互动、现场使用抑或是亲身体验,通过弹幕的方式对直播观众所关心的产品价格、主要成分、用途、检验合格证明、使用方法、售后服务等进行详细介绍,构建了一种线上的虚拟社区,拉近与直播观众的距离,增加彼此的信任感,打消直播观众对产品的顾虑,从而激发观众的购买欲望。与此同时,直播过程中主播频繁发出存货紧张、销量极好等信息,使观众对产品产生稀缺性的认知,而这种被营造出来的"物以稀为贵"的错觉会强化观众的购买欲望。这种做法完全符合马尔库塞的"虚假需求"理论。这种虚假需求会导致不良消费作风的盛行,必须从源头上加以扼止。①

七、扎堆聚集情况严重,"头部主播"效应明显②

市场调节具有自发性、盲目性等固有特点,而网红直播带货模式近年来在中国的兴起也让很多人看到了所谓的"商机",于是很多人未经考察与培训就投身于直播行业。这种扎堆聚集的结果是很多并不具备相关能力水平且对整个行业模式不尽了解的新参加者成为"炮灰"。

身处一线的当红主播被称为"头部主播"。调查研究显示,头部主播所带来的经济效益远远超过其他主播,平台也会将更多的推广资源砸向这些产生高经济效益的"头部主播"而忽视整体。头部主播也是直播电商模式的稀缺资源,其特点是培养过程缓慢,且投入成本占网红经济总运营的成本比重较大。平台资源的倾斜只是一方面,商业资源也会因为向头部主播的倾斜而导致商家的选择受限,不利于供应链长期健康稳定发展,而大多数平台又缺乏打造垂直领域优质主播的能力,加上产出内容同质化,普通用户对非头部主播很难产生共鸣、依赖和黏性。

---

① 刘军. 超越消费主义,树立科学消费观 [J]. 人民论坛,2019,(29):115-117.
② 梁一名. 关于直播带货模式的探究——以抖音直播为例 [J]. 经济观察,2021 (1):9-10.

第二节 直播带货的潜在风险

一、场域融合与社会角色紧张

直播带货的情境中，带货者既是具体社会场景的交流者，也是社会场域的代理者（agents）——在布尔迪厄看来，特定身份的个体往往以场域代理者身份出现。社会场景形成语言表达与行为方式的基础，场景与个体行为之间有一定的匹配关系，社会个体通过客观的场景来判断自身坐标与行为方式，并构成了实际互动中的个体形象。而这种微观的行为方式背后有特定社会角色的规定性，在"高度结构化的社会互动中，社会为其提供了一个'剧本'，用以指导分配给不同社会成员的不同角色扮演"，社会角色扮演也是"个人在社会体系中……按照社会体系所规定的规范和规则来履行这个地位的义务"。因此，微观的交互场景与宏观的社会角色构成了社会个体在具体场景中主要的行为根据，不同的现实场景影响了个体社会角色的选择。而社会角色往往与个体角色所在的场域直接对应，作为代理者，构建了场域"力量关系和结构"，"形成关于他们的观念，表征他们自身"。因而，微观交互场景与社会角色对应的场域的适恰，不仅是传播个体自如高效传播的基础，也是社会角色一致性的前提。互联网营销师的职业界定，其中心词是营销师，是社会角色的揭示，对应着商业场域。作为场域的代理者，带货者的行为方式多为被社会阶级结构中的位置所塑造的早期经验和实践所塑造的习性所制导，商业场域的习性作为一种自律极，很大程度上形塑了带货者的言行方式。由于场景本质上是一种信息流动模式或信息系统，"新的传播媒介的引进和广泛使用，可能重建大范围场景"。因此，当互联网直播间的商品、广告图和文字标语与营销师相遇后，便创造了标准的营销场景，用户此时与带货的主播一起在商业逻辑下互动。这种真实的体验形成了带有规定性的商业氛围浓厚的传播场景。另外，新媒体的融合性、多样性与扩散性使其"以某种方式'集中'了以前分散的媒体领域……从整体上看，它能够对其他社会部门发挥相当大的力量"。因而，互联网不仅为传统营销建造了一个新的场景，同时也以其经济资本、文化资本力量对传统媒体等其他场域产生显著影响：疫情期间，为尽快拉动消费、修复产业，广播电视主播、政府官员、影视演员等非销售角色人员纷纷加入网络直播。这些有着特定社会角色的个体进入互联网直播场景时，首先面对的是对新场景的认知与适应。当个体的固有社会角色与营销场景差异过大，相互对立的要求被置于同一角色中时，便带来了"角色紧张"。如新闻节目主播进入直播带货场景时,在作为党和政府的喉舌、秉持真实原则、具有权威性的传播者的社会角色与作为产品代言、商业促销、具有功利性的背书者的社会角色之间就会呈现出诸多冲突与对立。从宏观层面看,场域代理者的进入并非个体的,而是其所在场域的带入,此时发生在直播间的是新闻场域或政治场域等与商业场域的相遇与融合,加之社会角色不仅形成了社会个体的身份认知,也构成了社会对不同社会角色的行为、形象等规范的、世俗的甚至刻板的内隐化的社会认知与期待。因此,直播带货在为不同社会角色提供声望影响、交互关系资本化的同时,也带来了特定身份主播自身的社会角色冲突、角色紧张,一定程度上带来社会公众对特定社会场域认知的混乱,给特定行业的社会形象维护造成了潜在威胁。

二、认可度、公信力的过度消费

直播带货者的原有声望与认可度形成了对产品的附加值,作为无形价值存在并参与交易。公信力的强弱决定了"接收者在多大程度上认为信息源具有相关的知识、技能或经验,并信任信息源,提供公正、客观的信息",其一般由吸引力、可信度、专业知识三方面组成。而当特定的社会角色以带货者身份进入直播间时,实际有两个层面的公信力因素产生作用。一是人际性的、社交层面的个体公信力。多项研究显示,"网络上的社交信息和社交影响对于可信度评估尤其重要……他们认为真人提供的提示'非常有用''可信'和'值得信赖'"。二是个体特定的社会角色、社会领域公信力,如政府官员代表的政治领域、主播记者代表的传媒领域、教师代表的教育领域等。前者的形成有赖于直播者个人形象的积累、与用户关系的建立,后者则是所在领域的天然赋予。因而,在当前的直播带货中,拥有了一定数量粉丝的主播,其个体公信力在带货中发挥着重要作用。而其他人员的公信力相当程度上是由其所在的行业、组织赋予的。如广播电视台播音员、主持人在我国的本土语境中通常是客观公正、道义良知、监督批评等社会公信力的代表,具有相当的权威性、示范性与社会号召力,而这一切并非由其自身在人际传播、自我展露等个体的社会交互中获得,而是其所在媒体的形象表征。因此,《中国广播电视播音员主持人职业道德准则》规定广播、电视播音员或主持人"不得从事广告和其他经营活动。不得将自己的名字、声音、形象用于任何带有商业目的的文章、图片及音像制品中"。这正是对广播、电视播音员或主持人身上行业组织所赋予的公信力适用边界的限定。当这些有着领域公信力优势、个体吸引力条件的个体进入直播平台为商品代言后,其自身消费一方面是作为社会个体的信任以及与用户建立的社交关系;另一方面,在个体的人际性自我展露尚不充分、社交性公信力尚弱时,组织、行业的公信力就成了最先、最多被消费的无形资本。但这些组织、行业的公信力是由非功利化的社会功能与服务、非商业化的职能运行产生的，带有较强的公益性、公共性。在直播带货中，这些公信力显然被附上了浓厚的功利色彩，加之直播中的个体深度参与产品解析、用户鼓动与消费刺激等诸多环节，长时间、沉浸化、情感性的传播活动使得此时的公信力消费的程度、频度都大大强于传统的"名人代言"，由此便产生了对特定的公信力过度消费、损耗的风险。一方面是使用领域的功利化带来的公信力损耗，另一方面是消费程度的高强度带来的公信力效用的边际效应递减。以广播电视主播带货为例，交易中的利润最大化需求、鼓吹促销等操作往往侵蚀着传统媒体主播作为舆论领袖、意识引导的能量，因为受众很难在一个昨天还正襟危坐播报要闻、针砭时弊，今天就在竭尽招数推销产品、鼓动消费的个体那里获得足够且稳定的信任。再则，商品交易不可避免的各种问题，如产品质量、售后服务与商品口碑管理等带来的负面舆论等，会导致与产品捆绑于一体的带货者形象、社会公信力与权威性被质疑、否定。这些情况一旦发生，商业纠纷可以有途径平息，但公信力与认可度等精神性价值的损耗却极难挽回，这种社会效益的折损常常得不偿失。

三、关系经济倚重下的本末倒置

网络直播带货是技术赋能下由传播形态变革、营销空间建构与接收终端革新带来的电商销售风口。人际交互、个体形象与情景空间的营销功能凸显的背后，是带货者通过各种技术手段在社群化传播的高情境性互动中与用户建立并强化的准社会关系。销售成为一种在关系经济带动下多种无形资本参与增值的过程，其中包括主播"以知识、智慧、才能等形式体现的能带来剩余价值"的知识资本、为粉丝提供"虚拟陪伴感、认同感和获得感"的情感资本、"能够通过赢得信任的方式……不断增值、积累"的信任资本、借由媒体场域形成的名人资本等。互联网技术将人际营销场景的时空数字化为拟态空间，无限扩展的交互渠道使得多种无形资本的增值效应被成倍放大，产生了数小时内成交上千万元甚至过亿元的销售奇迹。这个变化强有力地促使经营者将以往投注于商品、服务的注意力转移到关系型经济与无形资本上。今天直播带货中出现的动辄上万元的坑位费、佣金等便是这种转变的典型代表。但这些无形资本是"与群体的成员身份和社会网络联系起来的资源"，其"基于相互认识和认可的基础"产生，并非产品或资产那样的实存物，具有相当的可变性、不稳定性。其与成员身份、认可度、社会网络变化密切相关，是一个"演化、发展和流动着的社会存在"。有研究专门揭示了"名人资本"本身的"周期性变化"，当"一个周期的结束，它们的资本可能降至零"。要看到，无形资本作为一种关系经济的形态只能在销售环节起到促进和增加消费者购买欲、提供消费动力的功能，并不能增加产品本身的使用价值。产品是物有所值还是名不副实，影响甚至决定了无形资本在销售过程中是增值还是贬值。但目前的直播带货对这种无形资本的依赖正日趋加重，部分厂家、商家将更多的财力、精力投入到推高无形的社会资本上，以期获得更快、更高的经济回报，却忽视了基础性要素——产品质量、服务品质。这便产生了本末倒置的潜在风险，之前一些直播带货中出现的若干因产品质量而现场"翻车"或事后投诉维权事件就已暴露出这种关系经济、无形资本过分倚重下的舍本逐末对自身销售与社会资本的双重损害。

四、用户个人信息保护不到位

个人信息已经成为数字经济时代一项重要的资源，无论是在个人、企业还是国家层面均受到重视。《中华人民共和国民法典》明确界定了个人信息的概念和范围，是指以电子或者其他形式记录，能够单独或者同其他信息相结合而识别出特定自然人的各种信息，包括自然人的姓名、出生日期、住址、电话号码、电子邮箱等，其中具有较强私密性的信息属于隐私范畴，被称为"私密信息"。社交电商的本质是发挥个人影响力并利用人际关系网络催动购买行为的产生和拉动更多人参与，核心是以较低的成本获取较大的流量，同时不断裂变形成新的流量入口，在这个过程中便产生了个人信息的交换与流动。以社交电商中经常出现的砍价链接为例。一般来说，当用户打开分享到微信聊天框或者朋友圈中的商品链接时，往往会弹出"授权登录"对话框，需要用户输入手机号码等个人信息或者通过社交账号注册登录才能完成砍价，此时社交电商平台便完成了对用户个人信息的采集。用户在进入社交电商平台之后的购物环节，同样会产生大量的个人信息流动，如用户需要填写住址供物流快递配送。对于上述环节的个人信息采集，用户最初或许并不在意，但如果平台监管不严，就可能出现用户个人信息泄露的情况。

目前社交电商平台中个人信息被泄露的方式主要有四种：第一，平台在采集个人信息后将信息非法出售；第二，平台内部员工利用职务之便盗卖个人信息；第三，网络黑客通过"撞库"获取平台存储的用户个人信息；第四，不法分子直接利用平台进行个人信息相关交易。

近年来，社交电商平台用户信息泄露和用户因为信息泄露遭遇电信诈骗的事件频繁发生。2017年，小红书平台内的用户购物信息遭到泄露，多名用户遭遇电信诈骗后受骗；2019年，贝贝网被投诉和通报未经用户同意收集个人信息，后平台收集的个人信息遭大量泄露；同年，云集平台用户信息被泄露，部分消费者受骗。

五、消费者的审美个性被重塑，消费行为被隐性控制①

直播带货过程中，由于技术、文化等因素的介入，消费者的主体性正在被重塑。直播电商的消费场域通过引导消费者的趋同心理，建构消费认同，影响消费者的个体选择。2020年，中国消费小康指数调查显示，近三成受访者表示其消费行为受主播影响。在直播过程中，主播通常扮演的是具有一定声誉和信任度的意见领袖角色，通过特定的称谓和互动方式，将消费者从被赋权的主体变为自己或者品牌的"粉丝"，而"粉丝"型消费者在主播的引导下，或在群体效应的冲动下，让渡了自己的审美个性、消费习惯和决策意识，成为单向度的消费者。即便是垂直类主播选择的个性化商品，经由直播间的大范围推广和平台的破圈层传播，也极易造成"千人一面"的审美趋同，消费者的个性逐渐被重塑。

移动互联网技术打破了虚拟世界与现实世界的边界，先进的视听技术加快了视频化生存时代的到来，算法技术将趣缘群体引入直播间，技术赋能使直播电商实现了全景式传播。但技术不是中立的，技术价值观背后遵循的是平台的资本逻辑，人们在享受技术带来的便利的同时，也受到技术及其背后资本的隐性控制。直播的算法技术基于用户的社交圈层与历史浏览数据等信息对用户进行个性化标签分类，并推送与其相关的主播或者直播，同时，算法还会通过过滤气泡过滤掉用户不感兴趣的主播及直播。表面上看，算法技术是通过挖掘用户个人喜好进行个性化推送，但用户长期被大量同质化商品或同类商品的直播包围，被迫强化了对某类产品的认同，消费行为受到技术及资本的隐性控制。

第三节　直播电商法律风险防范

一、政府部门应健全法律法规②

目前我国诸多法律法规都涉及直播带货规范和监管，但始终未能明确直播带货的法律责任，应在《中华人民共和国广告法》《中华人民共和国消费者权益保护法》中明确直播带货监管细则，积极应对日益增多的直播带货违法违规行为。

---

① 黄楚新，吴梦瑶. 我国直播带货的发展状况、存在问题及优化路径 [J]. 传媒，2020（9）：11—14.
② 陈璟. "直播带货"的法治化监管路径探索 [J]. 学术前沿，2020（9上）：124—127.

第一,《广告法》应明确直播带货管理细则,确立直播带货主播属于《广告法》规制主体,明令禁止直播带货中虚假宣传、夸大宣传等现象,并将"刷单""假评论"等行为纳入法律规制范畴,利用健全的法律法规规制主播行为,有助于减少和消除直播带货中的虚假宣传乱象。同时,要健全直播带货规制流程,明确直播平台以及其他参与者的法律责任,只有理清责任,才能更好地整治直播带货不良现象。

第二,《消费者权益保护法》应加大直播带货侵权处罚力度,相较于传统市场营销方式,直播带货利润空间巨大,部分主播无惧三倍惩罚、十倍惩罚,依然铤而走险攫取高额利润。《消费者权益保护法》应转变惩罚标准,依照主播非法获利数额进行惩罚,彻底切断非法"直播带货"利益链条,只有提高惩罚标准,斩断不良主播经济收益,才能让其产生畏惧心理,从而收敛自身行为,确保所销售的商品符合质量要求。

第三,制定《网络直播法》,用于专项治理网络直播及带货行为,在专项立法中明确直播平台、主播的权利和义务,并确保相关法律条款具有可操作性,既为管理者提供执法依据,也能够让主播悉知自身行为,更为网络直播消费者提供全面的维权依据,即便创设专项立法需要付出较高成本,但考虑到直播带货可能长期存在,且会成为未来网络市场营销的主要方式,设置专项立法也合乎要求。

第四,增设主播税收管理制度,应在《中华人民共和国个人所得税法》中增设主播税收管理制度,明确主播依法纳税义务。主播与平台签订的主播协议尚不构成劳务关系,也模糊了主播的纳税义务。实际上,由于主播属于高收入群体,理应做好依法纳税工作,倘若主播拥有经纪公司,应由经纪公司扣除税收费用,严格依照《中华人民共和国个人所得税法》条款缴纳费用,倘若主播没有与经纪公司签约,则应自行缴纳税费,考虑到个人缴费监管难度较大,应实行网络直播平台代缴制度,要求直播平台以月度为单位,在完成税收缴纳之后,再向主播支付相关费用,减少主播逃税现象,也便于税收主管部门履行监督职责。

二、直播平台应担起监管重任

除立法监管之外,网络直播平台应承担更多的监管责任,利用技术优势、管理优势,助力直播带货朝着健康常态化方向发展。在直播带货过程中,网络平台的监管责任不容推卸,只有赋予网络平台监管责任,才能营造出积极健康的行业发展态势。

(一)网络直播平台应创新监督管理技术

网络平台应正视直播带货中的违法违规现象,只有剔除非法直播带货,才能助力该行业走向正轨。网络直播平台应善用大数据、云计算等先进管理技术,智能化甄别直播带货中的违规现象,并设置人工巡查,对违法违规现象进行核实,根据严重程度设置不同的封停时间,直播间或主播违规三次以上,应对其永久封停,并在全网进行公示,呼吁其他直播平台提高警惕,进行重点监管。

(二) 网络直播平台应尽到提示消费者的义务

合规直播带货是一种新型营销方式,有助于带动网络经济增长,应鼓励直播带货朝着口碑经济、诚信经济方向发展。网络直播平台应提示消费者,确定购买商品与描述一致,切勿相信秒杀、直播专属等推销行为,更应为消费者畅通投诉举报通道,助力消费者依法维权,刺破直播带货中的"欺诈面纱"。[①] 同时,网络平台应根据消费者投诉和举报,暂停和中止与涉嫌虚假销售主播的合作关系,只有网络平台做到严格管理,主播才不敢违法违规。

(三) 提高直播带货准入门槛

主播经常出现在镜头前,其一言一行都可能对观看直播的观众产生影响。而且主播带货时都是采用直播的方式,他们的言行举止都会实时传播,并没有"后期纠正"的机会。因此,带货主播除了需要专业过硬的带货能力之外,还需要有良好的道德修养。

直播带货乱象源自主播数量众多,且毫无准入门槛,部分主播毫无道德底线,希望在短期内赚取"快钱",而不考虑行业的长远发展。国家网信办应要求网络平台提高主播准入门槛,除提供基本的实名认证之外,更要推出主播资质考核,主要涉及网络道德公约、产品介绍能力、法律常识、平台系统操作等,既有助于提高主播门槛,将部分不合规主播剔除在外,提高主播整体道德素养,也有助于提高主播的基础知识,为更好地开展直播带货奠定基础。[②]

对此,直播平台有责任对行业内的人员进行提前把关。对于当前带货主播鱼龙混杂、良莠不齐的情况,直播平台首先需要提高带货主播的入驻门槛,细化入驻要求。对于专业能力,需要用可量化的标准严格考察。对于道德素质,需要采用灵活的方式进行考察。对此,孔子之言值得借鉴:"视其所以,观其所由,察其所安,人焉廋哉!人焉廋哉!"所谓"视其所以",就是观察一个人所结交的朋友;"观其所由"就是观察一个人做事的方式;"察其所安"就是观察一个人的心理状态:"安于什么?不安于什么?"如果直播平台能够按照孔子的观人方法对意图进入这一行

---

① 刘琼,黄世威. 网络视频直播平台管理规章的取向——基于8个移动直播平台用户协议的文本分析[J]. 当代传播,2019 (2).
② 刘天放."持证上岗"让"直播带货"更加规范[N]. 中华工商时报,2020-05-19.

业的人员进行考察，那么就有可能在一定程度上降低入驻主播道德素质低下的风险。

而当主播通过筛选，获得直播资格后，直播平台还需要定期对主播进行职业道德的教育与考察。主播的工作是对商品进行宣传，其实质与拍摄电视广告的明星、电视购物的导购员并无差别，因此主播需要恪守"广告代言人"的职业道德，比如认真研究产品的质量与性能，传播主题积极健康的内容，抵制低俗、媚俗、不切实际的语言方式等。直播平台可以通过对观看直播的消费者进行随访、鼓励主播之间互相匿名评价等多元方式对主播进行考核。对于考核较差者，直播平台可予以警示、降级、罚款甚至封号处理。

（四）设置主播行业"黑名单"

部分主播违法违规，为了赚取利益不惜破坏行业规则，对此，网络直播平台应设置主播行业"黑名单"，根据网络平台监督管理结果，对存在重大问题或多次违规的主播，将其纳入"黑名单"，并与其他网络直播平台共享信息，既有助于提高直播行业整体素养，又利用信息共享降低了网络平台监管成本，对网络平台的未来发展极为有益。

（五）认真履行个人信息保护义务

近年来国家层面关于个人信息保护的规范日益完善，2021年11月1日，《中华人民共和国个人信息保护法》正式施行。就平台层面来说，《电子商务法》第二十三条至二十五条虽然就电商平台的个人信息保护义务作了规定，但在具体实践落地时仍然失之笼统。我们可将社交电商平台直接参与的个人信息流通概括为事前、事中、事后三大环节，平台在每个环节具有不同的义务。

所谓事前环节，即平台对个人信息进行采集和利用之前的环节。此时平台应履行规则制定和明示告知的义务，现实中平台多采用制定用户协议和隐私政策的方式履行这两项义务。值得注意的是，由于平台规则更多地体现平台方意志，可能存在平台过多削减用户权利和增加用户义务的情况，需要平台在制定规则的过程中更多地听取用户意见，同时采取多种明显的形式展示和提醒用户，以确保其对平台采集与利用其个人信息知情权的实现。

所谓事中环节，即平台采集和利用个人信息的过程本身。此时平台应履行最少必要和正当利用的义务，当前电商平台对个人信息的采集过程呈现出多样、过量和任意的特点，极易对信息主体造成损害，平台对个人信息的采集应遵循最少必要的原则，对与平台开展经营活动无关的信息不予采集；在合法采集后的信息利用环节，应限制在事先明示告知的明确和特定使用范围内，不得超出。

所谓事后环节，是指信息存储过程。平台应建立严格的内部人事管理和信息管理机制，利用、改善和提高防火墙等信息技术，防止内鬼和黑客窃取信息的行为，一旦出现信息泄露，必须及时向监管部门报告，通告信息主体并对其履行损害赔偿义务。针对社交电商平台内部人员直接利用平台进行个人信息交易的行为，社交电商平台应履行审查监管义务，建立关键词过滤机制和其他技术手段进行主动审查，也可借助"通知—删除"规则动员多方主体的力量进行审查。

三、主播应提升职业素养

直播带货大多存在一个明确的法律关系，就是直播人员与消费者之间的合同法律关系。直播带货中的交易大多表现为消费者通过点击直播页面上的链接，利用支付宝或微信支付与直播人员达成私下的商品买卖，待一方付款、另一方收款的行为完成时，一项买卖合同就成立了。微信购物指当事人以微信作为媒介完成要约和承诺，最终达成意思表示的一致，在双方之间形成买卖合同关系。[①] 普通合同的成立由要约和承诺两个要素构成，一方当事人向相对人发出要约，相对人在合理时间内向要约人就该要约表示承诺，这就是一个合同成立的简易程序。在直播带货中，消费者观看商品直播介绍后，点击直播页面上的链接提交准备购买的商品种类和数量，就是在对直播人员发出要约，而直播人员知悉消费者转账并实施收款行为，就是在对该要约做出承诺，至此双方就达成了商品交易的合意。

基于直播人员与消费者之间的民事法律关系，直播人员受《合同法》等的规制。我国《合同法》第一百三十二条规定，出卖的标的物应当属于出卖人所有或者出卖人有权处分。该条款表明，只要直播人员对标的物拥有处分权，那么就不影响合同的成立。在直播带货中，直播人员与消费者之间的买卖关系不同于一般的买卖关系，直播人员并非商品的所有者，但主播事前与商品生产者或经营者签订了委托合同，这就意味着直播人员对商品拥有一定的处分权。结合上述条款，直播人员与消费者之间的买卖合同关系具有法律效力。我国《合同法》的归责遵循严格责任原则，因合同更强调双方的意思自治，在《合同法》中适用严格责任更符合违约责任的本质，更有利于当事人严肃对待合同，实现合同目的。[②] 一旦商品质量出现瑕疵，货物与直播介绍不符，直播人员就应当为自己的违约行为承担赔偿责任。

此外，直播页面上显示的部分链接属于商品所有者——经营者，此时通过链接实现的是消费者与经营者之间的商品交易，对于这部分交易，直播人员并非买卖合

---

① 王成. 微信购物纠纷，消法该不该"亮剑"[J]. 人民论坛，2016 (28)：88-90.
② 任宇宁. 我国合同法中严格责任原则的价值及适用[J]. 吉首大学学报（社会科学版），2019 (S1)：83-85.

同关系的当事人，不受《合同法》规制。排除这种直播带货，存在合同关系的直播带货附带的广告性质限制了《合同法》、《民法》对直播人员的规制作用。《广告法》对直播人员的归责主要遵循过错连带原则，而《合同法》中的买卖双方只对自己的违约行为承担责任。相比较而言，买卖合同的当事人显然要比广告主体承担更高的注意义务，一旦商品出现问题，买卖合同的当事人必然负有赔偿责任，而广告主体仅在主观有过错的条件下承担连带责任。

带货主播需要时刻提醒自己，不断提高专业能力，加强自我道德修养建设，对自己所宣传的商品负责到底，坚持诚信宣传，以为消费者推荐性价比最高的商品为职业追求。不管主播有多高的人气，其所宣传的"货"始终是中心，消费者观看直播的目的始终是想买到物美价廉的优质商品。"目前来看，虽然某些头部主播具有较高的转化率和带货效果，但整体上高达50%的退货率也为直播带货的发展带来警示"①。根据中国消费者协会发布的《直播电商购物消费者满意度在线调查报告》，消费者选择观看直播最主要的原因是通过直播想要了解某一商品的详细信息和商家做活动的优惠信息，分别占比49.5%和47.5%，只有约25%的受访者表示观看直播是因为无聊，想要打发时间。因此，主播需要将大部分精力花在"选品"上。主播应当秉持宁缺毋滥的选品原则，而杜绝"只要赚钱，什么都接"、盈利至上的功利思维。只有保证了所"带"之"货"的质量，才可以获得消费者的信任及增加复购的可能。另外，主播需要和商家良性对接，保证上游商品的物流与售后等服务。只有当主播将公民道德规范与职业道德规范真正内化于心并时刻践行时，才能成为一名合格的、有口皆碑的带货主播，这一职业才能真正被社会大众所认可与尊重。②

四、树立科学的消费观念，倡导理性消费

主播在直播带货过程中通过夸张的销售技巧、富有感染力的语言吸引消费者的注意，唤起消费者的冲动和购买欲望，从而产生"虚假需求"，如"这个很好用！超级好用！""OMG，买它！买它！买它！"因此，政府和主流媒体要引导大众树立正确的消费意识。

一是理性消费意识。消费者要培养正确的消费观念，增强抗诱惑能力，生活中做到"断舍离"，根据实际需要购买产品，避免盲从和人云亦云。

二是消费责任意识。在共享经济的大环境下，政府、社会倡导绿色消费，鼓励

---

① 闫玉刚，宫承波. 狂欢化与去狂欢化：基于新冠疫情期间直播带货传播现象的冷思考[J]. 当代电视，2020（6）.
② 沈宝钢. 直播带货商业模式探析及其规范化发展[J]. 经济与管理，2020（10）：59-66.

利用个人闲置资源，消费者要紧跟时代步伐，践行绿色发展理念，增强社会责任感，追求精神价值层面的消费。

三是审美消费意识。提倡精神消费和物质消费同步发展，克服消费异化对自身的奴役，努力摆脱虚假消费错觉，使消费行为成为"一种有意义的、富于人性的和具有创造性的体验"[①]。

只有将这三种消费意识融合在人们的日常行为当中，才能促进社会的可持续发展。

五、公众应提高维权意识

公众应逐步提高维权意识，既要保障自身的合法权益，又要敢于揭露直播带货的虚假行为，防止他人继续上当受骗。随着国家立法的不断健全，网络直播平台管理日臻完善，社会公众的维权意识也会得到提升，并成为行业监管的重要组成力量。

第一，提高社会公众的维权意识。直播带货属于新型事物，一些公众尚未认清非法直播带货的侵权本质，政府及相关部门应加大宣传力度，借助官方网站、微信、微博等渠道，宣传直播带货中的违法违规现象，帮助公众甄别非法直播带货。同时，应畅通公众维权渠道，鼓励公众通过网站、微信、微博提交投诉，确保维权落实到行动。当公众的维权需求得到回应、支持时，就会激发越来越多的公众依法维权，让违规直播带货失去生存土壤。

第二，鼓励公众揭露非法直播带货行为。随着直播带货的日益火爆，直播带货的主播数量越来越多，单纯依赖政府、网络平台无法做到完全甄别，应充分调动公众的积极性，鼓励公众举报非法直播带货，并设置举报奖励机制，夯实公众监管力量，让非法直播带货无处可藏，届时，直播带货中的侵权、违规行为也将得到更好的控制。

第三，丰富社会公众网络维权通道。直播带货中的网络消费者经济损失普遍偏低，如果借助传统的维权通道，消费者需要花费大量的时间成本，这往往会降低消费者维权的积极性。事实上，网络侵权理应通过网络途径寻求解决对策，政府及相关部门应开辟网络维权绿色通道，针对直播带货行为产生的纠纷，设立官方网站、官方微博、官方微信，允许消费者借助这些渠道依法维权，既有助于提高消费者维权的便捷性，缩短维权时间、降低维权成本，又能利用这些网络通道曝光不良主播的直播带货行为，防止更多的网络消费者上当受骗。

---

① 贾静杰. 网红直播带货模式的问题与对策[J]. 青年记者，2020 (21)：31—32.

第四，充分发挥榜样维权力量。随着直播带货的持续升温，相应的投诉和建议也在持续增加，虽然诸多消费者参与了维权行动，但成效不佳，难以激发更多的消费者参与维权。对此，政府及相关部门、网络平台应树立维权者正面形象，并充分发挥榜样力量，如罗永浩作为直播带货的主播，对曾经带货的花店发起维权，除要求花店100%退款之外，更是"自掏腰包"额外补偿消费者损失。应将类似行为树立为直播带货的维权典型，既鼓励更多的主播向榜样学习，也让消费者看到通过维权行为取得的成效，从而更乐于维权、勇于维权。

第四节　直播电商的未来展望

一、直播电商的运作法则

直播电商潜力巨大，短期内可助力销售，长期内则可助力数智化升级，但做好直播电商不是一件轻而易举的事情，需要掌握一定的法则和技巧，并以数智化升级为长期目标。

（一）拥有鲜明的人设

在数以万计的主播中，要让用户记住并坚定不移地跟随主播，这极为不易，而鲜明的人设则是让用户铭记在心的制胜法宝。目前，李佳琦等头部主播都有极为鲜明的人设。例如，"口红一哥"李佳琦给人的人设是女生的"男闺蜜"，他为所有女生谋取最实惠、最好用的化妆品，他对美妆产品的专业性让用户信服，主播时的"小傲娇"深得年轻女性用户的喜爱。

（二）找到与自身定位最为适配的直播电商平台

直播电商的核心依然是平台，没有直播电商平台的加持，对主播甚至头部主播来说都难以走远。当然，不同的主播由于自身的人设和特点不同，一般都会选择那些最适合自身的平台。

（三）需要具备一定数量的粉丝积累

直播主播要想快速完成冷启动需要一定数量的粉丝作为基础，如果在直播带货前，主播已经通过人设和内容积累了不少粉丝，则能在较短时间内取得良好效果。无论是罗永浩，还是董明珠等快速完成冷启动的主播，均是因为其在各个平台上早就拥有了不少铁杆粉丝。

（四）具有过硬的专业能力

直播电商不同于秀场直播和游戏直播，只凭借高颜值和讲段子就能够把商品销售出去，专业能力对于直播电商至关重要。具体来说，一是商品讲解要专业，产品卖点要清晰；二是口播能力强，会洞察用户心理；三是种草型KOL的直播带货成功率高。

（五）综合能力强的高素质团队

直播带货涉及方方面面的内容，单靠主播一个人的能力是不够的，还需要高素质的团队作战，综合能力强的团队能够帮助主播不断向上进阶。具体来说，团队能力主要体现在五个方面：一是选品能力，二是招商能力，三是供应链能力，四是管控能力，五是客服能力。

（六）"标签化"的语言风格

要想从众多的主播中崭露头角是极为不易的，而独特的"标签"则能够助力主播在用户心中形成独特的印象，独特的"标签"可以依靠自身特有的语言风格和金句来达成。例如"口红一哥"李佳琦就在直播中金句频出，独具一格的语言风格让李佳琦有了更多的话题，加深了用户印象，在用户群体、媒体间的传播更容易，在短期内帮助其迅速扩大了影响力，粉丝数也快速增加，李佳琦上新浪热搜的次数远远超过绝大多数明星。

（七）高频互动

直播场景十分有利于主播与粉丝的互动，这为主播与粉丝之间的高频互动提供了极佳的工具和手段。粉丝对商品的问题可以得到及时解答，主播也可以通过粉丝的想法指导后期选品。这些都能够保持用户的活跃度和黏性。主播与用户互动时的特点有四：一是经常进行商品抽奖，二是随时解答粉丝问题，三是超低价商品限时抢购，四是商品亲身体验（试用、试吃）。

（八）打造私域流量

对主播来说，需要深耕于各类社交平台来打造自身的私域流量池，通过吸引尽可能多的用户来为直播做基本保障。无论是李佳琦，还是罗永浩，都在通过各种社交平台圈粉。

二、直播电商的长期目标

在新冠肺炎疫情下,直播电商异常火爆,很多企业和企业家纷纷投入直播电商,目的在于为产品找到销路,这是直播电商的短期效果,而在企业数智化转型的时代大背景下,通过直播电商来更好地建立与用户的连接,进而倒逼自身实现数智化升级则是最终目的。

(一)基于新技术的智能商业是未来商业的图景

在新技术的驱动下,未来商业的本质是智能商业,智能商业则是建立在网络协同和数据智能基础之上的。其中,网络协同就是将复杂的商业活动分解,以便不同企业或人群能更有效地完成这些商业活动;数据智能就是根据消费者行为和偏好进行个性化产品和服务匹配的能力。网络协同和数据智能正如未来智能商业DNA的"双螺旋",双方互相交织、相互加强。

(二)数据红利替代人口红利成为最重要的红利

改革开放以来,我国经济增长更多地依靠劳动力的投入以弥补初期资本稀缺的短板,即人口红利成为经济发展的重要驱动力,但是随着我国人口出生率的不断下降,老龄化程度不断加深,人口红利正迅速消失。随着大数据时代的来临,数据红利将成为新的核心红利。党的十九届四中全会通过的《中共中央关于坚持和完善中国特色社会主义制度、推进国家治理体系和治理能力现代化若干问题的决定》指出,健全劳动、资本、土地、知识、技术、管理、数据等生产要素由市场评价贡献、按贡献决定报酬的机制。可以看出,数据已经成为与劳动、资本、知识等相似的生产要素,阿里巴巴、腾讯、字节跳动、快手等公司无不是借助数据红利实现快速发展的,而对传统企业长期以来对技术和数据的重视不够、对技术和数据的投入不足,导致数据积累较少甚至没有,这就需要通过数智化转型来尽可能地把握住数据红利。

(三)传统企业缺乏与用户连接的有效渠道

随着数字化进程的加快,各行各业的数字化程度越来越高,用户的衣、食、住、行、娱、购等很大程度上是通过网络进行的,而且用户的需求也日趋个性化、定制化,这就需要企业提供个性化、定制化的服务,相应地就需要利用大数据、人工智能等新技术对用户进行精准画像,进而实现产品和服务与用户个性化需求的智能化匹配。目前,阿里巴巴、腾讯、字节跳动、快手等互联网巨头已经利用大数据等相关技术为每一个用户建立了个人数据模型，为其智能化决策和服务打下了坚实的基础。尤其是近 10 年来，我国个人用户的消费、工作、生活、学习、娱乐等行为已经高度数字化，呈现线上线下多渠道、多触点全面融合的特点。相比之下，我国企业市场的数字化水平远远低于个人市场。在场景越来越数字化的当下，很多传统企业依然缺乏与用户直接沟通互动的渠道和手段，可以毫不夸张地说，很多传统企业并没有用户意识，更没有为自己的用户建立科学的个人数据模型。直播电商则能够帮助企业与用户直接沟通和互动，进而通过私域流量运营等建立自身的用户体系，为数智化服务提供基础和前提。

（四）直播电商助力 C2B 模式

所谓 C2B（Customer to Business，即用户到企业），是智能商业时代的新商业模式。这一模式改变了原有生产者（企业和机构）和用户的关系，先有用户需求而后有企业生产，即先有用户提出需求，后有生产企业按需求组织生产。通常情况下用户主动参与产品设计、生产和定价，产品、价格等彰显用户的个性化需求，生产企业进行定制化生产。可以看出，这种模式里，用户贡献了较大的价值。C2B 模式的核心是以用户为中心，用户权力大幅度提升。C2B 模式的有效运作需要遵循四大原则。一是研发智能网络。C2B 模式在一定程度上等同于智能商业，实施 C2B 模式的企业需要实现网络协同和数据智能，实现全价值链的在线运营和实时协同。二是正确设计互联网界面。互联网界面是用户清楚表达其需求和反馈的地方，既可以是自己的客户端 App，也可以是互联网平台与用户接触和互动的界面。三是建立起 C2B 杠杆撬动点。每家企业都可以根据实际情况在互联网平台上选择适合自己的 C2B 发动机。四是善用平台的能力。目前来说，微博、微信等是社交营销平台，淘宝、京东、拼多多等是电子商务的基础设施，抖音、快手则是短视频平台，每家企业都应该利用好这些平台的能力为自己服务。此外，C2B 模式的核心在于两点：一是为用户定制产品的能力，在 C2B 模式中，与用户的每一次互动都是实时的、动态的、流动性的和反馈的，而用户需要的是定制化的产品和服务，为了提升用户体验，企业就需要为用户提供个性化、定制化的产品和服务；二是决策的自动化，现在越来越多的企业开始把供应链转移到线上，企业能够更为容易地转向快速回应用户需求的智能商业模式，这就需要实现决策的自动化。直播电商以用户为中心，能够更好地与用户互动和沟通，更好地了解用户的需求、产品建议等，进而助力企业的商业模式向 C2B 模式升级。

三、直播电商的未来发展趋势

直播电商的产业链在不断完备，与社会的融合不断加深，各项政策也在陆续出台，未来将有较大的发展空间。

（一）内容营销：专业度、品牌化

直播电商本质上属于一种内容消费产品，消费的对象不仅包括直播电商的内容，而且包含主播的人设形象和价值理念。在直播电商行业，除了低价优惠等促销手段，吸引用户的关键在于主播的粉丝基础、内容专业度以及个人魅力。李佳琦凭借夸张的表情动作和标志性的口头禅成为网络热议话题，但这并不足以让用户下单，反而是他在美妆行业多年的积累使他把握住用户的消费需求和心理，这才是推动用户购买的重要原因。相反，众多商家花大价钱请明星带货，可最终销量惨淡、入不敷出，这也充分说明电商主播仍是一个有门槛、需要专业度的职业。明星固然有庞大的粉丝基础和流量资源，往往能够快速设置议题、引发关注，但从流量关注到消费支付的过程仍然需要主播的可信度、专业选品能力、商品性价比等因素发挥作用。因而，前者更像是形象广告，即通过明星网红引流，给消费者留下的是印象，给商家带来的是知名度；后者则是一套完整的商业模式，主播要着力加强的是用户与商品之间的黏性，建立自己与看播用户之间的信任感，实现人货合一，让用户把自己当作一个类似于百货商场的品牌一样。因此，未来电商主播的核心竞争力将体现在原创内容、专业服务、品牌营销等层面的延伸。

（二）技术赋能：智能化、差异化

直播电商的兴起得益于线下零售产业链的数字化，在电商购物的供货、营销、支付、物流环节中，大数据、人工智能、算法、移动互联网等发挥了极为重要的基底作用。而在未来，随着 5G 技术的进一步发展，区块链、物联网也将成为直播电商发展的"新基建"，直播电商全链条的智能化将提高行业内生产与沟通的效率，VR、AR 的引入也将提升用户的购物体验，满足用户差异化的需求。在商业的驱动下，内容科技、营销科技也将进一步革新传统线下零售业的运作模式，加速新零售和数字经济的发展。

四、5G 商用拓宽直播带货场景

2019 年 6 月工信部向中国移动、中国联通、中国电信、中国广电发放 5G 商用牌照，10月三大电信运营商共同宣布5G商用服务启动，发布相应的5G套餐，根据中国信通院预计，到2025年，中国5G用户将达到8.16亿人。5G技术网络的商业化运用将为直播电商注入新的推动力，5G将激发行业云的大规模应用，使得许多业务场景数据存储和计算从终端走向云端，推动市场的数字信息化进程，从用户体验看，5G具有更高的速率、更宽的带宽、更低的时延，将极大地改善用户体验效果，拓宽直播电商的应用场景。

（一）竞争格局：垂直化、规范化

目前，直播电商行业仍处于上升期，多方入局使得行业加速发展。但是，在人口红利见顶、媒介迭代更新的背景下，直播电商必然要在现有的用户规模、盈利模式上深挖，例如把握下沉市场，沉淀主播私域流量，开发垂直内容价值，提升产品的质量，走精细化、纵深化的发展道路。同时，随着用户购物体验的提升，用户本位的特点将更加突出，除了固定的产品和内容，结合不同场景提供服务也是电商主播的重要发展方向，能否塑造与用户产生共鸣的品牌价值也是竞争的焦点。此外，直播电商在快速发展的同时也暴露出一系列问题，如虚假营销、退货率高等，无论在消费者层面还是商家层面，这都会使主播信誉扫地，不利于直播行业的良性运转，因此，有关部门出台的分级分类管理、将直播电商上岗规范化的措施将有利于开辟直播行业发展空间，实现可持续发展。

（二）政策支持与监管共同完善，促进行业良性发展

直播电商的持续规模化需要市场自身更迭和政策有效设置双向并行来实现的。其中，政策扶持需要考虑区域的规模化经济基础和线下供应链的配套完善，再进一步根据现有优势产业和产品类型，对人才引入和企业扶持进行有效匹配，单方面"求量弃质"反而会导致直播业态结构缺乏成长弹性。同时，政策监管的重心则是针对前文所提到的业态潜在风险，分别对相关企业运营和从业人员进行督导和职业规范，以促使直播电商多方运营主体能够回归健康持续的商业业态。

五、直播电商带货的可持续发展之路

直播电商带货在成本和收益方面优势凸显，但直播内容良莠不齐、商品质量缺乏保障、市场监管机制缺位等问题，使直播电商存在一定的发展隐患。直播电商平台要实现可持续发展，就必须在内容生产、市场运作、监管机制上尽快完善。

（一）提升内容质量，向垂直品牌化转型

直播电商带货源自网络直播，直播流量变现在本质上依靠的是优质的内容质量。以李佳琦等为代表的网红主播都属于内容制造者，利用直播内容获取用户关注。因此，持续供应优质内容是决定主播和直播平台生命周期的关键。直播电商在直播内容创作中要融入社会热点话题，要有故事、有情感、有共鸣。如央视新闻公益直播专场"谢谢你为湖北拼单"，直播内容既吸引用户眼球，又引发用户心理共鸣和情感共振，在 2 小时内就完成了 4000 多万元的交易额。此外，直播电商还要推行差异化、品牌化的内容策略。诸如"口红一哥""东方美食生活家"等现象级直播大号就是直播内容品牌化、垂直化的典型代表。直播电商可以从商品品类、渠道、概念等差异要素入手，避免无限循环的同质化竞争。

（二）借鉴短视频内容优势，延伸直播带货利益增长链

直播电商带货作为一种新的商业模式，延伸产业链条是必然趋势。淘宝直播、拼多多直播、苏宁直播等依托既有平台的直播带货，产业链条雏形渐显，商品的生产加工、直播销售、物流运输已经形成完整的产业链。在此基础上，网红主播们也在努力构建以"自我品牌"为核心的产业链条。以网红李子柒为例，其以古色古韵的妆发出镜制作美食，以独特的中国风、慢生活的美食短视频制作吸引了无数国内外粉丝，随后自创品牌"李子柒"。李子柒的视频完整再现了食材栽培、选择、烹饪的全过程，从食材、厨具、衣服等方面综合带货，成功培育了带有中国文化印记的精神内核。在电商主播还停留在甄别商家和商品的阶段时，"李子柒"已经形成集商品研发、制作、批量生产、短视频带货于一体的个人品牌产业链，进一步提升了"李子柒"的品牌价值，这种环节完整的带货模式值得直播电商行业学习借鉴。直播电商带货产业链的完善和发展，有利于营造优质的主播成长环境，进一步扩大直播电商的商业价值。

（三）建立内容分级制度，完善监管体制机制

互联网时代，建立内容分级制度，让用户各取所需是管控内容生产的途径。如一条李佳琦让未成年粉丝退出其直播间的热搜引发社会的广泛关注，将直播电商的内容分级问题推至台前。为妥善解决这一问题，相关平台设置了用户在进入直播间前进行身份认证的功能，确保未成年人在成人陪同下观看直播，并对特定年龄群体设置消费权限或消费金额限制。此外，面对主播突破底线、违反规则、产品质量无保障等坑害消费者的恶劣现象，监管体制的约束和引导尤为重要。当前，淘宝、苏宁等大型互联网企业在直播电商领域投入了大量资金，直播电商市场将面临更大的

爆发，现有的监管机制将面临巨大的挑战。因此，一方面，要从直播平台入手，采用行业规则构建与外部监管共同作用的方式，规范直播内容和直播方式；另一方面，依靠法律法规的约束，政府相关职能部门要持续对互联网行业的相关制度进行完善，细化直播电商的相关政策法规，并做好执法管理，对直播电商平台进行及时的方向校准和道德净化。

本章思考：
1. 直播带货常见的问题有哪些？为何会出现这些问题？
2. 你认为应该如何理性对待直播带货？
3. 当你的消费权益受到损害时，你准备如何维权？
4. 直播电商的运作法则是什么？
5. 直播电商发展的长期目标是什么？
6. 直播电商的未来发展趋势是什么？
7. 如何实现直播带货的"可持续发展之路"？
8. 相对于传统电子商务，直播电商法律风险防范需要特别注意的方面有哪些？
9. 应从哪些方面对主播尤其是头部主播进行管理？
10. 政府部门以及公众应该如何防范直播电商的法律风险？
11. 作为商品供应商的厂家应从哪些方面进行规范监督？

下篇　实战篇

第一章 主播的职业价值

第一节 直播爆红的背后

一、直播电商的定义

直播电商是一种网络购物方式,在法律上属于商业营销活动,是指随着现场事件的发生、发展,进行同步制作播出,并因此产生销售行为的营销方式。主播根据具体行为还要承担"广告代言人""广告发布者""广告主"的责任。如果消费者买到假货,销售者即卖家应承担法律责任,主播和直播电商平台也要承担相应的连带责任。[①]

直播电商的本质是消费场景的升级。在当前物质极为丰富的背景下,用户已经不再满足于单纯依据商品的价格和功能参数去判断的消费行为方式,而是更关注整个消费过程中的精神体验,且越来越多的用户希望获取更多的知识性、专业性的信息来为购买行为作决策参考。因此,直播电商的本质是消费场景的升级,消费场景升级的背后则是用户需求的升级。直播电商通过打造新的消费场景,进行消费引导,让商业与情感的传递、人性的结合更为紧密,进而更好地满足用户需求。

直播电商的特点是什么呢?第一,强互动性。直播电商具有"现场+同场+互动"的特点,主播在直播现场与其他用户同场沟通,及时互动,这种互动性远强于之前的移动电商和社交电商,也更容易获得用户的信任。第二,强 IP 属性。IP(Intellectual Property)是知识产权的简称,具体来说,主播具有很强的 IP 属性,在用户心中有独特的标签。无论是商业领袖,还是明星网红,都具有很强的 IP 属性。第三,高度去中心化。数量众多、类型丰富的主播除了电商平台的公域流量,还有自己的私域流量。整体来说,直播电商相较于之前的电商,更为去中心化,也

---

① 李科成. 直播营销与运营:盈利模式+推广技巧+经典案例 [M]. 北京:人民邮电出版社,2017.

为主播提供了运营自身品牌、粉丝的更多的机会和可能性。第四，精准流量。传统背景下，品牌与客户之间是信赖关系，客户购买了某个品牌的产品，品牌要提供对应的服务，如价格优惠、特选商品等。而直播电商中主播和粉丝之间的联系紧密度远远高于品牌与客户建立的信赖度，可以通过大数据把主播要带的货推送给那些需要的人，这样粉丝们把购买或者抢购主播的产品当作自己对主播忠诚度的体现，就产生了一个巨大的变化。

二、直播电商发展情况与用户规模

（一）发展情况

2016年3月，作为直播电商首创者的蘑菇街率先上线视频直播功能。2016年5月，淘宝推出了淘宝直播，随后各综合电商、跨境电商、母婴电商纷纷加入直播大潮。2018年"双12"期间，淘宝直播一晚就帮助贫困县卖出农产品超千万元。2019年"618购物节"，淘宝直播带动成交超130亿元。2019年"双11"购物节当天，成交金额约200亿元。2019年的"双12"，10余家法院首次尝试以直播的方式进行司法拍卖，其中浙江省宁波市中级人民法院的直播拍卖仅一小时，成交额就突破亿元。2019年11月27日，拼多多首次试水直播，吸引了逾10万人观看。

（二）用户规模

截至2020年6月，直播电商、短视频及网络购物用户规模较同年3月增长均超过5%，直播电商用户规模达3.09亿人，增长4430万人，规模增速达16.7%，成为2020年上半年增长最快的个人互联网应用。网络零售用户规模达7.49亿人，占网民整体的79.7%，市场连续七年保持全球第一，为形成新发展格局提供了重要支撑。由此可以看出，目前我国直播电商正处于高速发展时期，用户规模不断扩大，市场潜力巨大。

三、带货场景与成功四要素

（一）带货场景

穆胜提出了明星直播带货场景矩阵。①

---

① 中华网. 明星直播带货真的是骗局吗？[EB/OL] 2020-08-14.

场景1：下沉代言广告。明星以影响力为品牌背书，让用户产生信任。

场景2：花车摆摊叫卖。明星直播吸引粉丝，力图以自己的影响力促成粉丝购买。

场景3：品牌商业秀。产品有品质，直播间有用户，但由于缺乏剧本，明星类似于做了一场商业秀，成交波动随机。

场景4：品牌商业秀＋卖货场。优秀的剧本使主播自然地连接了用户与产品，不仅宣传了产品，还促成了出货，即品效合一。具体场景满足条件见表1-1。

表1-1 明星直播带货场景矩阵

要素	场景1	场景2	场景3	场景4
主播	√	√	√	√
用户	×	√	√	√
货品	×	×	√	√
剧本	×	×	×	√
效果	下沉代言广告：为品牌背书	花车摆摊叫卖：吸引捡便宜的用户，价格战，成交波动随机	品牌商业秀：种草逻辑，有传播，成交波动随机	品牌商业秀＋卖货场：品效合一，既有声量，又有出货

（二）成功四要素

文军认为，直播电商增强了主播与观众的互动，在线观看人数、购买产品的信息也可能刺激消费者购物。赵瑜认为，相比电视购物，直播电商不是用夸张的语言和戏剧效果来实现"饥饿营销"，而是更强调主播与受众的交互和共情，符合互联网时代用户的社交习惯。

穆胜认为，直播电商成功应具备四要素。（1）主播——主播起到了连接用户和产品的作用，选择人设适宜、画风匹配的主播就变得相当重要。（2）用户（需求侧）——主播是否具有影响用户的能力，即是否具有私域流量。按照私域流量"AIE标准"，主播要有长期的私域流量，就必须IP化，必须有忠实的粉丝。（3）货品（供给侧）——直播让产品成为焦点，会放大瑕疵，商家高效的供应链和过硬的产品是关键。（4）剧本——主播、用户、货品三者是基于场景交互的，需要按照既定剧本控制的剧情形成"场域"，促成大量成交。

第二节 何为电商主播

一、什么是主播

主播是直播电商成功的四要素之一,那什么是主播呢?

随着直播电商的爆红,主播这个职业越来越受到关注。BOSS 直聘发布的《2020 电商主播求职状况调研报告》显示,2020 年"618"到"双 11"期间,电商主播的平均招聘月薪为 10636 元,和 2019 年相比,涨幅仅 0.6%。即便如此,电商主播依然是目前吸引力较大的岗位之一,期望从事电商主播岗位的求职者同比增长 110.7%。从平均招聘月薪这一标准看,电商主播只能算收入偏高的职业,并不能算高薪职业。[①]

近年来,直播站在了风口上,爆红的主播制造了太多的带货、带流量、带节奏神话。比如,在京东的一场促销活动中,网红仅直播两小时,就带动蒙牛的一款牛奶销售量超过 10 万箱。10 万箱是什么概念呢?假设它是一个线下店一年的销量,平均下来一天也要销售近 30 箱,相当于一家中小型超市的销售量。而这也只是网红在两小时直播带货众多商品中的一款。

二、主播的类型

目前线上主播分为四种类型:娱乐型、带货型、知识型、生活型。虽然这四种类型对外输出的内容都属于直播,但其路径有着很大的不同。

(一)娱乐型

娱乐直播以"娱乐"为主,这一类型的主播要么凭颜值,要么凭才艺。大部分网红主播都起源于娱乐直播,主播通过展示自己的才艺来获得粉丝的关注,收取正在看直播的粉丝的礼物。直播的才艺种类有很多,最多的还是唱歌、跳舞、乐器表演这几类。这类网红主播除了有过人的才艺,还有耐看的颜值。

目前,娱乐直播正在进行行业洗牌,靠颜值、靠才艺已经行不通了,必须另辟蹊径。这就需要研究目标受众的根本需求。大多数粉丝会在感到空虚或无聊时看娱

---

① BOSS 直聘. 2020 电商主播求职状况调研报告 [Z]. 2020-11-09.

乐直播，主播必须学会在坚持原则及底线的情况下，满足受众的需求，给受众一个想象的空间。

（二）带货型

带货型主播的核心在于"卖货"。带货型直播是"电商＋直播"的升级版，一种是借助快手、抖音等短视频平台，另一种是依托淘宝平台。这种类型的核心有两个：一是要有内容，直播的内容必须能打动消费者，要能使消费者产生消费冲动；二是流量如何变现的问题。在当下短视频平台大火的形势下，快手、抖音等平台已经获得了巨大流量，那如何将这巨大的流量进行变现，则是亟待解决的问题。

（三）知识型

知识型主播与实体企业可能更匹配。这一类型的主播通过传播知识来吸引受众，导入企业文化，对粉丝进行教育。主播必须掌握受众的痛点、痒点、兴奋点，这样主播输出的内容才会引发共鸣，从而建立口碑。知识型网红的崛起一方面满足了受众对情感、工作等方面专业知识的需要，因而受到大众追捧；另一方面受益于网络推手的宣传造势和传媒效应，反映了当前社会不同行业之间合作的不断加深、专业分工日趋细化的趋势，有着积极的意义。

知识型网红对企业来说是一个信号，预示着在满足消费者的物质需求之后，要更加注重消费者的精神需求。要以此为契机，树立企业自身的学习意识，将对知识，尤其是创新知识的不断追求作为企业的价值观，这样才能跟上时代、跟上发展趋势。

（四）生活型

生活型主播很容易理解，任何一个人打开摄像头，把自己感到有趣的生活状态、好玩的人或事分享出来，就能成为生活型主播。比如，抖音和快手上有一些主播展示不同国家的生活方式，吸引了很多粉丝。也有不少人选择父子档、母子档、夫妻档等形式，直播内容有一起健身的、一起跳舞的、一起拍搞笑小视频的，这些都可以归入生活型主播范畴。生活型主播采取的是自然战略，不针对特定人群，如果有人喜欢自然会成为粉丝，没有人关注也属于自娱自乐。也有不少生活型网红由于粉丝多，开始给企业或品牌卖货，或者通过连线 PK，实现营销目的。

三、主播行业现状分析

（一）行业背景

随着互联网的高度普及，数字经济成为社会经济发展的重要组成部分，在此背景下,网红逐渐发展为一个职业,并经历了从 1.0 时代到 3.0 时代的发展历程,展现了从图片到视频再到直播的互联网技术变迁的轨迹。

表 1-2 网红发展历程

时代	代表人物	特点
网红 1.0 时代 (草根型)	凤姐、犀利哥等	(1) 主体主要来自底层社会,产出内容相对庸俗化 (2) 内容载体以文字、图片为主 (3) 没有专门的运营团队
网红 2.0 时代 (平台型)	王大锤等	(1) 产出内容以搞笑、脱口秀等为主 (2) 内容载体以动图、视频为主 (3) 网红已经归属于某一组织,是专门打造的 IP
网红 3.0 时代 (内容输出型)	何同学等	(1) 主体更加丰富,涉及社会各界人士 (2) 内容更加丰富,雅俗共赏 (3) 内容载体以短视频和直播为主 (4) 出现专门运营网红的 MCN 机构

(二)直播电商市场规模

直播电商行业的火热发展获得了资本、用户的高度关注。数据显示,2019 年中国直播电商市场规模达到 4338 亿元,同比增长 226.17%。2020 年上半年,直播电商交易规模达 4561.2 亿元,已超过 2019 年的全年规模。直播电商市场规模仍呈现持续上升的趋势,未来,直播电商行业的发展会进一步推动"人、场、货"中的"人",即主播这一重要环节的发展。

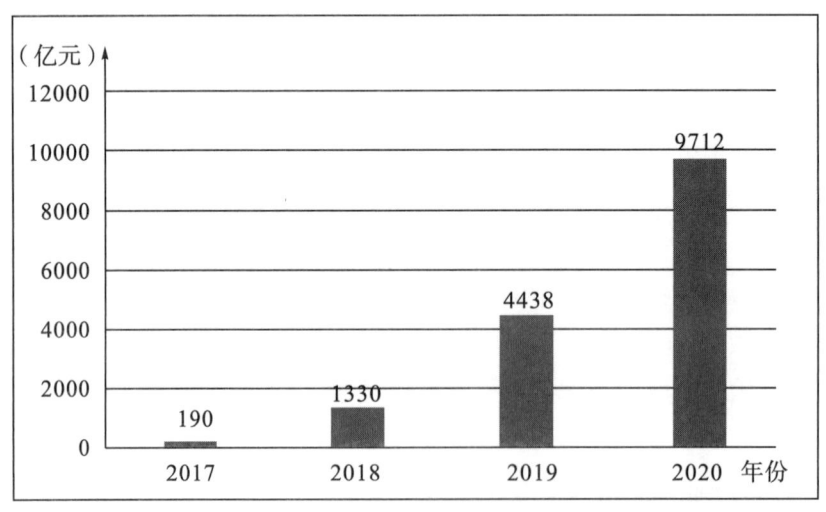

图 1-1 直播电商行业市场规模

（三）直播电商行业带货主播等级分类

直播电商行业带货主播的二八效应明显，头部主播占比相对较少，腰尾部主播占比超过 90%。但不同级别的主播具有不同的特点，应注意组合运用。表 3-1 是带货主播等级分类。

表 1-3　直播电商行业带货主播等级分类

主播等级	比重（%）	特点
头部主播	2.16	吸引关注。头部主播有着较大的粉丝规模和号召力，但成本高，适用于活动早期吸引
肩部主播	5.93	传播信息。肩部主播性价比高，可作为主力军，覆盖多领域传播营销信息
腰部主播	53.53	分发扩散信息。腰尾部主播的影响力和内容创作力有限，可当作辅助分发渠道，进一步扩散营销信息
尾部主播	38.38	

第三节　怎样成为一名主播

直播电商爆红，电商主播成为具有很大吸引力的职业。而要成为具备直播资格的商家和主播，不同的平台有不同的要求。下面以淘宝直播为例，看一下成为主播需要具备什么样的条件。淘宝直播自 2020 年 2 月 11 日开始，正式全面放开零门槛免费注册，没有淘宝店也可以先开淘宝直播，然后通过直播间"一键发布商品"快速创建淘宝店铺。具体来说，注册淘宝直播达人账号时，只需要通过支付宝实名认证。新注册的主播会获得一定时间的流量保护和倾斜，持续开播即可获得浮现权，之后会根据主播的开播数据，给予进一步的流量分配。而以机构的身份入驻淘宝直播的账号仍需审核。成为主播除了需要具备基本条件以外，还需要怎么做呢？

一、准确定位

第一，科学的主播定位。在对主播进行定位时，应围绕目标用户的需求进行，即将主播的强 IP 属性植入目标用户人群的心中，从而让主播的粉丝对主播形成特有的认知。

第二，主播定位的两种方法。一是从自身出发，确定自身的核心价值。在分析主播能输出的价值的基础上，通过实践看看哪些价值能够引起粉丝的共鸣，进而确定自身的核心定位。二是从粉丝的需求出发，强化自身的核心价值，在系统观察其他直播间粉丝核心需求点的基础上，以其中某一个点作为自身的价值主张。

第三，直播间粉丝的运营。一是主播及其团队。主播背后的团队需要具备能规划直播内容、策划营销活动、设计主播的产品结构、对接商家和粉丝的维护与控场的能力；主播需要具备与消费相关的专业知识、应对能力、沟通能力等。二是铁杆粉丝。铁杆粉丝是主播的坚定的支持者，主播和团队应尽全力满足铁杆粉丝群的要求。三是做好直播观看人数、在线人数与停留时长的分析与维护。流量与展现量、点击率两个因素密切关联。与点击率相关的要素包括首图、标题、排名、观看数等，其中首图与标题是主播和团队可控的。根据首图的特点，引流方式可以分为颜值引流、爆款引流、场景引流三类。其中，颜值引流要重点展现主播的颜值，以主播的妆容来增加粉丝的点击量；爆款引流要通过主播穿搭的衣服或包包入手；场景引流要将主播安排在不同的环境中，通过整体环境来表达一个主题。

第四，不同类型的主播定位不同。知识型网红的角色定位有很多种，比如有的知识型主播把自己定位为人生导师，为观众答疑解惑，有的知识型网红把自己定位成一名求学者，跟观众分享自己的学习或成长感悟。娱乐型网红的定位也有很多种，如邻家小哥、小学妹、专业演员、业务导演，等等。总之，不同的角色定位会收获不同的受众，直播的方式及变现路径也当然不一样，这就是直播定位产生的价值。精准的自我定位和区别化对初期的塑形是很有用的。作为一个电商主播，在起步阶段，不能今天直播美妆类，明天直播服饰类。术业有专攻，根据自己的喜好、特长选择一个能够长期作为输出内容的类别，这样自我辨析度就会鲜明很多，观众也会对主播产生固定的标签印象。主播的风格和定位一旦深入人心，无论是带货还是分享知识，都将产生价值。

第五，直播必看的数据概况。直播的数据是可以通过平台自动记录产生的，记录的数据包括直播开始时间、直播标题、直播时长、直播间观看次数、观看人数，还包括新增粉丝（增粉率）、评论次数（评论率）等。将这些数据记录在一个表格中进行对比，可以看到在单场直播中有些数据会特别突出，比如粉丝数量、评论数。把这些突出的数据提炼出来，进一步结合主播的具体表现来分析原因，保留好的方面，改进有缺陷的部分，进一步挖掘自身潜力，更好地确立直播目标和需要优化的内容。

二、打造主播个人品牌

随着直播电商事业的爆发性增长，主播的个人影响力也不断增大。头部主播可以凭个人影响力将直播间变成一个又一个秒杀现场。与此同时，明星纷纷扎堆入驻各大直播平台，大批企业与商家也开始试水直播电商，直播电商在短时间内缔造了一个又一个的销售神话，以颠覆式的影响力刷新大众对新消费方式的认知。那么，主播的个人品牌到底有多重要呢？

（一）主播的个人品牌是最具识别功能的商业标识

主播的个人品牌是最具识别功能的商业标识，直播带货作为一种营销模式在很大程度上被看作主播个人影响力的变现和释放。带货主播自己就是金字招牌，直播间的粉丝量和观看人数直接取决于主播的个人影响力。主播的个人品牌是消费者面对海量商品信息作出识别、判断、选择、追随的标杆和指引。一个拥有大量粉丝的主播，靠社交化、情感化的沟通和极具个性化的人格魅力，更容易获得粉丝和消费者的信任，相应地，粉丝和消费者的追随也造就了主播个人品牌的含金量。

（二）主播对消费者作出购买决定起重要引导作用

高度标准化的企业产品的明显缺陷是个性化不足。在直播电商平台中，主播的个人风格和影响力可以轻松赋予产品差异化，给千篇一律的标准化产品贴上个性化标签，以高曝光率和低营销成本迅速吸引消费者的注意力。这正是无数KOL、文体明星、企业家甚至地方政府官员都涌入直播间带货的直接原因。

在引领消费者识别和选择商品时，主播往往扮演着意见领袖的角色，通过制造话题和流量，引导并且说服消费者作出购买决定，增强消费者对品牌的倾向性，这正是直播带货的核心意义。通过主播的引导，商家可以在最短的时间里实现自身品牌关注度的快速增长，使消费者对品牌的黏性大幅提高，迅速增加粉丝向消费者的转化量。

（三）网红品牌正在被众多市场竞争者觊觎

主播的个人品牌自带流量，具有极大的商业价值，因此，网红主播的个人品牌正在成为市场上无数伺机而动、意图攀附名牌"搭便车"者的山寨对象。除了遭遇恶意抢注，由于企业自身初创期品牌保护意识不强而付出惨痛代价者亦不乏其人。之前以"网红营销"而成功占领新茶饮领先地位的"喜茶"，因其初始阶段的品牌策略失误，不仅造成了巨大的商业损失，还给自己的发展之路平添了一些曲折。

以上种种现象给网络时代背景下网红品牌的权利人敲响了警钟，各主播要及时构建品牌保护体系，寻求法律的保护。

第四节　主播的培养与自我提升

一、如何培养主播

（一）科学选拔主播

不同类型的直播平台对主播的要求是不同的。秀场类直播追求才艺、颜值和个性，而对直播电商来说，颜值是基础，口才是关键，才艺是锦上添花。第一，在颜值方面，选拔途径主要有平面模特、淘女郎、艺人等。第二，在口才方面，选拔途径有主持人、导购员、播音员等。第三，在专业方面，具有垂直细分领域专业知识的人也适合做主播。尤其在当下节奏极快的时代，时间是最为宝贵的资源，而具有扎实专业知识的主播可以帮助粉丝节约大量时间，找到最合适的商品。根据淘宝直播的电商实践，直播电商这一行业更适合25周岁以上的女性，她们拥有一定的社会阅历和专业知识，能更好地带货。

（二）对主播进行系统化培训

主播的培训分为冷启动和内容准备两个阶段。其中，冷启动是第一步，主要包括熟悉规则、直播间的场景布置和中控台的操作。内容准备是第二步，要想从数以万计的主播中脱颖而出，内容制作能力是关键。

第一，主播的冷启动。一是熟悉直播平台的规则。每家直播平台都有自己的规则，但一般都包括实名认证、18周岁以上、具备较强的主播素质和能力、不得发布各类危害信息等。如果违反了直播平台的相关规定，轻则关停直播间，重则封号处理。二是直播间的场景化布置。有条件的主播可以利用机位推流设备；灯光尽量利用反射原理，这样可以避免阴暗面；背景布置可以选择一个漂亮的背景布装饰，衣架设备也必不可少；道具准备充足，如游戏道具、幸运转盘、背景音乐等。三是熟练操作中控台。中控台的具体操作流程如下：在电脑端登入中控台→发布直播→必填信息→选填信息→确认信息→开启直播。在进行直播时，一般选择竖屏直播；单击"我的直播"按钮可以查看以往直播的记录、数据等；在开启直播后有如下小工具可以使用：查看直播实时数据、添加商品链接、发红包互动、分享优惠券、发起直播抽奖、发起投票互动、发送店铺卡片、发布直播公告、粉丝推送功能等。

第二，做好内容准备。在直播电商平台上，内容为王是硬道理，只有优质的内容才能吸引一大批粉丝。粉丝一般关注三点，即优惠力度、时尚度和阐述能力。在直播过程中，主播要做好与粉丝的有效互动，一是要有亲和力，二是要口齿伶俐，三是要不断更新内容，以更好地维护与粉丝的关系。

（三）对主播进行良好的管理

1. 管理主播的技巧

一是对主播做好分类。主播的分类有不同的标准，按照场均人数可以分为头部主播、腰部主播、小主播和新晋主播；按照主播的职业可以分为主持人、模特、KOL、艺人等；按照主播的内容属性可以分为服装搭配师、美妆师、美食家、户外主播等；按照主播收益可以分为店铺型主播、导购型主播、线下场景主播等。

二是形成系统化的管理制度。在合约签署方面，可以选择全职类的底薪合约和自由合约，前者是公司给予底薪加提成的模式，后者是遵循公司基本的规章制度和基本指标，无底薪高提成模式。建立奖优罚劣制度，对违规的主播遵循公司的处罚制度，对优质的主播和勤奋的主播进行奖励。

三是配备高效的经纪人。好的经纪人能够极大地帮助主播，其主要职责为：负责主播的招商及所有商品的排期，协助助理制作脚本规划，做好任务的常规运营，做好主播的数据分析，助力主播快速成长。

四是孵化KOL。KOL是指在垂直细分领域具有专业知识的意见领袖，KOL能够帮助粉丝作出专业分析和决策。主播应利用闲暇时间提升自身的专业知识和能力。

五是调性的搭配。主播要学会作数据分析，通过数据分析发现自己的转化能力，从而找出适合自身的领域和商品。

2. 精准的数据分析

一是主播的数据化运营与分析。在流量红利衰竭的大背景下，运营至关重要。要系统分析后台的创作者指数、粉丝数、UV、PV、活跃用户数、账号活跃度、账号健康度等数据，并在此基础上获取更多可持续的流量。方法主要有外网引流、流量互换和直播优化三种，其中，外网引流是指引入外网长期积累的闲置粉丝；流量互换是指与商家合作，把商家长期沉淀的固定粉丝转化为自身的粉丝；直播优化主要包括封面、标题、标签、时长、时段、直播商品、直播环境、直播印象等。其中，直播商品是核心，应以高效地满足粉丝的需求来匹配商品，避免盲目推广商品。

二是分层分析。包括转化数据分析、吸粉数据解析、明确主播自身定位、熟练掌握直播吸粉技巧。其中，吸粉技巧主要包括时间选择、多渠道推广。时间选择方面，尽量每天做到 8 小时左右的直播，如果做不到，可以做成节目，在每周的固定时间直播。在多渠道推广方面，应借助所有的渠道推广自己，并把自己在其他渠道积累的粉丝引流到直播电商平台，此外，还可以通过发小福利来增进与粉丝的感情。

3. 组建直播团队

个人主播要打造高效、合理的直播团队。没有 MCN 机构的个人主播也要组建高效的直播团队，团队成员主要包括直播运营、直播间助理和招商对接三类人才。

4. 主播直播时间段的选择

早上 0：00—6：00 适合新晋主播，这个时间段竞争相对较小；早上 7：00—12：00 适合小主播，这个时间段主播在线的较少；13：00—18：00 适合腰部主播，下午是成交的黄金时间段；19：00—23：00 适合头部主播，这个时间段是流量的最大峰值阶段，转化率也最高。

二、主播如何自我提升

（一）找准合适的自我定位

第一，个人特质与自我定位。个人特质可外化为情绪表达方式，如一个口头禅或习惯动作；可以是主播所拥有的独一无二的技能；可以是主播具备的系统化的专业知识；可以是主播天生感染力很强的性格。标签能综合所有的个人特质，一个成功的标签既要建立在主播完全了解自身兴趣和优点的基础上，又要建立在主播充分分析市场需求和用户痛点的基础上。当主播的标签形成之后，主播需要将标签完全内化到主播活动的各个环节，进而不断强化其标签特征，尤其是通过与粉丝的直播互动，不断加深和印证该标签在市场和粉丝中的认可度。挖掘个人特质可以从主播的个人兴趣这一点切入。从个人兴趣到个人特质再到个人定位，则是一个需要不断探索和反复尝试的过程。一方面，将个人兴趣提炼或转化为个人特质，需要考虑主播的性格特点、教育背景等。不同兴趣之间又有互补型作用和反差型作用，前者如爱好美食与旅行，后者如大师级的美妆达人还能写一手好代码。另一方面，以个人特质确定个人定位。个人特质确定之后主播便有了一个粗略的画像，确定个人定位就是寻找恰当的方式把它展示出来。具体来说，一是与教育背景的结合，二是与性格特点的结合，三是与职业背景的结合。

第二，内容定位与自我定位。自我定位需要内容支撑，内容的持续性输出是主播得以立足的核心竞争力，而个人特质就是内容的核心来源。直播电商的核心在于辅助售卖，这就要求直播内容紧紧围绕个人特质和辅助售卖两点。每个主播能够给用户提供的内容可以是多领域的，主播在自我定位上有多种选择，可以选择自己做店主或专业主播。自己做店主，就需要选择一个具体门类创立自己的店铺，而作为专业主播则可以在各个领域自由切换。当然，做网红店主需要耗费的精力与物力要远远超过专业主播，而一旦成功其收益也会高很多。内容定位还需要选择合适的内容呈现方式。直播电商平台为主播提供了多种内容呈现方式，除了直播，还有图文、短视频等。直播虽更为直观和吸引人，但也存在一定的缺点：一是直播的内容相对于图文和短视频不够精练；二是虽然直播都有回放记录，但是直播内容的留存度较低；三是直播对场地和通信网络的要求较高。因此，采取直播、图文与短视频相结合的方式，可以更好地满足用户的多样化需求，更好地实现辅助售卖的目的。一般来说，直播可以着重于内容呈现的丰富性与完整性，并与粉丝进行实时互动和沟通，切实增加粉丝的黏性；图文、短视频可以把直播内容中的精华展示给用户，让用户对重点内容一目了然。为了呈现更加多样化和引人入胜的直播内容，需要进行各种"跨界融合"。

（二）确定合理的目标

主播目标的确立应遵循"SMART"原则。一是要 Specific，即目标必须是具体的而不是抽象的，如"成为主播"就是具体的，而"获得成功"则是不具体的。二是要 Measurable，即目标是可以衡量的，例如，"粉丝达到 100 万人"是可以衡量的，而"成为一名知名主播"则是不可衡量的。三是 Achievable，即目标是可以达成的，例如，一个刚工作的大学毕业生靠自己的工资在 1 年内买房多半是不可达成的，而一个主播月收入 1 万元则是可以达成的。当然，目标必须具有一定的超前性，如果是已经实现的，也不能称为目标。四是 Resultoriented，即目标是以结果为导向的，如"年销售收入达到 500 万元"是以结果为导向的，而"努力推进销售工作"则不是以结果为导向的。五是 Time-limited，即目标是有时间期限的，如"一年之内粉丝达到 30 万人"是有时间期限的，而"粉丝达到 30 万人"则是没有时间期限的，有时间期限可以很好地进行目标分解，没有时间期限则难以落地。主播在设计目标时，一是不要将没有量化和时间期限的想法当成目标；二是将目标建立在切实的可操作性上；三是依据现有信息来确立目标；四是依据自身的能力，而不是良好的意愿来树立目标。

（三）主播如何打造个人 IP

第一，主播要构建系统全面的基本功和跨界知识体系。在基本功方面，包括学历、驾驶能力、外语能力、计算机使用能力、交流能力、文字能力等；在跨界知识体系方面，要学习项目管理、合同谈判、销售预测、网页设计、摄影视频、供应链管理、货品选择等方面的知识。唯有掌握丰富的跨界知识，才能在工作时举一反三、游刃有余。第二，进行良好的自我策划和包装，即通过良好的包装给用户留下深刻的第一印象。对主播个人来说，可以通过一句话或者饰物来打造自己的第一印象，如冯巩的"我想死你们了"等。第三，学会演讲。当下，演讲已经成为公关的重要手段，掌握好演讲技巧能够为主播赢得更多更好的机会。提高演讲水平的方法就是多听、多总结、多练，主播应结合自身的需求制订详细的学习计划。

（四）提升整体素质

新冠肺炎疫情虽然对实体经济造成了极大的打击，但也推动了直播电商的快速发展。无数实体商家都想在直播电商的红利期分到一杯羹，但很多商家在盲目加入直播大军后战绩不佳。许多人觉得是主播颜值的问题，于是商家找了帅哥美女来镇场，但转化率依旧不见增长，这是怎么回事呢？这是因为直播电商的重心跟普通直播不一样，直播电商是推荐产品卖货，核心在于商品转化；而普通直播靠的是主播展示才艺赚打赏，核心在于打造个人 IP。要想做好直播电商，仅靠主播的高颜值是不够的，还需要关注主播的直播技巧，毕竟一个好的主播是不可多得的。

电商主播除了要了解产品，还要掌握一定的直播技巧，如调节直播间氛围，在直播过程中不怯场。直播电商往往都是限时直播，如何在有限的时间内向观众展示更多商品的特点、卖点，也是需要一定的技术的。对电商主播的要求虽说不需要像专业主持人那般高，但必要的语言表达能力是需要掌握的。有些人三言两语就能把一件事描述到位，有的人可能说了十句话，只有一句是观众想听的。对直播电商来说，如果主播无意义的话说得太多，观众接收不到有价值的信息，也许直播间一关就是永别。总之，电商主播只有提升自身的整体素质，比如专业性、技术性和内容表达能力，才能在直播市场占据一席之地。

（五）将流量变成价值

1. 保持内容垂直，吸引消费者

垂直也就是指直播的内容和选择的领域是一致的，同一个账号一直输出的应该是同一个领域的内容。如果说一个主播今天直播的是搞笑段子，明天是做美食，后天是健身，那毫无疑问这个主播是一个没有垂直内容的视频创作者。电商主播的未来趋势和行业走向会越来越垂直化。不仅内容越来越垂直，渠道也在垂直化。不论是平台还是用户，都更喜欢垂直化的内容主播账号。

2. 掌握营销传播理念，了解消费者需求

直播电商不是为了获得关注、打赏，而是以完成交易任务为目的。直播电商不能沿用传统的营销手段,仅仅从挖掘商品特点出发吸引消费者,而应该以消费者需求为主导,利用直播互动充分了解每一位消费者的需求。通过对消费者的分析,有针对性地推荐介绍不同商品的特点及使用体验等,最大限度地满足不同消费者的需求。对于未能满足的需求,可通过搜集整理,在直播结束后及时反馈给商家,同时分析整理直播中每一位消费者的需求,积极寻找能满足消费者需求的商品。

3. 搭建消费场景,促成消费行为

直播电商营销中,不仅要关注商品本身的特点与价值,还要积极为交易行为搭建合理的场景,调动消费者的消费积极性。现场布景的风格、情调、颜色搭配等让消费者形成了对商品使用场景的第一印象,主播打造的自身形象也能加深消费者对消费场景的认识。

本章思考:

1. 直播电商成功的四要素是什么?
2. 电商主播的类型有哪些?
3. 怎样成为一名主播?
4. 如何培养主播?

第二章 短视频赋能直播

第一节 短视频策划：运营的核心竞争力

一、分析目标受众，精准定位用户需求

企业做广告、城市做推广、政府部门做宣传以及影视制作机构拍摄作品，在大众传播时代都曾取得了积极效果，但在如今短视频主导的时代背景下，这些方式都缺乏吸引力。归根结底，这是两种完全不同的思维导致的效果差异：前者是自我导向的以组织为中心的思维，后者则是市场导向的以用户为中心的思维；前者在内容稀缺的大众传播时代尚能吸引部分受众的注意力，但在注意力稀缺的移动互联网时代却难以再受到广大用户的青睐。① 因此无论短视频创作者的初衷是什么，短视频在制作好以后需要抓住用户的眼球，而非自我欣赏。只有让用户感受到短视频的价值，使其体验到愉悦、感动等，短视频才会被关注，直至成为爆款。因此，在进行内容定位时，短视频创作者必须精准定位用户需求，以用户需求为中心，而不是根据自己的喜好确定制作内容。

短视频的内容定位要以用户需求为中心，主要体现在以下两个方面。

（一）锁定目标群体，提炼主流需求

垂直领域的打造是保持自媒体内容独特性的基础②，短视频创作者要想获得成功，首先要锁定目标群体，提炼其主流需求，在短视频的内容选择上有针对性地迎合群体口味，提升短视频的"人气"和传播量。例如，如果目标群体是球迷和健身达人等，短视频的内容就要聚焦在运动、健身等垂直领域。

---

① 王胜利，曹雨苗. 5G时代短视频的内容生产与运营策略探析——以李子柒现象为例 [J]. 传媒，2020 (16)：49—51.
② 赵冰清，林林，耿仕洁. 自媒体短视频的内容创新策略研究 [J]. 传媒，2019 (4)：47—48.

（二）解决用户的需求痛点

需求痛点指用户暂时无法解决的急切需求。例如，求职者希望尽快找到满意的工作，那么他们的需求可能是面试的技巧、对目标企业的深入了解等方面。在锁定目标群体并提炼其主流需求后，短视频创作者还要抓住目标群体的需求痛点，在短视频中有针对性地解决。

用户画像分析是短视频创作者进行创作的第一要务。交互设计之父阿兰·库珀认为，用户画像是真实用户的虚拟代表，是建立在一系列真实数据之上的目标用户模型，简单来说，用户画像就是把用户信息标签化。标签有两个重要特征：一是语义化，人们可以很方便地理解每个标签的含义；二是短文本，每个标签一般只表示一个含义。有了这些标签，短视频创作者无须再作过多的文本分析等预处理工作，这为利用大数据聚合分析提供了极大的便利。

在短视频内容创作中，进行用户画像分析有利于商家和短视频创作者换位思考，更好地了解用户偏好，挖掘用户需求，从而实现精准化营销。构建短视频用户画像的步骤如下。

1. 用户信息数据分类

构建短视频用户画像的第一步是对用户信息数据进行分类。用户信息数据分为静态信息数据和动态信息数据两大类，如图2-1所示。

静态信息数据是构成用户画像的基本框架，展现的是用户的固有属性，一般包含社会属性、商业属性、心理属性等信息。这些信息一般无法穷尽，选取符合需求的即可。

动态信息数据指用户的网络行为数据，如消费属性、社交属性等，在选择这类信息时，也要符合短视频的内容定位。

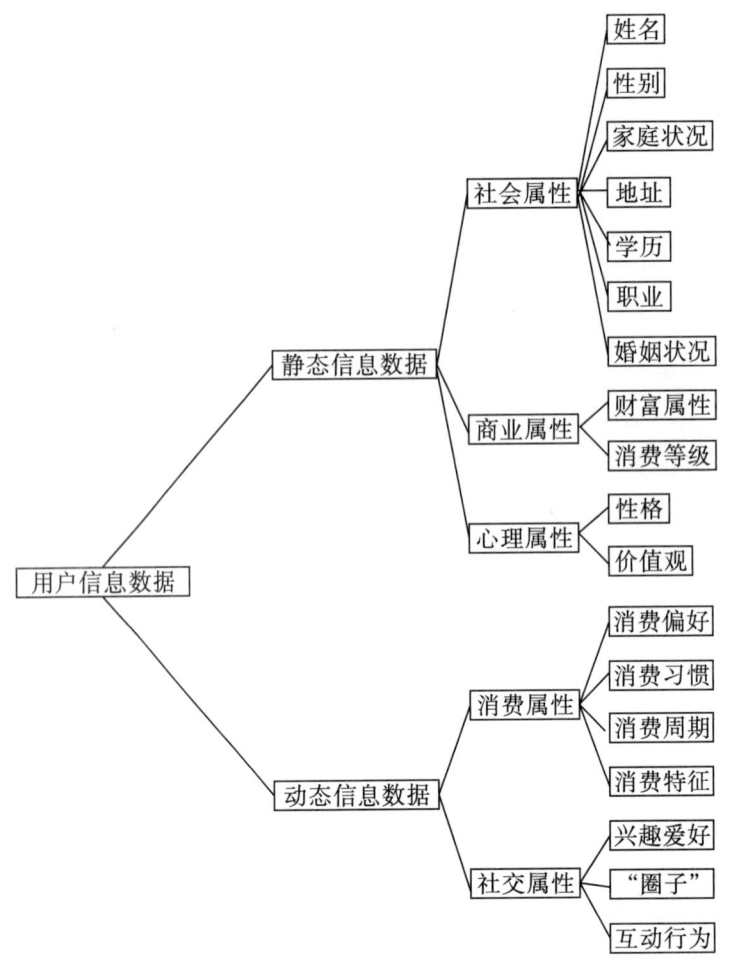

图 2—1 用户信息数据分类

2. 确定用户使用场景

如果只了解用户信息数据,短视频创作者还不能形成对用户的全面了解,应该将用户信息和使用场景融合在一起,还原真实的用户形象。

短视频创作者可以采用"5W1H"法来确定用户使用场景,见表 2—1。

表 2—1 "5W1H"法的要素及含义

要素	含义
Who	短视频用户
When	观看短视频的时间
Where	观看短视频的地点
What	观看什么样的短视频
Why	网络行为背后的动机,如关注、点赞或分享
How	与用户的动态和静态使用场景结合,洞察用户使用的具体场景

3. 确定用户的动态使用场景模板

短视频创作者要提前准备访谈提纲，以防止调查访问时措辞不当或者提问顺序发生变化而对用户造成影响，导致研究结论出现偏差。短视频创作者的访谈提纲要按照用户动态信息数据和用户动态使用场景来设计，具体的设计要依据自身期待获取的信息来进行。

动态使用场景提纲一般包括以下内容：常用的短视频平台、使用频率、活跃时间段、周活跃时长、使用的地点、感兴趣的话题、什么情况下会关注博主、什么情况下点赞、什么情况下评论、什么情况下取消关注，以及用户的其他特征等。

广告界传奇人物大卫·奥格威认为，假如让用户刻意回答对某个产品的看法，他们很有可能无法解释清楚。在进行调查访问时，短视频创作者也可能会遇到这种情况，例如，当问到用户关于使用某条短视频的感受或者为何关注某个短视频账号时，用户很可能无法明确地说出答案。因此，短视频创作者要学会扮演倾听者的角色，在用户讲述时认真倾听，以摸清他们在作出某个决定时的心态，适当引导，找到用户为短视频点赞、转发以及关注短视频账号的原因。

4. 获取用户的静态信息数据

要想获得用户信息，短视频创作者需要统计和分析大量样本。由于用户基本信息的重合度较高，为了节省精力，可以通过相关网站获取用户的静态信息数据。

卡思数据是国内领先的视频全网大数据开放平台，可以为短视频创作者提供全方位的数据查询、用户画像和视频监测服务，从而为其在内容创作和用户运营方面提供数据支持。下面以美妆短视频为例，介绍如何通过分析竞品账号数据来获取用户的静态信息数据。

步骤1 打开卡思数据网站，单击"达人榜"超链接，即可看到不同维度的榜单排名。按照不同的平台，可以分为抖音、快手、哔哩哔哩、美拍、秒拍、西瓜视频、火山小视频、新浪微博等类别；按照视频内容类型，可以分为时尚、旅行、美妆、美食等类别。短视频创作者可以依次点击"红人榜""抖音""美妆"，查看最新的榜单。

步骤2 经过筛选，短视频创作者可以选择与自身账号所属领域相同的其他账号，点击进入后会发现四大数据分类：数据概览、粉丝画像、视频列表和带货分析。点击"粉丝画像"分类，即可查看基本的静态信息数据，如性别分布、年龄分布、省份分布、粉丝活跃时间分布等，如图2—2所示。

步骤3 再选取两个与自己账号所属领域相同的账号，统计数据以后进行归类，基本上就可以获取该美妆类账号用户画像的静态信息数据。

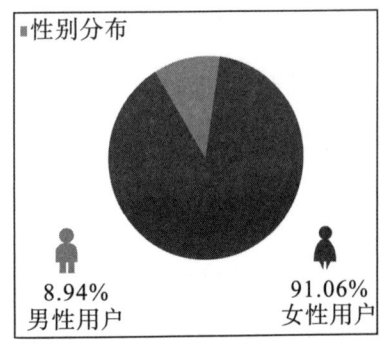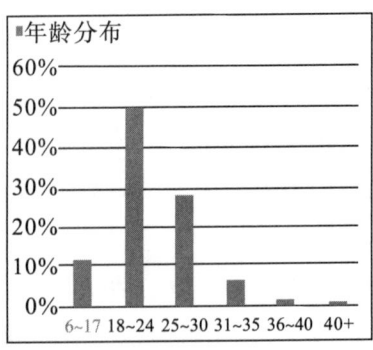

图 2-2　相同领域账号的用户画像

5. 形成短视频用户画像

将静态信息数据和动态使用场景进行整合以后，短视频创作者就可以勾画出大概的美妆类账号的用户画像，具体如下。

- 性别：女性占比为 90% 以上，男性占比很小。
- 年龄：6～17 岁的用户占比为 11% 左右，18～24 岁的用户占比为 50%，25～30 岁的用户占比为 29%，30 岁以上的用户占比低于 10%。
- 地域：广东、江苏、山东、浙江的用户占比最高。
- 婚姻状况：未婚者占绝大多数。
- 最常使用的短视频平台：抖音。
- 活跃时间：13：00—24：00。
- 使用地点：家、公司。
- 感兴趣的美妆话题：首页的各种美妆产品"种草"内容。
- 什么情况下关注账号：画面精美，产品适合自己的需求，账号持续输出优质内容。
- 什么情况下点赞：内容有价值，高于期待值。
- 什么情况下评论：内容有争议，容易激发共鸣。
- 什么情况下取消关注：内容质量下滑，不符合预期，更新太慢，广告太多。
- 用户的其他特征：喜欢美食、摄影，喜欢高颜值、有浪漫气息、格调高的产品。

二、短视频的展现形式和选题策划

（一）短视频展现形式定位

不同风格的短视频，其展现形式也是不同的。短视频的展现形式定位决定了用户会通过什么方式记住短视频的内容及账号。一般来说，比较热门的短视频展现形式主要有图文展示形式、知识分享形式、解说形式、情景短剧形式与视频博客形式。

1. 图文展示形式

图文展示形式一般是一张底图加上一些要表达的文字，有的也会出现与内容有关的人物。这种展现形式最为简单，基本上不需要视频拍摄和后期制作。不过，这种展示形式的短视频相当于内容搬运，不需要"人设"，其变现能力比较差。

2. 知识分享形式

知识分享形式的短视频变现能力很强，要想做好这类短视频，最关键的是内容要有"干货"，要能打破用户的固有认知，为用户提供价值，这样才能赢得用户的信任，并让其持续关注。例如，某短视频账号专注于向用户讲解有用的知识，传递正能量。而这些知识大多是短视频创作者通过阅读获得的，用户持续关注该账号以后，可能会对其社群产品感兴趣，这就有利于短视频的后期变现。

3. 解说形式

解说形式的短视频一般为短视频创作者对影视作品、游戏的解说。在制作这类视频时，短视频创作者需要提前找好想要解说的视频素材，理清解说思路，再将剧情片段与解说内容对应，并添加字幕。虽然这类形式的短视频很受用户欢迎，但目前这类账号的数量激增，如果都是简单的内容搬运，很容易造成内容同质化，用户的互动意愿会明显降低。因此，要想从众多的竞争账号中脱颖而出，短视频创作者就要想办法让用户形成差别化记忆，从表达方式、视觉呈现方式、语言方式、内容素材选择等方面入手，探索出自己的独特风格。同时，建立解说者的"人设"，赋予账号内容之外的温度和情感，使用户在欣赏有价值的内容的同时，对特定账号形成记忆，增加与短视频创作者的互动。

4. 情景短剧形式

情景短剧形式的短视频是通过视频中人物的表演把中心思想传达给用户，制作成本相对较高。因为情景短剧对剧情有着较高的要求，所以短视频创作者要提前准备文案脚本。这种形式的短视频在拍摄时通常需要多位演员，并且要反复拍摄，后期制作也比其他短视频形式复杂得多。不过，这种形式的短视频往往对用户的吸引力比较大，剧情如果能够让用户产生情感共鸣，吸引粉丝的效果会很强。

5. 视频博客形式

视频博客，即 Vlog（VideoBlog），又称视频网络日志，是创作者（Vlogger）以影像代替文字或照片，创作个人日志，并上传到短视频平台与网友分享的形式。

这种形式的短视频重在记录生活,但不能拍成流水账,一定要有主题,主次分明,突出重点,并注意拍摄效果。视频博客的拍摄要注重脚本思维,创作者要提前构思好重要的镜头,做好开场和转场,后期剪辑时一定要保证叙事流畅。

(二) 短视频的选题策划

从长期来看,要想做好短视频,创作者一定要进行选题策划,找对方向,在内容上做好定位,吸引精准用户的关注,进而提升用户黏性。

1. 寻找选题的五个维度

很多人在拍摄短视频之前总是找不到选题思路,其实只要找到选题的五个维度,并根据这五个维度拓展思路即可。选题的五个维度分别为人物、工具和设备、精神食粮、方式方法、环境。

(1) 人物

人物主要涉及以下信息:拍摄的主角是什么样的人?他/她的基本属性是什么?短视频创作者可以把人物按照年龄或身份进行划分,如果目标用户群体是年轻女性,那么短视频的内容就要触发年轻女性的共鸣,短视频中的主角最好也是一名年轻女性。短视频创作者还可以按照职业或场景对人物进行划分,如大学生、职场人士、创业者等;或者按照兴趣对人物进行划分,如旅行、健身、唱歌等。在把人物按照不同的维度划分后,要根据人物属性来确定合适的选题。

(2) 工具和设备

确定好人物维度后,短视频创作者要根据确定的人物角色选择合适的工具和设备,例如,职场人士在平时工作中常用到的工具和设备有办公软件、职场类 App、计算机等;喜欢健身的人一般会用到跑步机、运动手环、体脂秤、瑜伽垫等;爱好旅游的人一般会用到旅游攻略、太阳镜、泳衣、行李箱、防晒用品等。

(3) 精神食粮

精神食粮主要包括书籍、电影、音乐、讲座、展览、微课、学习培训等。短视频创作者要分析目标用户喜欢什么书籍、电影或音乐,会参加什么培训,分析透彻之后才能了解其需求,从而有针对性地制作出符合其需求的短视频。

(4) 方式方法

方式方法是指与短视频中的主角、目标用户身份相关的方法,如瘦身方法、育儿方法、职场技能提升方法、时间管理方法、旅游旺季如何规避拥堵的方法、提升阅读效率的方法等。例如,如果短视频中的主角是一位职场女性,她在工作时会运用哪些方式和方法来提升工作效率;在办公室里与同事交流时,她会怎么沟通;与客户洽谈时,她会怎样占据先机等。

(5) 环境

由于短视频的剧情不同，环境也会相应地发生变化。环境可以分为拍摄时间（白天或黑夜）和拍摄地点（学校、餐厅、办公室、广场等），短视频创作者按照人物设定就可以联想到具体的活动环境。

当把寻找选题的五个维度都梳理完以后，就可以制作选题树了。选题树的层级越多，拍摄的思路就越丰富。以"喜欢旅游的女性"为例，短视频创作者可以根据下面的选题树制作出各种各样的选题，如图2-3所示。

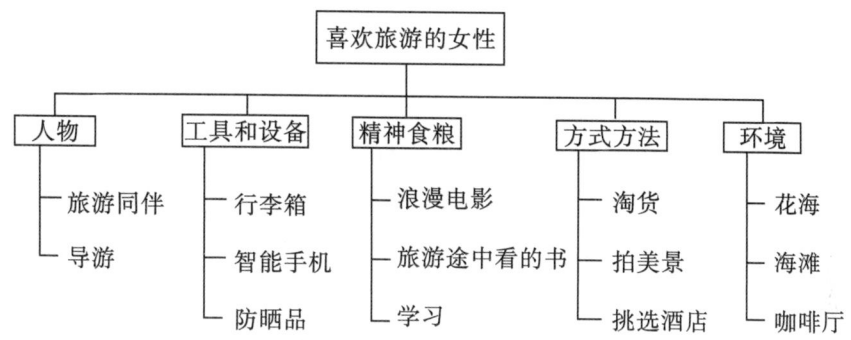

图2-3 根据"喜欢旅游的女性"制作的选题树

制作并拓展选题树并非一朝一夕的工作，随着时间的推移，选题树中扩展出来的选题内容会越来越多。有了这么多的选题，当遇到相关节假日或热点事件时，短视频创作者就可以快速有效地选择和制作出相应的短视频。

2. 策划短视频选题的基本原则

不管短视频的选题是什么，其内容都要遵循一定的原则，并落实到短视频的创作中。

(1) 以用户为中心

目前，短视频行业的竞争愈发激烈，用户对短视频的要求也越来越高，因此短视频创作者一定要注重用户体验，短视频的内容切不可脱离用户的需求。也就是说，短视频创作者在策划选题时，要优先考虑用户的喜好和需求，这样才能最大限度地获得用户的认可，并保证短视频的高播放量。

(2) 保证价值输出

短视频的内容一定要有价值，要向用户输出"干货"。选题要有创意，从而激发用户收藏、点赞、评论和转发等行为，促进短视频的裂变传播。

(3) 保证内容垂直度

在确定某一内容领域之后，就不要再轻易更换，否则会由于短视频账号的垂直度不够而导致推广不精准。因此，短视频创作者要在某一个领域长期输出有价值的内容,提高自己在该领域的影响力,这样更容易获得短视频平台的"头部流量"。

(4) 选题内容与运营相结合

做好选题并不意味着短视频一定会成为爆款,很多短视频画面精美、内容优质,但点击量很少,可能只是因为一个标题不合适。短视频的内容与标题的匹配度越高,就越容易被平台推荐,从而吸引用户点击观看。另外,最好不要等到发布短视频时再构思标题,而应在选题策划时就想好标题,或者有一个大致的标题选词思路。这样一来,短视频创作者在确定选题之后可以迅速让短视频标题跟进热点,帮助运营人员在后续工作中向热点贴近。

(5) 选题内容多结合行业或网络热点

自媒体短视频的受众定位是普通民众,因而想获取民众的关注就要从大众性出发。就垂直领域的内容创作而言,自媒体短视频创作应该以生活实际为基准,体现生活的实践性。① 短视频创作者要提升新闻敏感度,善于捕捉并及时跟进热点,这样制作出来的短视频就可以在短时间内获得大量的流量,快速增加短视频的播放量,吸引用户关注。但是,并非所有的热点都可以跟进,如时政、娱乐、军事等领域,如果跟进不恰当的热点,就有违规甚至被封号的风险。因此,短视频创作者要尽量避开这些领域的内容。

(6) 远离平台的敏感词汇

当前,有关部门正在加强对短视频平台的管理,不断出台相关法律法规,而且每个短视频平台都对敏感词汇作了规定,因此短视频创作者要时常关注政策导向和平台的相关管理规范,以防因为触发敏感词汇而导致违规。短视频创作者可以参考各种推荐渠道,从中找到标题的关键词,或者使用短视频数据平台中的热词分析功能来确定标题。利用这个功能可以查看标题关键词的热度,通过关键词的热度来推断短视频的播放量。

(7) 增强互动性

互动性对短视频的推荐量影响显著。增强短视频互动性的方法主要有以下几种。选择互动性强的话题,如旧物利用、健身减肥等,用户普遍关注的热门话题往往会引发热烈讨论。有意识地引导用户,短视频创作者可以在短视频中加入一两句互动的话语,如"大家在相亲时遇到过哪些尴尬事?欢迎大家在评论区留言互动!"引发用户"吐槽"。短视频创作者可以使用一些常见的"梗",引发用户的集体"吐槽",吸引用户互动评论。

(8) 多渠道积累短视频选题

要想持续地输出优质内容,短视频创作者就必须拥有丰富的储备素材,因此要

---

① 赵冰清,林林,耿仕洁. 自媒体短视频的内容创新策略研究 [J]. 传媒,2019 (4):47—48.

建立选题库。建立选题库主要有以下渠道：

一是日常积累。短视频创作者一定要养成日常积累选题的习惯，通过身边的人或事，以及每天阅读的书籍和文章等，将有价值的选题纳入选题库，培养自己发现选题的能力。

二是分析竞争对手的爆款选题。短视频创作者可以搜集竞争对手的选题，并进行整合与分析，从而获得灵感和思路，拓宽选题范围。短视频创作者可以进入卡思数据网站，获取竞争对手的账号数据，如粉丝量、集均点赞、集均分享、集均评论和爆款选题。以美妆领域为例，表2-2为美妆类账号竞争对手的爆款选题库。

表2-2 美妆类账号竞争对手的爆款选题库

账号	粉丝量（万）	平均点赞（万）	平均分享（次）	平均评论（条）	爆款选题
1	2103.3	127.8	3453	9942	"看在你这么关心我的皮肤的份上，我可以给你个机会跟我斗智斗勇。"
2	1884.2	82.7	1508	8561	"你们知道男生最讨厌女生说的一个字是什么吗？"
3	614.2	16.1	3912	5788	"什么都可以拖，但防晒不可以！谁不防晒谁先老。"

三是收集用户想法。收集用户想法是一种自下而上的选题策略，可以帮助短视频创作者有效利用群体智慧，增强短视频的互动性，丰富短视频的内容。

收集用户想法的方法有两种。一是从自己的短视频账号评论或竞争对手账号评论中寻找有价值的选题。评论是短视频创作者与用户有效交流的渠道，它可以折射出用户的很多态度，如赞同、反对、质疑或者提出新的问题，这些都可以被发掘为短视频的选题。二是搜索关键词。在寻找选题时，短视频创作者可以使用不同的搜索引擎搜索关键词，常用的搜索引擎有百度、微博搜索、微信搜一搜、头条搜索等，然后对搜索到的有效信息进行提取、整理、分析与总结。

四是切入选题的方法。确定选题以后，短视频创作者可能会发现该选题与很多竞争账号中的内容相似。对于相似的选题，短视频创作者要选择不一样的切入点，以避免内容同质化，这样才有机会制造话题爆点，超越竞争对手。这是因为用户都有"喜新厌旧"的心理，某一类型的短视频可能一开始由于形式新颖受到用户的喜爱，但用户看多了以后就会产生审美疲劳，如果这个时候突然有与众不同且十分优质的内容出现在用户面前，用户肯定会觉得耳目一新。

因此，在确定选题尤其是一些大家都想"蹭热点"的选题以后，短视频创作者要设想竞争对手会怎么做，寻找到与竞争对手不同的切入点，并列出若干个方案，从中找出最佳方案。

短视频创作者在切入选题时要注意以下几点：

一是有效整合各种物质要素。创作短视频少不了物力、财力、人力等要素的支持，有效整合这些物质要素，可以为短视频的创作提供极大的便利，否则就会举步维艰。例如，团队中某个人擅长演奏钢琴，有大量大型演出经验，短视频创作者就可以将这些资源整合起来，开设一个教大家演奏钢琴类的账号。

二是以兴趣为支撑。"兴趣是最好的老师"，如果短视频创作者对某一领域有着浓厚的兴趣和饱满的热情，那么就可以继续深耕，持续产出优质内容，深化内容的垂直性。不过，兴趣和专业不同，如果只有兴趣而没有专业能力，也无法保证短视频创作者持续地产出优质作品。因此，短视频创作者要想判断自己是否可以在已选领域深耕下去，要先对比同行业的头部账号，分析其短视频内容的深度和价值属性，判断凭借自己的兴趣是否能够稳定而持续地产出优质短视频。

三是及时调整选题。短视频创作者在刚开始做短视频时，可能会有一段试错的过程。一般来说，短视频创作者要先持续发布作品10天以上，并密切关注数据变化，以此来做预估和调整，然后判断是按照既定的选题做下去，还是调整选题方向或者内容形式。在试错的过程中，短视频创作者要衡量短视频制作成本与短视频播放量、账户粉丝量的情况，从而把握账号的走向和市场情况，最后作出是否调整选题的决定。

（三）打造高质量的短视频内容

短视频的内容生产在快速发展的同时形成了社交驱动、情感刺激、多元价值等生产模式，并展现出融入更复杂传播场域、与直播协同传播的生产趋势。[1] 现在是"内容为王"的时代，高质量的内容是短视频取胜的决定性因素。高质量的短视频内容一般有以下四个特点：

1. 内容深度垂直细分

如今短视频已经从之前的"野蛮生长"走向了"精耕细作"的阶段，用户更愿意为专业化、垂直化的内容买单，这就要求短视频制作团队确立垂直深耕的创业战略，关注产品形态，专注于某一领域的持续深耕，为用户提供深度的信息吸收场景。

深度垂直细分的短视频具有以下优势。第一，收获更多的精准用户。当前，用户越来越重视群体归属感和情感认同，其消费也逐渐分化成诸多"小圈子"，从这个角度看，垂直深耕的短视频更容易收获精准用户，满足用户的专业知识需求、兴

---

[1] 尼罗拜尔·艾尔提，郑亮. 新媒体时代短视频内容生产的特点、趋势与困境[J]. 中国编辑，2021（3）：81—85.

趣需求或消费升级需求等个性化需求。第二，具有长尾效应。长尾效应是指那些原来不受重视的销量小但种类多的产品或服务由于总量巨大，累积起来的总收益超过主流产品的现象。在互联网领域，长尾效应尤为显著。短视频创作者要找准垂直领域，细分用户群体，抓住利基市场，这样才能做到长线发展。第三，变现能力强。优秀的垂直领域创作者可以专心做出优质的内容，给用户以专业的形象，然后借助既有平台，获取商业利益。很多垂直领域的创作者尽管没有庞大的粉丝基础，但他们可以结合社群进行变现，创造出惊人的业绩。

在短视频内容上，深度垂直细分的方法主要有以下几种。

（1）确定核心目标人群

确定核心目标人群是垂直细分领域最常见的方法，短视频创作者要使作品内容可以直击目标人群痛点，然后通过持续输出符合其特质的内容来增加目标人群的黏性。

（2）聚焦主题场景

短视频创作者可以深入挖掘短视频的主题场景，在内容表达上突出场景化，以契合该主题场景下的用户特征。例如，有的短视频账号主打的是亲子游戏主题场景，有的短视频账号主打的是运动健身主题场景。

（3）打造生活方式

要想增加用户的黏性，短视频创作者除了确定核心目标人群和聚焦主题场景之外，还要为用户打造一种理想的生活方式，并将产品嵌入其中，这样，用户在追随该生活方式时，与该生活方式相契合的产品自然也会被用户接受。例如，某个短视频创作者为用户展现了一种古风古韵的生活方式，其画面清雅素朴，让人沉醉其中；有的短视频创作者则帮助用户编织了一个"小桥流水人家"的生活梦想。

2. 坚持内容的原创性

现在用户喜好的内容多种多样，导致短视频的爆点很难被预测，任何短视频创作者都无法确定自己创作的短视频是否能够成为爆款。但是，短视频创作者都有一个共识，那就是要坚持内容的原创性，因为只有原创内容才有未来。

原创内容要符合以下三点要求。第一，具有个性。很多短视频创作者会觉得做原创内容费时费力，成本太高，不如转载已有的爆款短视频轻松，但别人的短视频无法体现出自身的创意和个性，如果自身不具备辨识度，便很难产生爆款。第二，有情、有趣、有热点。原创内容要能让用户产生强烈的情感共鸣，趣味性强，使用户愿意分享、转发与评论。同时，短视频创作者要让产品、内容与热点产生关联，也就是通常所说的"蹭热点"。在寻找热点话题时，短视频创作者可以参考微博热搜、百度热榜、抖音热点榜等。特别需要注意的是，短视频创作者在"蹭热点"时要控制好分寸，避免语言过激。同时，要让用户感受到短视频中的内容是专门为他们而做的,让他们觉得自己受到了足够的尊重与认同。第三,抓住"黄金前三秒"。"黄金前三秒"是指短视频开始的前三秒就一定要吸引用户的眼球。在生活中,人际交往非常注重"第一印象",因为"第一印象"往往成为第二次乃至以后交往的依据。原创短视频也是如此,要想获得用户的关注和认同,短视频创作者就必须在开始的前三秒将自己的观点鲜明地表达出来。

3. 保证内容的价值性

随着短视频的持续爆发,用户的品位越来越高,因此优质内容才是吸引用户的核心因素。用户只会关注对自身有价值的短视频,一般不会将时间浪费在毫无价值的短视频上。因此,要想让短视频成为爆款,就必须彰显出自身的价值。

短视频的价值性主要体现在以下几个方面。

(1)为用户提供知识

每个人都有求知欲,人们需要不断地在生活和工作中汲取新知识,学习新方法,丰富自身的知识储备,提升专业技能水平。因此,当短视频可以为用户提供知识技能时,必然会得到用户认可,甚至成为用户生活和工作中不可或缺的一部分。短视频提供的知识要符合以下要求:

实用。用户学习知识是为了实践,如果短视频中讲述的知识华而不实,对用户的生活和工作帮助不大,那么在用户眼中也就没有多大价值。

专业。知识型的短视频账号会被用户贴上"知识专家"的标签,因此短视频所展示的内容要有一定的专业性和深度,如果只是"蜻蜓点水",就不会给用户留下深刻的印象。

易懂。知识固然要体现专业性,但也不能晦涩难懂,要将专业性比较强的内容深入浅出地讲解透彻,使用户一看就能理解;如果是技能类知识,那么操作步骤和操作方法要清晰明了,使用户可以轻松上手。例如,某短视频账号致力于知识的可视化,将大量与生活相关的知识以趣味性的漫画进行生动讲解,让用户在短短十几秒内就可以了解生活知识,正如其抖音简介中所说的:"稀奇古怪,饶富趣味,身边的真相帝,生活的杂学家!"

(2)为用户提供娱乐

现在人们的生活节奏越来越快,所承受的压力也越来越大,所以对心理减压内容的需求非常大,而娱乐性的内容正好可以满足用户的这类需求。1985年,美国媒体文化研究者尼尔·波兹曼出版了《娱乐至死》一书。他写道:"一切的公众话语都日渐以娱乐的方式出现,并成为一种人文精神。"娱乐性已经成为现代传媒的本质属性之一,以娱乐形式展现的短视频内容可以带给用户趣味性的、放松的、愉悦的感官享受。很多头部账号在本质上都具有娱乐性,不管是"段子"类的短视频,还是知识类的短视频,都可以以娱乐的形式呈现内容,直抵用户的内心,触动其心灵。

(3) 帮助用户提升生活质量

人们在生活中会遇到很多问题，如脸上长了很多痘痘、衣服上的污渍去不掉、衣服上静电太多等，如果不解决这些问题，生活质量就会受到影响。如果短视频中的内容可以针对这些问题提出合理的解决方案，帮助用户解决难题，提升其生活品质，就会被用户认为很有价值，从而获得大量点赞和转发推荐。

(4) 激发用户的积极情感

情感性是影响用户选择短视频内容的关键因素之一，在用户感兴趣的短视频类型中，带有感动、搞笑、励志、震撼、治愈、解压等因素的内容都具备情感性，这些内容是用户内心的折射和情感的体现，可以激发用户的积极情感。

4. 内容触动用户的痛点

痛点是指用户未被满足的、急需解决的需求，短视频的内容只有戳中用户的痛点，才能吸引用户观看。因此，在进行短视频内容策划时，创作者要先搜集和分析用户的痛点。

在搜集和分析用户的痛点时，可以按照以下三个维度进行。

(1) 深度

用户的需求具有延展性，短视频创作者在短视频中植入痛点时要考虑到痛点的深度。例如，某美食类短视频账号，用户最开始观看时是为了满足好奇心，看一个女孩子到底能吃多少美食。但随着时间的推移，这种单一类型的内容已经无法满足用户的好奇心，该账号为了获得用户的持续关注，就必须进一步分析用户的潜在需求。大部分人都爱吃，但受到地域限制，很多人吃的食品花样比较单调，而该账号的创作者到各地去探店，或者探索更多美食的吃法和做法，为用户带来了不一样的美食体验，解决了大多数人"想吃又不知道吃什么"的痛点，因此容易获得用户的支持和持续关注。

(2) 细度

细度是指用户的痛点可进行细分。细分用户的痛点可以分为以下几步。其一，对垂直领域进行一级细分，如将音乐分为作词、作曲、编曲、演唱等。其二，在此基础上再做细分，如将作曲细分为作曲人的介绍、作曲技巧、作曲理论等。其三，以此确定目标人群，如关注作曲的是歌手、音乐学生，或者对作曲有兴趣的用户。以上用户的痛点是如何作出好的曲子，因此以该群体为目标用户的音乐类短视频账号可以发布作曲技巧、作曲理论等内容。

(3) 强度

强度是指用户解决痛点的急切程度，如果能够找到用户的高强度痛点，短视频成为爆款的概率就会很大。高强度痛点是指用户主动寻找解决途径，即使花钱也要解决的痛点。短视频创作者可以查看短视频评论区的用户评论，从中寻找用户的高强度痛点。

第二节　短视频营销：引爆短视频热度

一、短视频营销的前期准备

（一）短视频封面设计

移动营销环境下，"人—货—场"的关系发生了巨大变化，内容与营销的融合发展成为重要趋势，短视频的带货能力逐渐受到重视，推动着移动营销领域的创新。① 封面又称头图，它是用户第一眼看到的内容，会给用户留下第一印象。人是视觉动物，越好看的事物越容易受人欢迎，而一个好看的短视频封面会让用户观看的欲望更加强烈，从而增加短视频的点击率。

设计短视频封面时要符合以下要求：

1. 增加吸引力

广告界有一个著名的"三秒五步法则"，指用户经过一块广告屏需要走5步，用3秒钟的时间，如果广告没有在这个时间段内吸引用户的眼球，抓住用户的注意力，那么这个广告就是失败的。短视频封面同样如此，如果不能第一时间吸引用户，就是失败的。

当然，要想吸引用户的眼球，也要讲究一些技巧。人的大脑存在过滤机制，这是一种生理上的自我保护，因为如果没有过滤机制，任何信息都可能涌入大脑，大脑就会陷入崩溃。在这种过滤机制下，要想快速抓住用户的注意力，一方面要顺应用户的注意力本能，另一方面要打破用户的机械反应，方法主要有以下几种。第一，表情夸张。夸张的表情可以传递丰富的情绪信息，与封面中表情平淡的人物图片相比，表情夸张的人物图片更容易引发用户的"吐槽"和互动。第二，制造对比。对比是打破用户机械反应的有效方法，对比效果越大，就越容易刺激用户点击观看。第三，引发好奇。好奇也是人类的一种本能，在好奇心的驱动下，用户大多会产生期待、快乐、欢欣等积极情绪，从而产生进一步观看的动力。第四，增强戏剧性。戏剧冲突越剧烈，越能刺激用户的大脑，使其产生点击观看的欲望。

---

① 乐上泓. 短视频时代移动营销策略研究——以快手短视频平台为例［J］. 传媒，2021（4）：55—57.

2. 封面要与内容相关

短视频封面一定要与短视频内容具有高度的关联性，这样可以让用户非常清楚地了解短视频的内容。例如，创作母婴内容的短视频时，可以用婴儿图片作为封面；创作美妆内容的短视频时，可以用某个品牌的化妆品图片作为封面。如果封面与内容不相关或关联性不大，即使用户点击进去观看短视频，其黏性也不会大。

3. 要有原创性

如今自媒体领域越来越注重原创，各大平台都在大力支持原创内容。封面作为短视频作品的一部分，也要有原创性。在设计短视频封面时，短视频创作者可以选取短视频中的某一个镜头作为独具个性的封面，或者专门设计一个封面图，并打上个人标签，形成个人特色。

4. 无水印字样和广告词汇

水印是指在图片上添加的半透明的 Logo 或图标，可以防止他人盗用图片，同时也可以对图片设计者进行宣传。但是水印会破坏图片的整体观感，让用户在浏览时产生不良的体验，所以短视频封面图中不允许有水印。此外，短视频封面中也不能出现广告词汇，否则容易导致短视频无法通过平台审核，或者即使通过审核也无法获得平台推荐。

5. 图片质量要高

短视频的封面图一定要完整。如果封面上有文字，要把文字放在最佳展示区域，不要被标题或播放按钮遮挡住。封面的比例要合理、美观，不能存在拉伸变形的情况。可以通过调整图片的清晰度、亮度、饱和度，提升用户体验。另外，封面布局要简洁，层次要分明，以便用户能够迅速抓住重点。

（二）短视频标签设置

在短视频领域，标签是短视频创作者概括短视频主要内容的关键词。在推荐算法机制中，用户每天都会收到大量标签化的推荐信息。对短视频平台而言，标签就相当于用户画像，标签越精准，就越容易到达目标用户群体。而对用户而言，标签是用户搜索短视频的通道，很多标签会在短视频下方展示，用户能够通过点击标签直接搜索。标签是短视频非常重要的流量入口，很多短视频播放量过低，很大程度上是因为没有给短视频打上合适的标签。图2—4所示为短视频创作者在微博视频社区发布短视频时为短视频打标签的界面。为短视频打标签的要求如下：

1. 合理控制标签个数和字数

图 2-4 为短视频打标签

标签意味着符合该关键词画像的用户群体，不同的标签代表着不同的用户群体。一般短视频标签个数为 3~5 个，每个标签的字数为 2~4 个。如果标签太少，就不利于平台的推荐和分发；如果标签太多，就容易淹没重点，错过核心用户群体。例如，创作者要发布一条美食类的短视频，就可以添加"鱼香肉丝""川菜""菜谱""美食"等标签，这样就涵盖了短视频的类型领域和细分领域。

2. 标签要精准

尽管标签代表着不同的用户群体，但并不是短视频的标签类别越多，触及的用户群体类型就越多。如果短视频账号主打美食领域，短视频创作者在发布短视频时就不能打上影视、美妆等标签，因为这些标签非但不会吸引更多的用户，反而会起到相反的作用。因此，在为短视频打标签时，要挖掘短视频内容的核心要点，提炼出其中最有价值、最具代表性的特点，以强化标签的认知度。也就是说，短视频的主要内容要和标签类型一致。例如，美食类短视频要添加"火锅""甜点""料理""食谱""川菜"等标签。只有这样，短视频才能被精准地投送到核心用户群体，从而大幅度地增加短视频的点击量。

3. 标签范畴要合理

标签的范畴要合理，既不能太宽泛，也不能太狭窄。太宽泛容易丧失其特性，被大量竞品信息淹没；而太狭窄会使短视频的分发范围限定在狭窄的用户群体中，损失大量的潜在用户群体。例如，一条关于"春季色"的识别肤色的短视频，比较合理的标签是"美容""肤色鉴定""色彩鉴定"等，如果只添加"春季色"一个标签，其标签范畴就太狭窄，容易损失搜索流量。

4. 紧追热点

追热点是新媒体工作者的基本功，而且各大短视频平台对热点话题都会有一定的流量倾斜。因此，在为短视频打标签时，也要尽可能地追热点，从而增大短视频的曝光率，获得更多的推荐。当然，短视频创作者追热点时一定要讲究原则，不能毫无底线，如果热点话题与自己的短视频内容无关，只会损失已有用户，得不偿失。

（三）短视频文案撰写

1. 文案的撰写

在短视频平台中，视频才是重心，文案只是"绿叶"，但有时一句极具感染力的文案也可以助推短视频成为爆款。优质的短视频文案一般具有以下特点：

（1）抓住用户痛点

能够抓住用户痛点的短视频文案可以直击用户的内心，与其建立情感连接，从而提高短视频的完播率，增加互动量。这就要求短视频创作者深入了解目标用户群体，并对其进行用户画像分析，找到其核心需求。

（2）营造场景

短视频文案要构建具体化的场景。例如，要想在短视频中展现一款香水产品，就要营造该产品的使用场景，如约会、上班、聚会、旅行等，这样用户就能直观地了解香水的特性。

（3）描述细节

描述细节可以让短视频更具感染力，同时用户也可以根据文案联想到更多的信息，增强其对短视频的好奇心。

（4）引导用户

短视频创作者要撰写具有引导力的文案，增强用户对短视频内容的期待，使其迫不及待地打开短视频进行观看。例如，有一条短视频教用户如何系漂亮的腰带，其文案内容就极具引导性——"穿裙子，这么系"，短短六个字就给用户带来了强烈的期待，因为如果腰带系得漂亮，搭配出来的裙子也会很好看，让人看起来更有气质。

(5) 通俗易懂

具有一定传播影响力的短视频，其文案一定通俗易懂，能够让用户快速了解短视频的主题内容。

2. 常用的文案类型

(1) 互动类

互动类文案以疑问句、反问句居多，且多是开放式问题，如"你觉得这个怎么样""你还想知道什么吗""我这样做对不对？请给我评论留言"等。采用互动类的文案，可以增加短视频的完播率和评论率。

(2) 叙述类

这种类型的文案大多会为用户呈现一个富有画面感的场景，如"认识两年的一个理发师，只能在走廊里抽空吃个外卖，真不容易啊"，这样的表述能够为用户呈现一个很有画面感的场景，容易引起情感共鸣。

(3) 悬念类

很多搞笑类的短视频往往会在最后设置反转情节，所以短视频创作者在为这类短视频撰写文案时要留有悬念，从而使用户在短视频中停留更多的时间，如"一定要看到最后，最后的内容很有趣"。

(4) "段子"类

短视频创作者可以把网上很火的"段子"放到文案中，从而吸引用户持续观看，或者吸引其参与互动，如"人到中年不得已，保温杯里泡枸杞"。

(5) 正能量类

这类文案以励志、同情、真情、善举居多，如"三个月阅读体验，我是如何读完15本书的"。很多用户都希望通过阅读提升自己，阅读习惯不好的用户看到这条短视频以后就会好奇短视频中的人物用了什么方法，如果方法适合自己，用户就会持续关注。

二、短视频的引流推广

(一) 多渠道分享视频

"引流＋变现"一体化的商业模式使短视频平台突破了流量变现的难题，找到一种有效的盈利模式，使传统电商平台增加了销售模式的多样性，提升了用户体验和平台效率。短视频电商模式延伸了平台价值链，有利于短视频平台和电商平台整合并创造利益相关方的价值,从而实现价值共创。①

要想最大限度地推广短视频,短视频创作者可以利用平台上的分享功能,将短视频分享到尽可能多的平台上。只要短视频的内容有足够的吸引力,自然会被越来越多的用户关注和认可,成为爆款短视频的概率就会变得很大。

1. 站内好友

很多短视频平台的分享功能都支持创作者将短视频分享给站内好友。以快手为例,当短视频创作者点击"分享"按钮时,就会出现"分享至"界面,显示快手平台上的好友。短视频创作者可以选择想要分享的好友,然后通过该界面向好友说出推荐语,让好友观看并帮助扩散传播。

在把短视频分享给站内好友时,需要注意以下两点。第一,要选择人气较高的好友,因为好友的人气越高,短视频被其分享之后产生的影响力也就越大。因此,短视频创作者在分享短视频之前,先要考察好友的活跃度和人气值,列出一个人气较高的好友名单,再分别向其分享。第二,选择互动较多的好友。这类好友继续分享短视频的概率较高,有利于短视频被更多的用户看到。

2. 微信朋友圈

微信作为目前国内最大的社交平台,拥有非常庞大的用户数量,而微信朋友圈更是人们日常社交的主要阵地,因此微信朋友圈也可以作为短视频分享的主要渠道。以抖音为例,要想将抖音平台的短视频分享到微信朋友圈,具体操作步骤如下:

步骤1 点击抖音短视频界面中的"分享"按钮,在"分享到"界面点击"朋友圈"按钮,弹出"继续分享到朋友圈"界面,提示"由于微信朋友圈分享限制,请到微信朋友圈上传视频来分享"。

步骤2 打开微信朋友圈,在相册中选择想要分享的短视频。

步骤3 点击下方的多个编辑按钮,可以对短视频进行编辑,然后点击"完成"按钮。进入朋友圈内容编辑界面,写下推荐语后点击"发表"按钮。此时,即可将短视频分享到微信朋友圈。

3. 微博

微博作为国内主流的社交媒体平台,目前月活跃用户量已经突破5亿人,日活跃用户量超过2亿人,它也可以作为短视频分享的主要渠道。微博具有广场属性,适合做内容的裂变传播。短视频创作者将短视频分享到微博,有利于提高短视频的

---

① 姚林青,顾恩澍. 短视频电商模式的演进机理研究[J]. 现代传播(中国传媒大学学报),2021,43(1):123-128.

曝光率，吸引更多的用户观看。

以抖音为例，要想将抖音平台的短视频分享到微博，具体操作步骤如下：

步骤1　在抖音短视频的分享界面中点击"微博"按钮，跳转到"继续分享到微博"界面，点击"继续分享到微博"按钮。

步骤2　打开微博，点击微博首页右上角的"＋"，选择"视频"分类，从相册中选择想要分享的短视频，然后点击"下一步"按钮。

步骤3　进入微博内容编辑界面，写上推荐语，并为短视频添加标题。

（二）借助 KOL 为短视频作宣传

KOL 是营销学上的一个概念，即关键意见领袖，指的是拥有更多、更准确的产品信息，且为相关群体所接受或信任，并对该群体的购买行为有较大影响力的人。在做短视频宣传时，要找的 KOL 是那些可以发挥社交媒体在覆盖面和影响力方面的独特优势，具有较强的用户黏性和号召力的账号。KOL 自带"光环效应"，用户通常认为他们的推荐更权威、更专业，因此也就更愿意为其发表的内容进行点赞和转发。

在借助 KOL 宣传短视频时，一定要认清以下两个误区。

误区一：KOL 就是名人。KOL 并非一定就是名人，也可以是某一垂直领域的博主或身边各个行业有话语权的人，如企业家、记者、自媒体达人等。

误区二：找名人做宣传的效果一定好。很多人以为名人粉丝多，找名人做宣传一定可以获得很好的效果，其实不然。要想借助名人效应使短视频获得更大的曝光度，必须确定合适的宣传方案，找到合适的时机，让名人资源达到"四两拨千斤"的效果。

1. 借助名人宣传短视频的方法

名人的粉丝众多，他们的一举一动都会引来粉丝的围观，因此借助名人宣传短视频是一个不错的方法。但需要注意的是，所找的名人要与自己的短视频主题或内容在气质上具有相似性。另外，一定不要与有污点的名人合作，他们的形象早已因为某些负面新闻而崩塌，与之合作风险会大大增加。

2. 借助 KOL 宣传短视频的方法

根据短视频的主题和内容找到目标用户群体，也就是说，短视频创作者要先弄明白自己的短视频侧重于哪个领域，最容易吸引哪些用户观看。例如，若创作的短视频属于美妆垂直领域，那么目标用户群体可以"90后"和"00后"的女性为主。根据目标用户群体的特点和喜好寻找最契合的 KOL，只有找到与短视频各个方面都契合的名人，才能有效地借助其"光环效应"达到最好的宣传效果。在宣传短视频时，文案的撰写要避免让用户产生审美疲劳。短视频创作者要撰写有创意的推广文案，让用户眼前一亮，与名人的"光环效应"相互促进。

寻找行业权威或达人。如果短视频创作者自身资金实力有限，无法付费找名人宣传短视频，也可以寻找行业权威人士或达人来帮助做推广，如企业家、自媒体达人、行业达人、资深记者、大型微信群或 QQ 群的群主等。他们虽然不像名人那样拥有巨大的流量和众多的粉丝量，但在其自身所在的"圈子"里也很有影响力。短视频创作者在生活和工作中要不断发现和积累 KOL 资源，有计划地接触他们，例如，每天抽时间和他们互动，与其保持良好的关系。

如果有很多 KOL 资源，不妨将其分为 A、B、C 三个等级，有针对性地加以利用。

A 等级的 KOL 资源：短视频创作者所在地区的知名和资深专业达人。短视频创作者可以借助他们在各个行业内相对权威的形象吸引更多的用户关注，提升短视频的影响力。

B 等级的 KOL 资源：短视频创作者认识的自媒体达人或记者。自媒体达人的粉丝量一般也较多，短视频创作者可以在他们的社交账号上投放短视频宣传文案，吸引自媒体达人的粉丝关注自己的账号，从而增加短视频的点击率。

C 等级的 KOL 资源：短视频创作者认识的微信群或 QQ 群群主、百度贴吧吧主等。短视频创作者可以利用这些人的群资源和论坛资源进行短视频宣传。

（三）参与平台知名度提升活动

在推广短视频时，短视频创作者不仅要充分利用身边的各种渠道和 KOL 资源，还要依托短视频平台，积极参与平台发起的各种活动。短视频平台本身就是一个巨大的流量池，当短视频创作者积极参与各种活动，并在其中展示自己的短视频时，短视频内容和账号自然会被越来越多的用户知道并关注。

要想参与平台活动，首先要能发现平台活动。那么，短视频创作者如何才能发现平台的活动信息呢？以抖音为例，可以采用以下方法查找平台活动信息。

步骤 1　关注抖音短视频平台的官方账号"抖音小助手"。

步骤 2　找到"消息"页面，点击"抖音小助手"，即可看到抖音短视频平台官方组织的各种活动信息。

发现平台活动信息以后，怎样做才能让短视频在平台活动中脱颖而出呢？

1. 研究活动要求

短视频创作者要想在活动中崭露头角，提升人气，首先要研究活动要求和各项标准，让自己的短视频内容符合活动规则，这样才能得到平台的认可，从而增大被平台推荐的概率。研究活动要求时，可以重点考虑以下两个方面：

第一,明确平台活动的目的。在参与活动之前,短视频创作者要仔细思考平台举办活动的目的,更加精确地把握短视频的选题方向,突出短视频的主题,增加短视频被平台关注乃至脱颖而出的概率。

第二,了解平台活动的规则。短视频创作者在拍摄短视频之前,要摸清活动的具体规则,并逐一研究,从中找到参与活动的准确角度,再确定短视频的内容。如果短视频创作者对平台活动的规则只是一知半解,仓促上阵,往往会南辕北辙,浪费精力。

2. 做出亮点

在平台上参与活动的短视频创作者不计其数,竞争非常激烈,因此有亮点和特色的短视频才能被平台重点推荐,脱颖而出,吸引用户的目光。短视频创作者要想让自己的短视频内容有亮点,可以采用以下两种方法:

第一,让内容有个性。要想让短视频内容有个性,短视频创作者可以为短视频中的人物打造鲜明的性格特征,如坚忍、幽默、优雅等,这在一定程度上可以为短视频打上个性标签,使其变得更有特色。也可以选择一个不同的切入角度,找到一个新奇的切入点,让用户眼前一亮,从而产生深刻的印象。

第二,从不同的角度解读活动规则。短视频创作者可以"反其道而行之",从其他角度来解读活动规则,避开大众话题和视角,使短视频在主题和内容上都与其他短视频区别开来。例如,抖音短视频平台曾发起国庆节"一起去看人山人海"活动,大部分短视频创作者都站在游客的角度拍摄短视频,展现拥挤和火爆的游玩场景,而有的短视频创作者却站在异乡打工者的视角,展现"十一"返乡大潮,把短视频内容做出了深度和区别度。

三、短视频的用户运营

(一)培养用户黏性

内容是提高用户关注度的基础条件,但并非提高用户黏性的唯一要素。当短视频账号依靠优秀的内容吸引到用户以后,短视频创作者要与用户进行实时互动,使用户感觉到自己的诚意,对该短视频账号产生信赖,从而提高用户黏性。要想增强短视频的互动性,可以采用以下三种操作方法:

1. 选择互动性强的话题

互动性强的话题一般是指那些容易引发用户模仿、参与讨论的话题,如美食、健身、时尚、穿搭等。用户在观看短视频以后会积极讨论相关话题,并对短视频进行评论、点赞或转发。另外，有争议性的话题也容易引发用户讨论。例如，某美食类短视频账号发布了一条关于烹饪草鱼的短视频，因为美食类话题具有很强的互动性，所以该短视频获得147.8万个赞，4.9万条评论数，被分享18.9万次，而通过评论可以看出，有的用户根本分不清鲤鱼与草鱼的区别，有的用户在质疑草鱼的价格，可见该话题具有争议性，但大多数评论还是表达了对该美食的欣赏和喜欢。

2. 引导互动

除了要选择互动性强的话题以外，短视频创作者还要在短视频中对用户进行引导，吸引用户更积极地参与互动。引导互动主要有以下四种方法。

（1）穿插引导

就是在短视频中适当地加入互动性的话语，以刺激用户的互动欲望。例如，若要发布一条制作雪糕的短视频，可以在短视频中加入这样一句话："大家最喜欢吃什么口味的雪糕？欢迎留言互动！"

（2）征集创意

短视频创作者可以在短视频中向用户征集某个主题的创意拍摄方法，这样做可以激发用户的参与感和互动的积极性。

（3）设置穿帮镜头

影视剧的穿帮镜头属于行业内的低级错误，但在短视频中适当地穿插一些穿帮镜头反而会成为亮点，因为穿帮镜头为用户设置了"吐槽点"，从而刺激用户热烈讨论。

（4）引导用户关注其他平台

例如，在短视频结尾展示二维码，引导用户用手机扫描二维码并关注自己的微信公众号、微博账号等，进而和用户进行更加直接的互动。

3. 评论互动

每个用户都需要存在感，希望短视频创作者可以感觉到他们的存在，并重视他们。因此，每当短视频获得用户的评论时，短视频创作者都要做好互动，及时回复评论，给用户留下良好的印象，进而推动用户对短视频进行转发支持，以吸引更多的用户。评论互动的方法如下：

（1）第一时间回复评论

短视频创作者要尽可能地第一时间回复用户评论，回复得越快，对用户的重视程度越高，用户对短视频创作者的好感度也就越高。

（2）顺应用户期望

有时用户的评论可能比较尖锐，短视频创作者切不可与之争辩甚至谩骂，而应当顺应他们的期望，让他们看到自己按照其期望不断改进的决心。这样做可以为用户营造出更加强烈的期待感,他们会更愿意互动。

(3)借助评论引发互动

短视频创作者一旦发现高质量、幽默、有代表性的评论,可以将其作为精选评论置顶,从而引导更大范围的互动。

(4)跟进评论

对一些互动频率和质量比较高的用户,短视频创作者可以将其作为重点培养的用户,更多地关注他们,跟进评论,甚至私信沟通。

(二)提升用户活跃度

吸引用户以后,短视频创作者不要让用户只扮演"看客"的角色,而要积极地发起活动,经常与用户互动,激发用户的参与激情,进而提高他们的活跃度。短视频创作者可以发起两种活动:一种是挑战类活动,另一种是创意征集类活动。

挑战类活动一般具有竞技性,不仅充满趣味性,还能引发强烈的代入感,可以最大限度地满足用户的好奇心,刺激其竞争意识。因此,这类活动往往可以提高用户的关注度,提升其参与感。挑战类活动一般要符合两个要求。一是要具有一定的难度。既然是挑战类活动,就必须要有一定的难度,这样才能激发用户的挑战欲,而且活动的标准要"上不封顶",让用户可以自由发挥。二是要有奖励。奖励是用户参与挑战的动力之一,设置奖励可以更好地刺激用户参与。奖励的形式多种多样,可以是物质奖励,也可以是精神奖励。

例如,某抖音账号发起了一项"摸高挑战赛",因为极具竞技性和挑战性,深受用户欢迎,该短视频获得了143.4万个赞。总体来看,这项挑战的获奖标准相对较高,参加挑战赛的用户要摸到3米的高度才能获得5瓶饮料,摸到"摸高游戏"四个字获得10瓶饮料。该挑战极大地刺激了用户的好奇心和挑战欲,从而使该短视频获得了很大的关注度。另外,用户即使不参与挑战,在观看短视频时也有强烈的代入感,会在不知不觉中为短视频的"参赛者"加油和欢呼。

创意征集类活动要求短视频创作者先发布一条有创意的短视频,然后引导用户展示自己的奇思妙想,鼓励他们拍摄并上传相关短视频,从而增强用户的参与感和成就感,促使其更积极地转发分享短视频。创意征集类活动要有明确的标准,要为用户提供明确的方向,使其清楚什么样的创意才是合格的,从而挖掘更好的创意。与挑战类活动一样,创意征集类活动也要设置能够吸引用户的奖励,这样才能吸引用户参与。

(三)强化与用户的情感连接

所谓归属感,指的是个体与所属群体之间的一种内在联系,是某一个体对特殊群体及其从属关系的划定、认同和维系。在短视频运营中，短视频创作者要强化与用户之间的情感连接，让用户在情感上产生强烈的认同感。为用户营造归属感时，可以运用以下两种方法：

1. 营造情怀

情怀是归属感的灵魂，很多时候用户是因为受到某一情怀的感染，才对平台或个人产生亲切的感觉，进而产生归属感。情怀的表现见表2-3。

表2-3 情怀的表现

情怀	说明
将个人偶像化	将个人进行偶像化包装，如苹果公司的乔布斯、小米公司的雷军，打造特有的情怀
怀旧	聚焦某个年代的人和物，追忆历史，缅怀过去的美好，打造怀旧情怀
青春	人们都曾经历青春的美好，都希望永远青春，通过再现与青春有关的人和事，可以打造青春情怀

例如，某抖音账号以"怀旧"为主题，持续发布能够激起用户怀旧情怀的歌单视频，唤起了用户的无限回忆，促使其在评论区热烈讨论，分享过去的回忆，并发表感想。

2. 展现人文关怀

短视频创作者要在短视频中展现出一种人文关怀，让用户感觉到自己受到了尊重和重视，从而产生安全感和价值感。展现人文关怀的方法如下：

（1）主题要贴近用户的生活

选择与用户生活贴近的话题，如"绩效考核下，你要如何做才能轻松达标""贷款买房的你还好吗"等，可以让用户产生"这就是在说我"的心理感受，从而产生强烈的情感共鸣和归属感。

（2）构建心理上的安全感

短视频创作者要在短视频中给予用户一种心理上的安全感，例如，可以发布一些关于心理学话题的短视频，帮助用户更加理智地平衡理想和现实，解决其内心的矛盾。

（3）打造仪式感

要想打造出短视频的仪式感，短视频创作者在拍摄时要多拍一些运动镜头，如平移、推拉、震动、环绕等，还要运用一些音乐鼓点和转场卡点等音效。

第三节 "短视频+直播"：重构多种商业形态

一、优势互补，共享用户流量池

（一）直播：即时互动性、沟通性

直播电商是对之前电商渠道"人—货—场"的转型升级，核心则是基于用户生命周期管理，构建新的营销体系和建立与用户的深度连接。在移动互联网时代，传统的 4P（产品、价格、渠道、促销）营销理论升级为 4C（消费者、成本、便利、沟通）理论，直播电商则更明显地体现了 4C 理论的优势：以用户为中心的用户体验更好；用户通过直播场景可购买高性价比产品，省去中间商赚差价，成本更低；厂家和用户之间的触达更为便利；有很强 IP 属性的主播能与用户建立起高度的信任，沟通效果更好。

此外，直播可以更好地帮助传统企业进行彻底的互联网转型。传统企业转型的途径就是"网络协同+数据智能"的数据智能化升级，而数据智能化升级的核心是建立用户连接并对用户进行全方位、全生命周期的画像、互动、价值创造。要与用户建立连接，就必须构建用户流量池，即建立真正属于企业自身的私域流量池，而直播电商能够更好地吸引用户，进而把用户转化为企业自身的私域流量，这将极大地助力企业数据智能化的转型升级。

（二）短视频：用户黏性强、成长快、成本低

在移动互联网快速发展的同时，中国的网络视频用户尤其是短视频用户规模快速增长。CNNIC 的数据显示，截至 2020 年 3 月，中国网络视频（含短视频）用户规模达 8.50 亿人，较 2018 年年底增长 1.26 亿人，占网民整体的 94.1%，比 2018 年年底提升 6.6 个百分点。其中短视频用户规模为 7.73 亿人，较 2018 年年底增长 1.25 亿人，占网民整体的 85.6%，比 2018 年年底提升 7.4 个百分点。短视频红利和基于短视频的自媒体红利凸显，形成了用户黏性大、获客成本低的短视频平台，为直播电商的高速发展营造了良好的外部环境。

1. 短视频平台用户黏性更强

在我国整体处于消费升级的时代大背景下，居民收入提升，人们的闲暇时间增加，休闲娱乐的需求快速增加，游戏、电影等行业发展良好，尤其是三、四线城市

的居民用于娱乐的闲暇时间更为充裕。短视频平台内容多元而丰富，参与门槛低，消费成本低，用户黏性强，因此得到用户的热捧，用户数量和使用时长都实现了大幅度增长，短视频平台迎来巨大红利。

2. 新兴短视频平台快速成长

在移动互联网红利的助推下，我国各类视频平台尤其是短视频平台能够更好地满足用户需求，得到了快速发展。在长视频平台方面，爱奇艺、腾讯、优酷等视频平台付费会员规模巨大；在短视频平台方面，快手、抖音基于大数据和人工智能技术进行个性化算法推荐，以更为精准地满足用户需求，用户数量、收入体量急剧增加。快手很早就开始了直播电商的商业化探索，抖音也开始探索电商形式增加流量变现的途径。

3. 新兴短视频平台流量成本低

短视频平台的红利大且用户拉新成本相对低。Wind 的数据显示，2019 年各类平台用户获取成本如下：快手为 15 元，抖音为 20 元，拼多多为 284 元，淘宝天猫为 420 元，京东则高达 508 元。需要指出的是，短视频平台的用户停留时间长且还在增加，并且与感兴趣的 KOL 等更容易形成高效的社交关系，用户愿意观看主播带货或短视频推荐的高性价比、优质产品。

短视频流量红利催生了直播带货和短视频带货，其中快手的直播带货性质更强，短视频带货的典范则是抖音，当然现在抖音也在发力直播带货。相对来说，直播带货的转化率高于短视频带货。数据显示，淘宝直播引导进店率和商品打开率达到了 60%，这是其他带货形式所无法实现的。

(三) 短视频赋能直播，转化流量

2016 年被称为"直播元年"，2020 年年初的一场疫情推动了线上直播的迅速爆发，更多的人形成了对直播和短视频的使用习惯，直播和短视频的商业价值进一步凸显。[1] 抖音、快手等短视频平台得益于各种红利，快速成长为互联网巨头，沉淀了数以亿计的用户，并探索了各类商业变现方式，而直播电商是价值较大的商业变现方式。

快手平台强调不打扰用户，呈现去中心化特点，并大力鼓励腰部主播成长。由于形成了强关联的生态，主播与粉丝之间的信任感和社交关系属性较强。在商业模式的探索上，快手早期以粉丝打赏收入为主，2018 年后开始探索广告、直播带货等变现模式，并投入资源大力扶持原产地、产业带、工厂直供、电商达人等类型的

---

[1] 张琦，谢思慧. 融合发展背景下直播、短视频在传统出版行业中的应用研究[J]. 出版科学，2020，28(6)：72-78.

电商销售。在直播电商方面，快手做了如下探索。2018年6月上线快手小店，打通淘宝等平台，并支持短视频直播带货；2018年10月推出快手营销平台，建立商业矩阵；2019年6月打通拼多多入口，快手小店升级，支持微信支付；2019年8月，快手电商技术服务费比例调整，快手小店与京东联盟打通；2019年11月，快手推出"卖货节"；2019年12月，快手电商发布"麦田计划"，确定未来快手电商发力的六大方向，同时升级快手小店，实现App内部直播下单。2020年5月27日，快手科技与京东零售集团正式签署战略合作协议，双方在快手小店的供应链能力打造、品牌营销和数据能力共建等方面展开深入合作，共同打造短视频直播电商新生态，用户可以通过快手购买京东自营商品，无须跳转。

抖音平台则以中心化为主，基于大数据、人工智能等新技术的算法，在对用户偏好进行深刻洞察的基础上，推荐给用户精品化、个性化的内容。优质短视频被算法识别后会得到加持并大规模推送给用户，流量大、曝光率高，但主播与粉丝的社交关系较弱。商业模式以广告为主，占收入的比例约为90%。抖音为了拓展新盈利模式，逐步开始探索商城和直播电商。2017年9月，今日头条上线"放心购商城"；2018年3月，抖音上线购物车功能，支持跳转到淘宝；2018年4月，电商广告投放系统"鲁班"与抖音打通；抖音购物车功能全面开放；抖音推出精选好物联盟，并接入放心购物商城；抖音与京东等平台打通，支持红人带货，同期推出小程序电商；抖音上线商品搜索功能。2019年3月推出直播电商，并引入罗永浩等大V和董明珠等明星企业家进行直播。2020年6月上旬，字节跳动正式成立以"电商"明确命名的一级业务部门，以统筹公司旗下抖音、今日头条、西瓜视频等多个内容平台的电商业务运营，这意味着"电商"已明确成为字节跳动的战略级业务。

尽管直播行业已经进入稳定发展的成熟期，但直播与互联网、移动互联网乃至整个经济体系中的点、线、面、体的相互融合才刚刚开始。随着全新商业模式的不断涌现，直播将重构社会生活，并推动直播行业生态的不断优化。[①]

二、抖音直播平台

抖音App于2016年9月上线，所属公司为北京字节跳动科技有限公司，是一个专注于年轻人的音乐短视频社交平台。用户可以通过该平台选择歌曲，拍摄音乐短视频，创作自己的作品。

背靠擅长机器算法的科技公司今日头条，抖音能够通过大数据分析，精准刻画用户喜好，通过智能算法精准投放短视频，让每一个用户都能各取所需。抖音主要

---

① 吕梅. 抖音直播平台的商业模式创新研究[J]. 传媒，2020 (21)：76—78.

包括内容、社交关系、热度流量池叠加、关联法则等算法，通过分析用户在某一类型短视频上停留时间的长短、数字停留痕迹来精确描绘用户的兴趣图谱，再通过算法机制将短视频内容和用户画像进行高度匹配，实现短视频内容的精准传播。算法推荐的好处是能够充分发挥短视频内容的资源优势。在个性化和碎片化时代，每个用户的喜好大相径庭，一些边缘化和小众化的内容资源能够在算法推荐机制下焕发生机。

除算法推荐技术外，抖音还结合了人工挑选的内容传播机制来弥补算法推荐机制的劣势，实现了算法与人工推荐的双重耦合传播。算法推荐固然有一定优势，能够从用户浏览习惯中分析用户的个人喜好，进而为用户推送与兴趣爱好匹配的视频内容，但算法推荐也会带来"信息茧房"和"回音室"效应，产生"过滤气泡"，即用户在算法推荐机制作用下大概率会看到符合自身价值观和世界观的内容，将会沉浸在算法推荐营造的信息世界中而无法自拔，不利于对不同类型信息的认知和把握。而抖音破除唯算法论的路径，结合人工挑选的内容传播机制以及用户反馈模式，不断优化改善推送传播机制，此举能够突破算法推荐的局限性，让专业人士为用户挑选精品短视频，使得用户可以接触到在内容和形式都有所创新、有所突破的短视频。另外，算法推荐结合人工挑选的双效内容传播机制可以提高用户对抖音的依附性和依赖性，增加用户黏性，从而为抖音带来可观的流量，为实现流量变现提供了一定规模的用户价值基础。

抖音短视频平台的优势和劣势如下。

优势：一是抖音用户规模巨大，直播潜力巨大。根据抖音公开的数据，抖音日活用户数已经超过 4 亿人，获客成本较低，直播电商的潜力很大。二是用户以一、二线城市的年轻人为主。抖音的用户相对年轻，消费能力强，愿意接受新事物。三是适合高端品牌。整体来说，抖音平台相对高端，高端商品和广告更愿意在该平台上投放。

劣势：一是抖音直播入口不明显。由于抖音的重点依然在于短视频广告，虽然开始对直播电商发力，但是重视程度不够。二是基于平台分发机制获得推荐的机会不好把握，入场门槛高。抖音采取的算法推荐机制对主播来说具有较高的门槛，相对难以掌握。三是品类偏女性（化妆品/护肤/服饰）。

整体来说，抖音对企业品牌的塑造非常友好，从抖音对企业品牌（企业蓝 V）的扶持和品牌主播频繁抛出橄榄枝的情况来看，品牌塑造以及保持平台调性依然会是抖音日后发展的重点。抖音积极发展线下线上联动的做法也能够给予线下商家强力支持，如果想要打造企业/品牌与年轻人的互动窗口，抖音平台是不二的选择。例如，在 2020 年年初，株洲王府井百货的蓝 V 账号在抖音上开启了直播，开播 1 个小时直播间观看人数突破 1 万人。截至直播结束，直播间观看总人数突破 83 万人,直播跳转销售量3000件,最终销售额突破240万元。线下企业到线上卖货,一边保持品牌调性,一边与消费者联动,加上抖音的流量支持,最终效果应该都不差。

需要注意的是,抖音目前还是十分注重短视频的输出,短视频内容在一定程度上决定着直播权重推荐,想要直播效果好,就要把短视频做好,这对于只想做直播的商家来说可能会有一定的门槛。

三、快手直播平台

快手是北京快手科技有限公司旗下的产品,最初是一款处理图片和视频的工具,后来转型为一个短视频社区。快手强调人人平等,不打扰用户,是一个面向所有普通用户的产品。

快手更加关注普通用户的自我表达,粉丝分布更加扁平化,由此加强了其社交属性,而平台特有的算法分发机制也是快手社交属性强的重要原因。快手拥有强大的人工智能推荐引擎和客户数据库,可以根据用户的个人资料和观看历史推荐视频。快手的算法推荐系统旨在理解视频内容和用户行为特征,包括内容浏览记录和交互历史。基于对数据的理解,快手通过分析用户点击、观看和点赞的记录来匹配内容,并根据用户的使用偏好填充浏览频道。用户积累的历史数据越多,算法推荐的精度也就越高;视频收到的点赞越多,系统进行主页推荐的机会就越大。同时基于观看、评论、点赞的权重,系统会自动对用户所喜爱的内容进行排序,在视频发布初期,每个作品都会被分配流量,一旦热度提高,曝光机会也随之增加。为了拥有强社交关系链,快手在社群网络结构上实行普惠措施:新的作品通过同城和粉丝进行小范围曝光,测试用户接受度,当作品达到某个热度后就打上标签,推动更高一级的覆盖,直到进入发现页,进行全网分发,让素人用户尽可能地被大众看到。

在好友推荐机制上,快手采用去中心化的分发方式。好友间的社交关系亲密度是用户凝聚程度的重要评判标准,快手在人际传播中的优势是构建亲密化的社交关系。快手的好友推荐机制主要通过兴趣、位置、熟人这三种维度的算法分发用户ID,精准定位用户的社交机会,确保推荐给用户的好友是他会感兴趣的人或现实中的熟人。这种去中心的分发系统实现了流量的平衡分配,增加了内容创作者的存在感,避免了社区生态中流量的两极分化。快手在功能设置上没有明星榜、红人榜,对于网红也没有特殊的引流曝光政策,甚至会设置一个阈值,例如,当一个视频的播放量超过200万时,这条视频便不再被推荐。因为快手希望让用户看到更多不同职业的人,让每一种生活都值得被记录,提高普通用户的参与积极性,让沉淀下来的是真正忠诚的用户,用算法优势实现了用户数量和质量的积累。快手的算法策略一方面保证了优质作品的曝光,另一方面不断强化人际社交关系网络,最终形成去中心化的格局。快手社交圈提供了超越泛娱乐需求的高价值内容,圈层影响力更加深入,与用户形成深度互动,"老铁关系链"构建了忠诚度极高的快手社群。

在用户数量爆发增长期间,快手在产品推广上没有刻意策划事件和活动,一直依靠短视频社区自身的用户和内容运营,聚焦于社区文化氛围的打造,并依靠社区内容自发传播。

快手短视频平台的优势和劣势如下。

优势:一是下沉市场广阔。我国存在突出的"二元经济结构",收入差距较大,这也决定了下沉市场空间巨大。中国互联网络信息中心发布的第45次《中国互联网络发展状况统计报告》显示,截至2020年3月,中国网民规模达9.04亿人,其中月收入在5000元以上的网民群体占比为27.6%,也就是说,全国72.4%的网民(约6.5亿人)月收入不足5000元,其中,月收入在1000元以下的网民群体占比为20.8%,月收入2001~5000元的网民群体合计占比为33.4%。快手在下沉市场有很大的优势。二是粉丝黏性高。快手平台相对自然,KOL与粉丝之间的互动较多,黏性高。三是消费力强。虽然快手的人均消费能力不强,但是由于用户数量多且购物意愿强,整体消费力强。

劣势:一是用户圈层形成壁垒(主要是三、四线城市及以下用户,对高端品牌不够友好)。二是单价低。部分直播间的商品客单价为50~100元,这是较为符合快手用户人群的价格(多集中在三、四、五线城市的小镇人群)。三是对于追求"品效合一"的品牌商们吸引力不够大。快手在下沉市场中具有很大的优势,但是为了获得高级别的品牌商的青睐,还有相当漫长的路要走。由于快手平台上的品牌倾向于中小级别,下沉市场潜力巨大,且消费力逐渐提高,中小商家可以考虑遴选快手KOL进行带货。

本章思考:
1. 简述寻找短视频选题的五个维度。
2. 短视频内容的价值性体现在哪些方面?
3. 简述短视频账号增强用户互动、提升用户黏性的方法。
4. 论述短视频与直播的融合优势。

第三章　搭建直播间与运营团队

第一节　搭建直播间

一、直播间搭建技术准备

（一）直播间的相关定义

1. 直播间

直播间在互联网时代主要是指某一个人或一个组织开通的网络直播节目。

2. 直播间权重

直播间每场直播的观看人数、转粉数、观众在线时长、转化等数据越高，直播间权重越高，反之亦然。直播间权重的主要影响因素包括直播互动、观众停留时长、关注率、购买率、分享率、回访率等，与短视频账号权重没有必然的联系。

3. 直播平台

直播平台本质上是内容生产和消费平台，直播平台最核心、最有价值的部分就是内容生产。有好的内容才有消费的人群。直播平台的职能包括找准内容场景定位，提供产品和技术服务，发掘组织内容生产者，推广内容平台获取用户，运营服务好用户，发展商业模式，形成循环。

（二）直播间搭建的技术支持与设备支持

1. 技术支持

直播运营网站并不是一个简单的企业网站或者图文网站，图3－1可以说明问题。

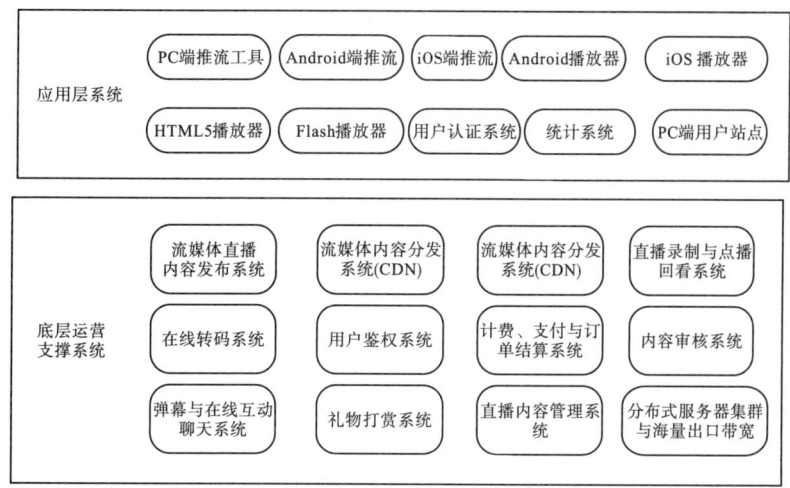

图 3-1 互联网直播运营服务平台功能模块

(1) 底层运营支撑系统的技术实现

1) 流媒体直播内容发布系统

流媒体直播内容发布系统就是直播流媒体服务器系统,主要实现直播数据流的转发功能。如图 3-2 所示：

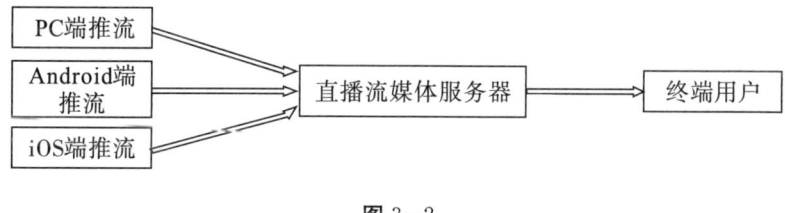

图 3-2

直播流媒体服务器是整个运营平台的核心,决定着核心业务平台的稳定性与运营成本。所以,各大直播运营平台都投入巨大资金开发自己的直播流媒体服务器系统。

2) 流媒体内容分发系统

流媒体内容分发系统也称流媒体 CDN 系统,它能够在多个节点服务器之间将直播内容进行自动分发,从而实现一点发布,全网播放,终端用户可以自动选择离自己最近的服务器节点来接收内容。优酷、爱奇艺等专业视频网站之所以能够为全国上亿网民提供服务,就是因为它们有一个强大、高效的 CDN 内容分发网络系统。

3) 直播录制与点播回看系统

这部分功能的实现相对简单,但是要达到更高的性能指标,还需要很大的投入。运营平台需要稳定的系统,这样才能使运营成本更低,运营效率更高。

4) 在线转码系统

这部分主要实现节目的多终端适配。当你用 PC 终端推送一个 1080P 的高清节目到流媒体服务器后，服务器端需要将其转换成适合 PC、电视机、手机三种不同分辨率和码流的屏幕终端播放节目。在日常做节目编辑和格式转换时我们往往会发现，对一个 1080P 的高清节目做转码时，用一台搭载 Intel i7 处理器的主机做处理都非常消耗资源，而且转码速度极慢，对于一个有上千个用户同时做直播的运营平台来说，压力更大了。因此，我们必须要找到一种更合理的解决方案，既要达到更高的转码效率，同时还要能合理地控制成本，这样才能满足平台运营的需要。

5）用户鉴权系统

在当前的政策环境下，每个人都要为自己发布的内容负法律责任。所以，平台要为用户提供一个真实可靠的权限控制机制，任何人都不能越权发布违规的内容，也不能假借第三方的名义发布违规的内容。这部分功能通常都是平台自主开发实现的，开发周期通常在两个月左右。

6）计费、支付与订单结算系统

直播运营中的各个环节都会和资金流交互，比如主播的在线收入、主播与平台的资金结算、用户的充值与消费记录等。由于该系统和平台实际的业务系统相关，往往需要平台自主开发。实现方式主要是通过"网站脚本编程语言＋MySQL/Oracle 数据库"。

7）内容审核系统

当前，国家对内容的合规性审核要求越来越严格，各大直播运营平台都建立了自己的直播业务内容审核团队。一般来说，内容审核是在节目制作完成后，而直播运营平台的内容审核与内容的生产过程同步。由于内容生产者众多，每时每刻都会有新的内容产生，在线内容审核面临更高的时效性要求，因此我们必须充分利用计算机技术作初步的内容合法性识别，计算机无法准备判断的内容再由人处理，这样可以极大地节省人力成本。

8）弹幕与在线互动聊天系统

最直接、最高效的实现方式是使用 C＋＋语言自主编程，这种方式不依赖于其他开源产品，不需要调用各个开源系统再层层包装。

(2) 应用层系统的技术实现

1）PC 端推流工具

目前，PC 端推流工具的开发是一项很复杂的系统工程，它涉及多方面的专业技术，包括视频编解码技术、音频编解码技术、图像处理技术、多媒体封装技术、各种音视频方面的国际标准与实现、流媒体传输协议规范与实现、操作系统原理、C/C＋＋语言编程等。通常，要自主开发一个完整的 PC 端推流系统，往往需要 3～5 年。

2）Android 端推流工具

目前，Android 端直播推流工具已经有几个可行的实现案例，比如 JavaVC、Yasea 等，可以实现软编码与硬编码的 RTMP 协议推流，开发者也可以根据 Android SDK 自主开发实现，难度不是特别大。

3）iOS 端推流工具

Apple 公司在这方面提供了比较好的支持，可以使用 iPhone 本身集成的 GPU 进行 H.264 硬件编码，实现起来相对容易。

4）Android 端播放器

开发 Android 端播放器需要专业的视音频编解码技术和流媒体传输协议，以及 FFmpeg 开源软件，刚入门的开发团队也可以参考其他第三方集成好的播放器模块，比如 ijkplayer 或者 OPlayer。

5）iOS 端播放器

主要基于 iOS 系统本身的 VideoToolBox 开发，类似的参考项目有 SGPlayer、ijkplayer。

6）HTML5 播放器

HTML5 网页版播放器开发起来相对容易，懂 HTML5 技术开发就比较容易实现，在 Android 端和 iOS 端通用，此外，网上也有不少 HTML5 播放器的开源项目可以参考。

7）Flash 播放器

Firefox 和 Chrome 最新版的浏览器已经默认不再支持 Flash 播放器，Adobe 官方也已经宣布从 2020 年起停止更新 Flash 播放器，将来各厂商均会大力支持 HTML5 播放器，因此 Flash 播放器可以不用重点开发。

8）用户认证系统

当前各大直播平台主要采用在线人脸识别认证，阿里的芝麻信用平台提供了免费的开放接口，可以此做应用层的对接开发。

9）PC 端用户网站

PC 端用户站点模板相对简单，一般 2~3 个月即可完成，但是 UI 设计要有自己独特的地方。

10）移动 App

主要涉及 Android 和 iOS 两个平台的 App 开发，可以采用 HTML5 方式做 UI 设计开发，将推流和播放功能集成进去，然后在两个平台上做封装，预计每个平台的 App 开发在 20 万元左右，两个 App 的开发投入为 40~50 万元。

（3）物理层服务节点的建设

搭建好基础软件平台之后，就要部署服务节点。在服务器的选型上，可以选用相同品牌的服务器,便于后期维护。设计时一定要考虑服务器的冗余和容灾备份,这点非常关键。平台建设周期方面,根据团队能力的不同以及技术路线的差异,周期为6~10个月。技术选型与团队建设很重要,经验丰富的项目主管会带来事半功倍的效果。

2. 设备支持

抖音、快手、微视等短视频平台纷纷开放直播权限,短视频直播市场也变得如火如荼。那么在直播前我们应该准备哪些设备呢?

(1) 手机直播设备

1) 一个外置声卡

好的声卡可以避免声音中的杂音、延迟、失真等问题。娱乐类的声卡还有混响、电话音、降噪、变声等功能。外置声卡需要兼容手机、电脑、平板,支持双设备连接,也就是能支持两个手机直播、两个话筒,这样能满足两个人同时直播,或者是多平台直播。

2) 一个麦克风(话筒)

麦克风的品牌种类有很多,一般选择电容麦克风。电容麦克风频率范围广,音色细腻,录下的声音很丰富,但对环境要求高,价格稍贵,一般要200元以上。如果是做吃播的,最好是选择领夹麦克风(安卓手机、苹果手机和数码相机使用的接口不一样,要注意区分或者准备转接口)。

3) 支架

支架的形式非常多,有多个机位(手机+声卡+麦克风+补光灯)一体的,也有机位分开的,还有落地的、台式的等,根据自己的需求选择即可,重点考虑直播支架的可伸缩可扩展性,稳定性要好、占地要小。

4) 监听耳机

耳机主要是用来监听自己的声音,有入耳式、头戴式,一般来说入耳式的就可以,根据需要可选择双插头、加长线的。

5) 补光灯

环形的补光灯是目前大家普遍使用的,可调节光度(暖光、白光、柔光),俗称美颜灯,大小一般为10~18寸,可根据直播场景选择。建议选择暖光和柔光。

(2) 直播间设备

最好有一间固定的直播间,很多网红公司都会搭建直播间供主播使用。那么一个直播间需要哪些设备呢?

1) 电脑

组装和品牌机都可以,配置:一般CPU i5以上,最好是i7,内存8G、独立显卡和声卡,其他要求不高。

2) 高清摄像头

专业高清带 1080P 摄像，支持美颜效果。

3) 补光灯

前面一个白光灯、一个暖光灯，后面一个白光灯、一个暖光灯，这样打出来的光才是立体的。还可以使用 Led 补光灯加柔光罩的组合。

4) 背景布置

直播背景布置总体要求是干净明亮、整洁大方，需选用浅色或纯色的背景布，禁用大红大绿的背景布，若不选用背景布，直播背景整洁干净即可。背景墙、壁画、窗帘、摆件、地毯、彩灯、娃娃、挂件等，可根据主播的风格进行装饰，或者平时结合特殊的节日更换风格。

(三) 直播间的功能举例

1. 宣传推广类

表 3-1

营销推广	推广关注公众号	基础功能	关注公众号自动获取直播观看验证码，输入即可观看直播，通过此方式可使公众号增粉
	播放器皮肤		自定义 PC 端直播播放器皮肤颜色
	暖场视频/图片		设置与视频相关的片头视频/图片，让观众先了解视频内容或引导观众观看视频
	自定义轮播广告		置于广告栏，可轮流展现多个广告图，也可以设置视频无广告
	直播图文介绍		通过图片/文字的形式来对本次直播进行介绍，让观众快速了解此次的直播详情
	水印		在客户端上添加水印后，直播的视频上会显示该水印，PC 端及移动端都生效
	频道图标		用于显示移动端页上该观看页的 Logo 信息
	是否关闭分享页		可不使用保利威视提供的默认观看页，后台关闭后，则观看分享链接失效
	社交平台分享		支持观众将直播分享至 QQ、微信、微博等各大社交平台，扩大直播影响力
	生成邀请海报		移动端微信观看页可生成专属的邀请海报，扩大直播影响力
	页眉、页脚设置	附加功能	提高企业品牌的曝光度
	预约观看	仅微信端	预约直播后，直播前 15 分钟在微信内通知
	邀请卡	需定制服务号	后台生成邀请卡，邀请的观众要么付费，要么邀请更多的观众才能免费

2. 安全监控类

表3-2

安全监控	关键词过滤	基础功能	对聊天内容进行有效规范
	聊天内容审核		在聊天室展现之前，管理者有权对对话进行审核，人工和AI双重审核把关聊天内容，以防止不文明聊天现象
	禁言/踢人		对在发言区内不文明聊天并产生恶劣影响的观众实施禁止发言操作，或踢出直播间
安全监控	限制播放	并发限制	在后台可限制一个频道的并发限额
		域名限定	在后台可设置黑白名单，在指定域名下才可播放直播视频
		观看密码	可指定播放器的密码，需填写密码后才可观看，PC端、移动端都生效
	助教监看	基础功能	协助主讲进行直播管理、教学工作、管理聊天室、活跃课堂气氛等，激发学员学习热情
	直播流加密		支持对直播流做加密验证，禁止非法抓流下载

3. 多维互动类

表3-3

多维互动	聊天弹幕	基础功能	直播时，用户之间的聊天对话通过弹幕形式浮现在屏幕上方，增强互动性
	红包打赏		助教和观众拥有红包打赏功能，红包金额可以任意设置
	私聊提问		在直播间设置单选题或判断题题卡，检测学生上课效果
	英文观看直播间		全英文直播间观看界面，满足海外观众观看直播的需求
	抽奖		客户端增加抽奖互动功能
	答题卡		有单选题、多选题、评分等三种形式可选，答题卡编辑支持在线新建和答题库导入两种方式
	签到		在线教学中，通过签到考核学员的课堂出勤率，把控教学质量
	问卷		检测教学效果及获取学员对教学质量、教师风格等的反馈意见，且答题后可生成卷面数据分析
	问答聊天		可通过客户端与讲师私聊提问，或与观看用户实时互动聊天
	自定义功能		可结合平台的互动功能与我们的系统客户端，通过客户端即可调用互动页面，实现自定义互动功能
	音视频连麦		即远程连麦，主讲与观众可进行实时视频连麦，零延时互动，直播助手和大班课支持1对1音频连麦，云课堂最高可支持1对16视频连麦，使用音视频连麦互动将额外产生费用
	嘉宾讲课		在嘉宾连麦时，观众可看到多个连麦者画面混流后的画面，并且主讲人画面最大，其他嘉宾画面在同一排呈现。适用于多讲师协同讲一堂课的场景，该功能仅云课堂客户端支持
	动态PPT转码		动态PPT转码功能，讲师直播授课时，PPT页面内容可根据讲师授课思路逐渐填充、展现，有利于增强课堂黏度，提升教学质量，优化讲师在线授课

续表3-3

多维互动	远程直播切换	基础功能	导播台可预览直播画面，支持多画面切换、延时直播，一方面可随需切换视频信号，另一方面也为直播活动的意外情况做足备案，云课堂无此功能
	图文直播		用直播画面与说明文字的形式，以时间轴方式完整详细地记录整场活动课
	聊天消息翻译		聊天信息可翻译成英文

4. 其他辅助类

表3-4

观看门槛限制	防盗屏	基础功能	通过将学员的独立ID展示在视频界面上，防止不法分子混入偷录视频
	OVP防盗链		设置视频只允许某些域名下才能正常播放，其他域名不能播放
	验证码观看		直播前设置观看权限，用户只有输入正确的验证码，才能获得进入直播间的权限
	登记观看		新用户通过登记相关信息获取直播观看权限，进入直播间观看视频
	付费观看		设置观众付费才能获得观看权限，对直播内容进行商业变现
	观众白名单		在直播前将用户信息录入系统，授权用户可直接进入直播间
	短信验证		可提供接口开启短信验证服务，确保信息的真实性，短信费用另外计费
直播集成	播放器嵌入	基础功能	播放器嵌入用户网页，借助有一定流量的网页帮助直播间引流，也实现为用户网站导流
	聊天室嵌入		丰富的API接口支持直播聊天室灵活嵌入至特定网页，实现直播与网页相互导流
	外部授权		直播前系统录入观看用户ID信息，当有用户进入直播间时，系统后台自动调取验证信息，与后台录入信息一致的用户即可进入直播间
	自定义授权		直播前系统录入观看用户ID信息，当用户进入直播间时，界面弹出用户自定义的登录页，用户填入验证信息，若与系统中观看人员信息一致，即可进入直播间
数据统计	数据日志查看	基础功能	丰富API灵活调用，将数据后台与公司后台系统融合，帮助企业分析平台运营情况，为学员提供针对性的教学，进行精准市场营销
	观看行为统计		使用保利威视的直播观看页，上传白名单到直播后台，即可统计每个观众的观看行为，包括何时进入频道、观看多长时间、是直播还是回看等
	直播数据报告		直播后台提供直播数据统计，包括实时观看人数、历史观看人数、观看行为统计、观众信息统计等，帮助分析直播效果，推动市场决策
直播180天回放	本地录制	基础功能	勾选后，整个直播过程即可在PC端本地录制备份一份
	云端录制		开启录制功能后，直播时后台进行实时云端录制，直播结束后将保存至媒体库180天
	自动转存点播		直播实时录制后会生成一个暂存视频，暂存视频一键即可转存为点播视频，永久存储，随时回放

5. 高级功能

表 3-5

高级功能	固有链接	表示观众从主播管理的固定链接进来，可以看到该主播最后一次直播录制的回放
	界面模式	【界面模式】功能可以对直播间进行界面模式的设置，点击选择【全屏模式】或【二分屏】，两个模式将对观众端界面进行相应的调整，满足用户对两种界面模式的需求
	直播背景图	【直播背景图】是用于主播未开始直播时直播间显示的背景图
	关注按钮	推广公众号
	观看人数	打开后台【观看人数】设置开关，可以让直播间显示当前正在观看直播的人数，此设置需要开播后才能生效。 【累加人数】累加观看人数，观众退出直播间人数不减少 【人气模式】真实人数×人气参数＝人气
	邀请榜单	打开后台【邀请榜单】设置开关，可以让直播间显示【邀请榜单】按钮，点击可以显示邀请榜单的人员列表和其对应的邀请人数。全屏模式下才显示图标，二分屏模式需在菜单中选择展示
	直播倒计时	打开后台【直播倒计时】设置开关，可以让直播间显示【直播倒计时】的提示
	商城	打开后台【商城】的设置开关，可以让直播间显示【商城】图标，这里提供三种商城入口方式：商品列表、商品链接、商城二维码
	打赏主播和发红包	观众可以点击该图标给主播打赏，打赏的默认红包金额为 2.2 元、8.8 元、18.8 元、28.8 元、88 元、188 元。观众在直播间群发红包默认最低为 1 元，只支持微信用户抢红包
	邀请观看	观众可以点击【邀请观看】图标，选择模板后生成二维码邀请卡，分享给其他观众，其他观众可以扫码进入该直播间
	点赞	观众可以点击【点赞】图标来给主播点赞，点赞数据可以直播后导出
	推广入口	包括红包记录、提现、商城入口、个人中心、线路切换、举报等功能
	红包记录	可以查看直播间内的红包。未领取完的红包，观众点击【立即领取】按钮即可领取
	提现	观众点击【提现】图标，可以进入【我的钱包】界面，提现抢到的红包，点击【明细】按钮可以查看提现记录。单次提现金额至少 1 元，提现 1~3 个工作日到账，提现扣取 0.6％的手续费
	商城入口	填写【链接地址】，观众点击【商城】图标可以进入外链商城
	个人中心	观众在【个人中心】可以点击修改按钮，修改用户个人的头像和昵称
	路线切换	观众在直播页和回放页都可以通过点击【线路切换】图标，在【网络选择】中切换观看的线路，从而找到最合适、最稳定的观看线路
	举报	观众通过点击【举报】图标，对涉嫌【侵权】、【色情】、【反动】、【违法】等原因的主播进行举报，举报时，需选择对应的举报原因或填写举报原因，点击确定按钮上传举报
	客服私聊	管理员可以登录【手机端管理】或【管理员地址】，主动与观众私聊，或者回复观众的私聊信息
	提问	观众可以发起提问，问题需要管理员回复或者通过后，才会显示到直播间

续表3-5

高级功能	二分屏的直播引导图设置	后台提示上传1280×720的直播引导图，用于未开播时的直播引导
	二分屏的广告条	上传广告条图片后，直播间显示上传的广告条图片，观众点击图片即可跳转到相应的广告或者弹出需要拨打的电话号码

二、直播间搭建理论准备

（一）直播行业的发展历程及现状

参考上编第四章第二节，此处从略。

（二）直播的商业模式

1. 打赏模式

观众付费充值买礼物送给主播，平台将礼物转化成虚拟币，主播对虚拟币提现，由平台抽成。如果主播隶属某个公会，则由公会和直播平台统一结算，主播获取的是工资和部分抽成。这是最常见的直播类产品盈利模式（图3-3）。

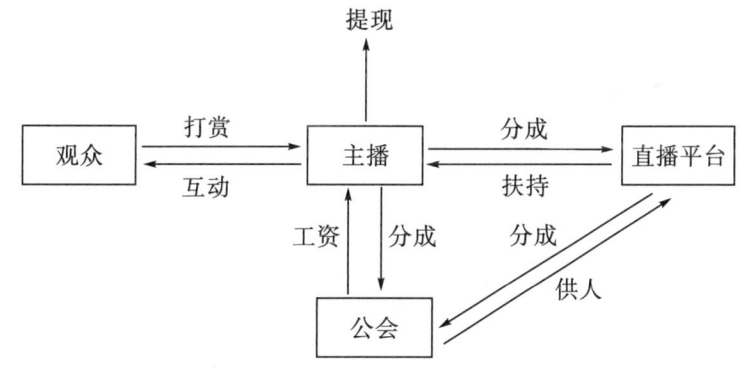

图3-3　打赏模式

2. 导购模式

电商类直播一般采用该方式。主播自己经营店铺，或某店铺需要主播进行推广，主播负责在直播时推广店铺商品，用户看直播时可直接挑选购买商品，最终直播平台和主播、店铺分成（图3-4）。

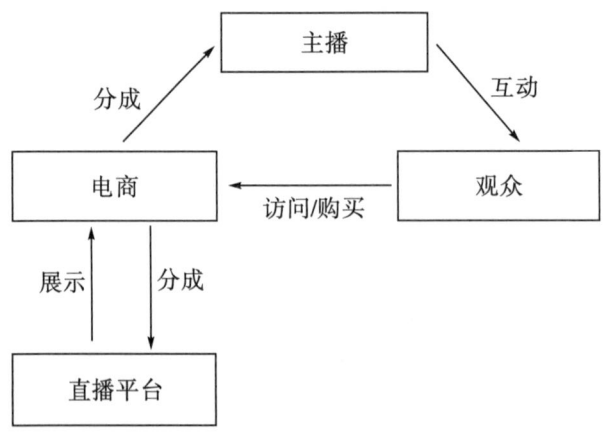

图 3-4　导购模式

3. 广告模式

直播平台负责在 App 或直播室中植入广告，按展示情况、点击量和广告主结算费用（图 3-5）。

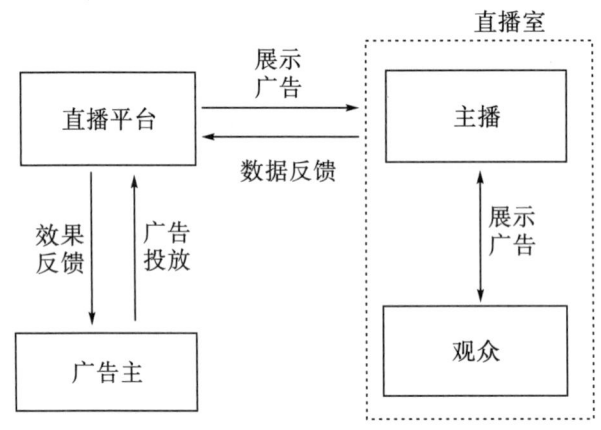

图 3-5　广告模式

4. 付费直播

付费直播可以有两种模式：一是主播开通直播需要付费，由直播平台提供更高级的直播服务；二是观众看直播需要付费，由主播设置入场费用，平台和主播分成（图 3-6）。

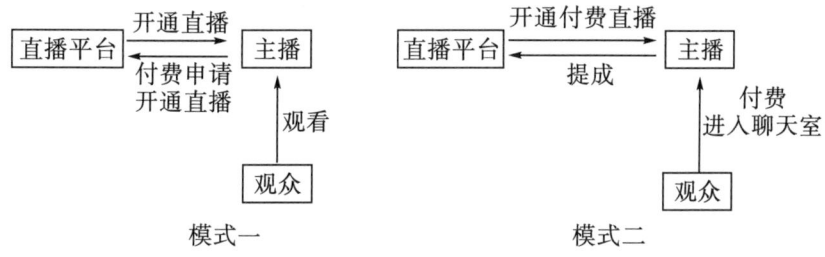

图 3-6 付费直播

5. 会员增值服务

会员增值服务分为主播和观众两类，在付费成为会员后，可收获专属特权。

主播开通会员增值服务后，直播室开放更多的功能权限，如添加场控、提高聊天室人员上限、收入翻倍、开通私密直播室等，主播获得更多的身份特权，如尊贵勋章、升级提速、首页推荐等。

观众开通会员增值服务后，获得更多的功能特权，如个性点赞、特权礼物、视频连线、隐身入场等；身份特权，如头像美化、会员标识、入场特效等；内容特权，如观看指定（付费）内容。

6. 游戏联运

这种模式主要适用于游戏直播平台。游戏厂商希望直播时嵌入游戏入口，观众观看直播时如果通过入口点击、下载了游戏，平台和厂商进行分成（图 3-7）。

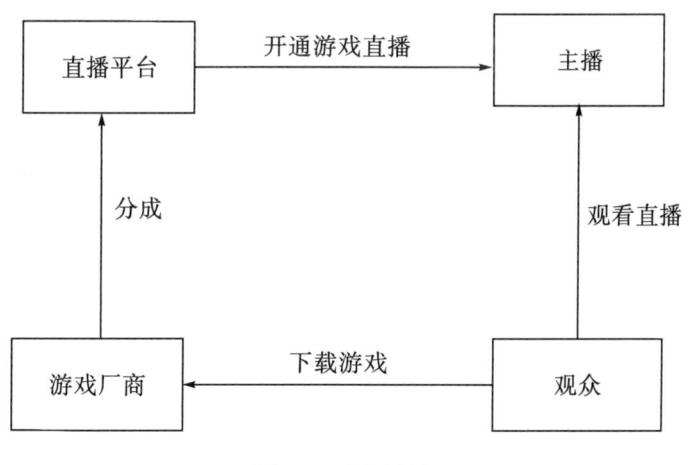

图 3-7 游戏联运

7. 主播/节目付费推广

此种模式类似于广告位售卖。主播可付费让平台提供推广位，平台按曝光量、观看量与主播结算费用（图 3-8）。

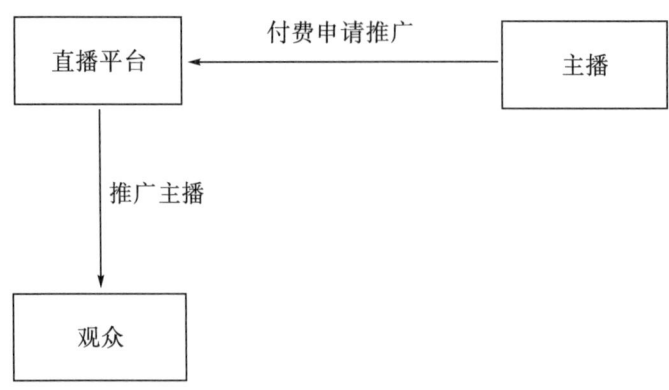

图 3-8 主播/节目付费推广

8. 赛事竞猜

类似于在线博彩，属擦边球，游戏/体育直播会采用。竞猜平台嵌入直播室，直播时观众通过竞猜平台下注，最终竞猜平台和直播平台分成（图 3-9）。

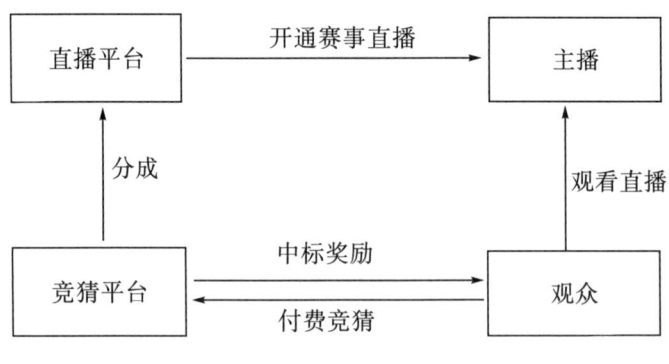

图 3-9 赛事竞猜

9. 版权发行

版权发行属于内容的二次利用。直播平台可将直播内容沉淀保护起来，以版权售卖的方式提供给发行方，由发行方对内容进行二次加工（图 3-10）。

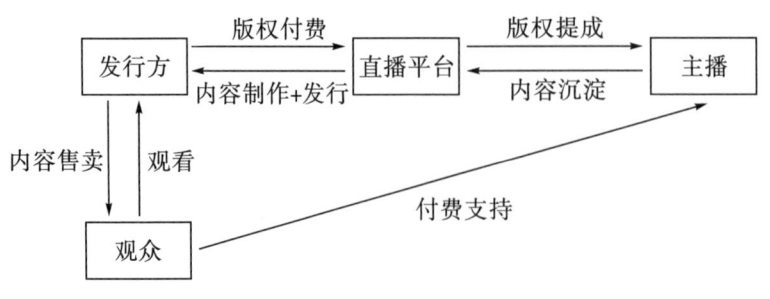

图 3-10 版权发行

10. 企业宣传

To B 直播平台的商业模式，企业向直播平台付费申请直播，或需要直播平台提供技术支持。直播平台替企业进行会议宣传等服务，最后还会给企业提供观看数据（图 3-11）。

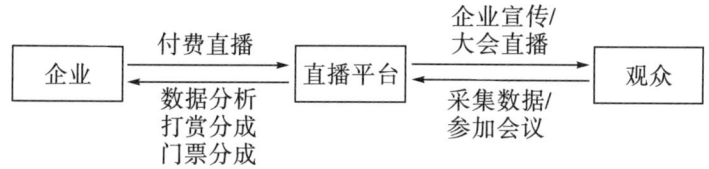

图 3-11　企业宣传

11. 付费教育

在线教育类产品的商业模式，利用直播平台售卖课程，学生付费学习，直播平台最终和学校/老师分成（图 3-12）。

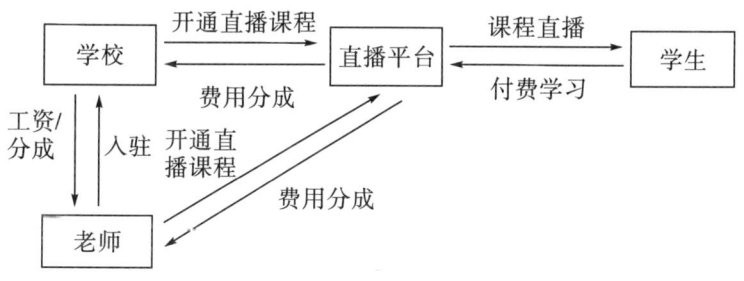

图 3-12　付费教育

12. 付费问答（语音直播）

语音直播产品的商业模式之一，回答者开通直播，回答问题，提问者观看直播，或查看答案需要付费，由平台和回答者分成（图 3-13）。

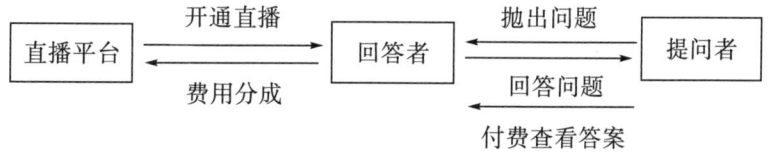

图 3-13　付费问答

13. 主播运营工具付费

属于增值服务的一种，提供各种数据统计、运营工具，指导主播进行粉丝维护，提升直播效果。工具可支持的功能有直播数据统计功能、直播观众行为分析、直播观众关系维护功能、直播优化建议。

三、直播间的整体布局

（一）环境

个人直播场地的标准为 8~15 平方米，团队直播场地的标准为 20~40 平方米。如果是美妆直播，8 平方米的小场地即可，如果是穿搭、服装类直播，要选择 15 平方米以上的场地。另外，要提前测试场地的隔音和回音情况，如果隔音不好或者回音太重，都会影响直播的正常进行。

两个技巧可以让小直播间在视觉上变得更大。

1. 站位对角线

主播站在对角线上可以使画面呈现很好的纵深效果与立体效果。画面中的线条还可以吸引人的视线，让画面看起来更加动感有活力，达到突出主题的效果。

2. 主播后排配置

主播背后增加物品摆设（沙发、衣架、模特）。这样整个直播画面就会被切割成前、中、后三个部分，增加了直播画面的长度。

（二）画面背景

1. 直播场景要贴合直播产品与内容，适合主播发挥

有原产地直播、工厂车间直播、品牌门店探店直播、室内主题直播等。像原产地、工厂车间直播卖一些特点的产品，增强真实感、信任度、正宗性等，总的来说可以更有说服力。

2. 直播间场景：灯光、背景

一般来说，近距离直播对灯光要求高的是美妆行业，主播的妆化得好，不如灯光打得好。布光技巧：主灯为冷光，辅灯为暖光，冷光会让主播的皮肤看上去白皙通透，暖光能让皮肤在白皙的同时增加一点红晕，达到白里透红的效果。

直播场景要经常更换，营造新鲜感，同时保留特有的局部场景。背景不建议直接用白色的墙，因为白色在灯光下会反光，展示产品时容易造成镜头模糊。如果已经选择了白色背景，那就需要通过打光来弥补。

（三）画面陈列

一般服装直播间都有一个小衣架，上面挂满了衣服，美妆直播间则是一个小小的化妆柜。陈列架能更好地展示商品，让直播间看起来整洁有序。产品陈列架不是

必需品，但如果直播间特别小的话，建议将当期直播的商品摆放在镜头视角里。

（1）衣架/衣柜可以放，但是不能乱七八糟地摆放，如果做不到整齐，就不要让这些物品出现在镜头里。

（2）可以放置模特，小直播间不要超过两个，大直播间根据空间而定。

（3）主播信息建议用小黑板，标明直播期间的重要信息（是否包邮、模特身材、服装尺寸）。

（4）直播间可以适当有一些背景音乐和小灯串，但要注意音乐声音不能太大，灯光不要太亮，不要分散用户对直播间的注意力。

直播间要保持光线清晰、环境敞亮、可视物品整洁。

第二节　直播运营团队

一、直播带货运营团队

（一）直播团队的职务与工作内容（图3-14）

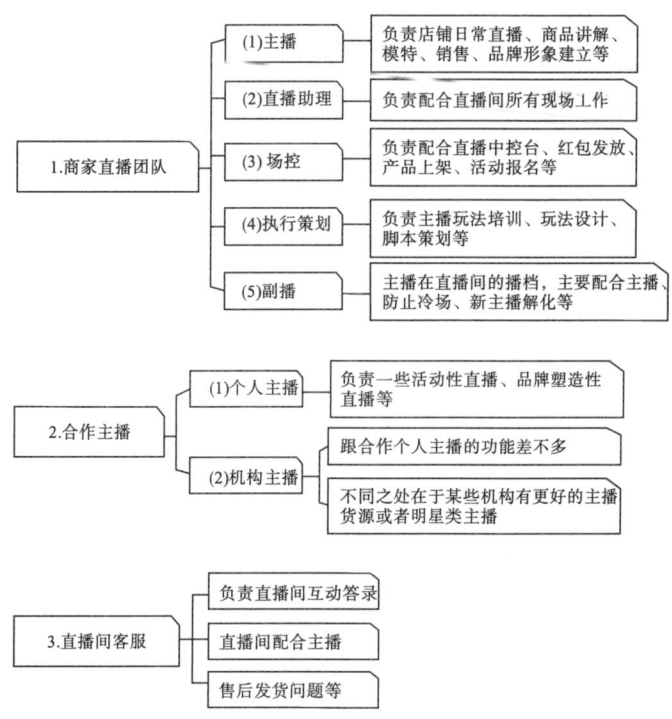

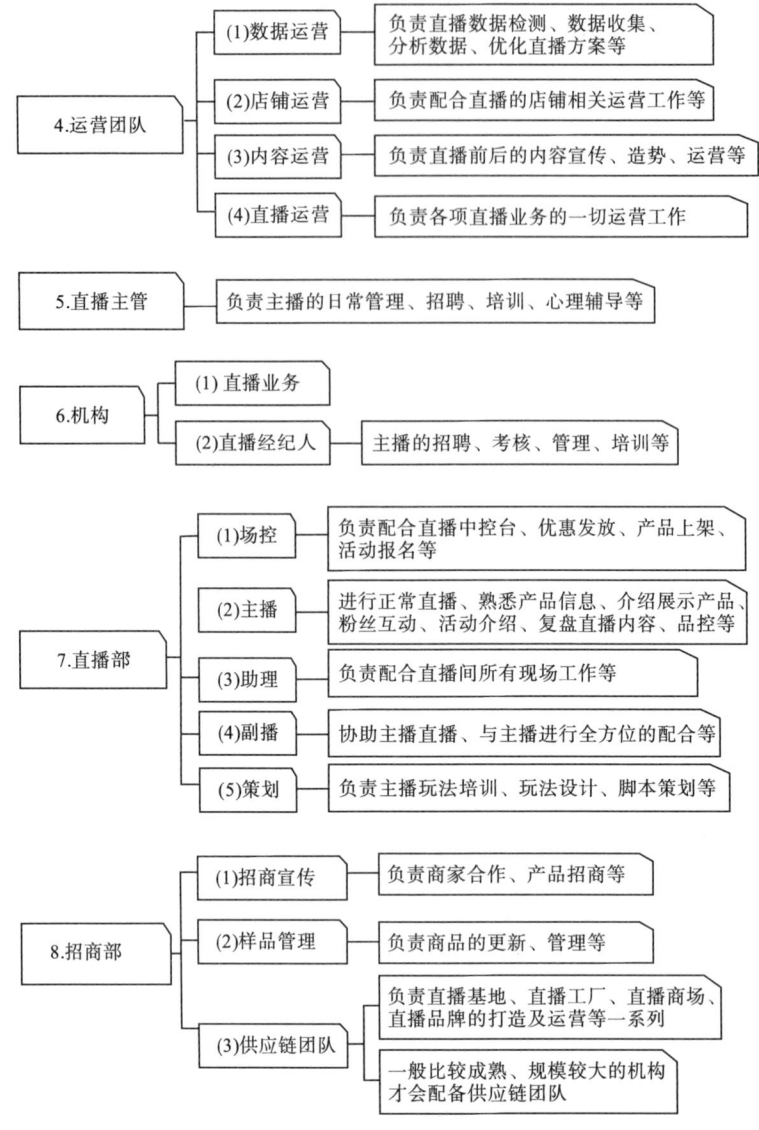

图 3-14 直播带货运营团队组织架构

（二）直播带货团队的基本配置

1. 直播间的工作内容分工

一场好的直播需要预先策划、充分协调、良好实施。

策划的工作内容包含主题的确立、脚本和福利的规划。需要根据主题确定产品、开播时间、持续时长，还要针对不同的客户制定不同的福利方案。

协调人员除了把握节奏、场控、处理突发问题外，还有公司其他部门人员进行沟通和配合。

实施阶段需要把整个方案执行落地，需要主播跟粉丝互动，还要树立店铺和个人的 IP 形象。

2. 直播间的人员配置

（1）直播运营岗位

直播运营人员第一要规划直播的内容，确定直播的主题，根据主题匹配货品，规划好开播的时间、流量的来源、直播的玩法等。

第二是团队协调，其中既有外部协调，如拍摄封面图、设计制图、产品抽样、奖品发放、管理仓库，也有内部协调，包含协调直播人员的关系、调节直播期间出现的问题等。

第三是复盘，运营人员在工作完成以后，先要根据部门人员的配合表现，加上消费者数据上的反馈，针对前期制定的方案和目标进行详细的数据复盘，给出一个合理的总结和建议。

（2）直播场控岗位

场控人员直播前要进行相关软硬件的调试，如摄像头、灯光、背景音乐等。直播时场控人员首先要负责好中控台所有相关的后台操作，包括直播推送、公告、上架宝贝等。其次要做好数据监测，包括实时在线人数峰值、商品点击率等，有异常的要反馈给直播运营人员。最后是指令的接收及传达，比如说直播运营人员有要传达的信息，场控人员就要传达给主播和助理，让他们告诉观众和消费者。

（3）直播助理岗位

直播助理在直播前需要确认货品、样品以及道具，直播过程中要配合场控去协调主播，辅助主播在观看人数比较多的时候进行互动答疑、宝贝讲解以及货品整理等工作。

（4）主播岗位

在开播前主播要熟悉直播脚本内容，熟悉该场直播商品，把握直播间的节奏，了解该场直播间的福利以及要点信息。在直播过程中，主播要注意活跃直播间的气氛，及时解答粉丝问题，打消粉丝的疑虑，和粉丝互动，引导新粉关注，时刻注意自己在镜头前的表现。下播之后主播也要打造个人 IP，提高粉丝黏性，定期为活跃粉丝发放专享福利。

二、直播带货日常运营流程

（一）直播前

1. 直播团队的组建

主播 2~3 人：分为主播、副播、助播。主播负责活动介绍、产品介绍，统筹全场并与粉丝互动；副播负责带动气氛，介绍促销活动，提醒活动时间和卖点，引导关注；助播要实时了解销售额、订单数，提醒主播并通过画外音与主播互动。

门店导购或店长 2 人：辅助主播介绍产品特性、特点，同时协助主播与用户互动。

场控 1 人：负责现场产品秒杀改价、库存核对、活动优惠设置、小店后台设置、PC 直播端产品讲解等。

运营人员 1 人：主要负责视频、直播数据的运营、推广以及视频拍摄创意等。

拍摄剪辑 1 人：负责直播前的视频拍摄及剪辑工作。

客服及售后 2 人：负责直播中客户的售后问题、尺码解答、售前咨询。

2. 选品

引流款：又名"钩子款""秒杀福利"，一般指价格低至 1 元甚至 0 元的产品，帮助直播间吸引新用户。

利润款：又名"高价款"，产品以盈利为出发点，利润高。

标品：具有统一市场标准的产品，价格透明，手机、电脑、家电等都属于标品。

非标品：没有明确规格和型号的产品，比如女装、女鞋等。因为产品款式、创意服务、质量不一样，价格差距大。

3. 直播策划脚本撰写

直播流程图：安排每个时间段直播的产品，避免直播铺排失衡。

产品卖点、优惠措施、口播话术制定：产品卖点与个人理解结合，确定产品营销目标、重点销售的产品、必要的产品知识、促销利益等信息，通常做成 PPT，在直播过程中作为提醒之用。

4. 直播预告

账号昵称：直播前添加直播时间预告。

短视频预热：直播前制作预告短视频，增加直播日期、时间，但是要避免提及秒杀、折扣、福利、优惠价等营销信息，数量 2~3 条，提前 2 小时发，时长 20~30 秒。

评论区维护：在评论区明确直播时间，引导其他用户发起评论。

短视频花絮：第三视角拍摄的短视频花絮。

字幕：添加字幕信息，如"职场白领必备"等，增加用户直播间点击率，直播过程中发布 2~5 条。

短期效应：通过发布短视频花絮，增加直播间流量。

长期效应：固定直播时间，逐步增加直播推荐流量占比。

5. 直播场景搭建

搭建货架背景：商品在场景前方，有重点的陈列商品。

灯光：增加移动补光灯进行灯光调节，确保背景不会过度曝光。

收音：确保话筒收音清晰。

网络：确保网络的稳定性，避免直播中断。

画面：建议多个角度直播，近景讲解商品，远景放置站台，增加全身角度。

道具：如果是服装直播，可以设置尺码牌，直观地告知用户如何选择尺码；利用商品价签形成原价与秒杀价的强烈对比，增加用户的惊喜感。

6. 直播测试

测试账号开播，从观众端观察是否可以正常看到直播；测试主播活动中会用到的直播间功能，观察直播基础功能是否正常；测试主播露出人像，观察直播清晰度（关注环境光线和主播画质）是否满足活动需求；测试主播说话、放音乐，观察直播声音（关注音量、音质）是否正常；主备网络（如果有）切换1次，观察直播间是否有卡顿，容灾效果是否可接受；保持当前直播测试状态10分钟（含前序步骤耗时），观察直播是否有卡顿现象；如无其他测试项，可以下播，如有连麦，继续测试。

7. 连续测试

主播连线是否可以正常连接，无黑屏、无流、连麦失败等问题；连麦双方下麦一次，再重新连线，观察是否有连麦卡顿；双方测试主播露出人像，观察连麦清晰度是否满足活动需求；双方测试主播对话，观察直播声音是否正常（关注音量、回声）；主备网络（如果有）切换1次，观察直播间是否有卡顿，容灾效果是否可以接受；保持当前连麦测试状态10分钟（含前序步骤耗时），观察连麦是否有卡顿现象。如无其他测试项，可以下播。

（二）直播中

1. 互动话术

增加主动性互动引导、话题引导、关注引导，尽量选择疑问句，如："冬季有没有皮肤干的问题？"

发红包："红包还有×分钟就发出了"，"还有×分钟开抢"。

促单话术："一定要买！手速一定要快！慢了就抢不到！"

循环提示话术："宝宝们，原价999的粉水，今天直播间只需要×××元！"

2. 助理工作

操作商品上下架、商品改价、秒杀；需要与主播分工明确，比如主播讲商品，助理提示主播；及时提醒主播注意节奏，相关产品情况及时配合；主播空档的时候助播说话。

3. 直播间控评

提前设置管理员，敏感词提前设置屏蔽。

（三）直播后

1. 按时发货及处理售后

如果没有按时发货，可能会受到平台处罚。

2. 二次沉淀推广

可将直播的业绩数据、精彩花絮等做成视频，发到抖音、朋友圈、社群等进行二次宣传。

3. 数据复盘

下播后主要复盘 UV（直播收看人数）、PV（直播收看人次）是否达标、转化率是否达到预期、产品结构是否合理、主播话术是否熟练、促销策略是否成功、场控配合是否到位等。

4. 后台大数据分析

直播后团队应对该场直播中的相关数据如累积观看人数、宝贝点击次数、粉丝人均观看时长、粉丝回访数、新增粉丝数等进行分析解剖，了解粉丝的喜好，分析自身的优势与不足，为下一场直播做好准备。

本章思考：

1. 简述直播间常见的几种直播模式。
2. 列举几点直播操作技巧。
3. 简述直播间人员配置以及相关工作职责。
4. 选择一种产品进行直播销售，阐述整个销售过程。

第四章 直播话术与流程脚本设计

第一节 直播话术设计

对主播来说,话术水平直接影响直播间商品的销售效果。直播话术是对商品特点、功效、材质的口语化表达,是主播吸引用户停留的关键,也是促成交易的关键。因此,在直播营销中,巧妙地设计直播营销话术至关重要。

一、直播话术设计三要点

话术设计是指根据用户的期望、需求、动机等,运用有效的心理策略,组织高效且富有深度的语言。直播营销话术并不是单独存在的,它与主播的表情、肢体语言、现场试验、道具使用等密切相关。因此,设计直播营销话术时需要把握好以下要点。

(一)话术设计口语化,富有感染力

高成交率的直播话术设计的重点是口语化,主播在介绍商品时要搭配丰富的肢体语言、面部表情等,使主播的整体表现具有很强的感染力,能够把用户带入主播描绘的场景中。

例如,主播要介绍一款垃圾袋,如果按照说明书上的文字进行严肃而正式的介绍,如"这款垃圾袋的材质是聚乙烯,抗酸碱性能、抗冲击性能、抗寒性能好,安全无异味,壁加厚处理,耐撕扯,耐穿刺",用户听完可能没有什么感觉。但是,如果设计一段偏口语化的话术,效果可能会完全不同:"不知道大家有没有遇到过类似的情况:倒垃圾时垃圾袋经常会漏出一些带腥味的液体,味道很难闻,有时候不得不套两个垃圾袋。在超市里买的垃圾袋明明写着是加厚的,买回来一看却很薄。如果有人遇到这种情况,那你一定要买这款垃圾袋。我特别喜欢它的款式,它带着一个抽拉绳,能够非常牢固地套在垃圾桶上。它能承重 20 斤,日常装完全没有问题，非常耐用，直接买就对了。"这样一段浅显易懂的话术加上直播现场的操作演示，能够直接戳中用户的痛点，让用户更容易做出购买行为。

（二）灵活运用话术，表达要适度

很多新手主播经常把话术作为一种模板或框架来套用，但话术并不是一成不变的，要活学活用，特别是面对用户提出的问题时，要慎重考虑后才回应。对于表扬或点赞，主播可以积极回应；对于善意的建议，主播可以酌情采纳；对于正面的批评，主播可以用幽默化解或坦荡认错；对于恶意谩骂，主播可以不予理会或直接拉黑。

如果主播在说话时经常夸大其词，不看对象，词不达意，就会引发用户反感。因此，设计话术要避开争议性的词语、敏感性的话题，以文明、礼貌为前提，既能让表达的信息直击用户的内心，又能够营造融洽的直播间氛围。

（三）话术配合情绪表达

新手主播往往缺乏直播经验，经常会忘词，这时主播虽然可以参考话术脚本，但一定要注意配合情绪、情感，面部表情要丰富，情感要真诚，加上丰富的肢体语言、道具的使用等。直播就像一场表演，主播就是其中的主演，演绎到位才能吸引并感动用户。

使用话术时，主播不能表现得过于怯懦或强势，过于怯懦会让主播失去自己的主导地位，变得非常被动，容易被牵着鼻子走；主播如果过于强势，自说自话，根本不关心用户的想法或喜好，则不利于聚集粉丝和增加流量。

（四）语速、语调适中

在直播时，主播的语调要抑扬顿挫，富于变化，语速适中，确保用户能够听清主播的讲话内容。主播可以根据直播内容的不同灵活掌握语速，如果想促成用户下单，语速可以适当快一些，控制在每分钟150字左右，用激情来感染用户；如果要讲专业性的内容，语速可以稍微慢一些，控制在每分钟130字左右，这样更能体现出权威性；讲到要点时，可以刻意放慢语速或停顿，以提醒用户注意倾听。

二、直播营销常用话术

按照直播的一般流程，直播营销的常用话术内容见表4-1：

表 4-1

话术应用场景	话术技巧	示例
直播预告	说明直播主题、直播时间、直播中的利益点	"明天下午 8 点,母亲直播节来啦!一定要锁定××直播间,福利已经为你们准备好啦!转发并直播间关注,抽出 100 位幸运儿平分一万元现金红包哦!"
开播欢迎	制造直播稀缺感	"嗨,大家好,我是××,欢迎大家来到××直播间,今天是'618',年中大促销,我为大家带来×款超值商品,今天直播间的朋友可以享受超低直播价哦!"
开播欢迎	引导用户互动留言,激发用户的参与感	"感谢大家百忙中来看我的直播,大家今天晚上有没有特别想实现的愿望啊?大家可以在评论区分享哦,万一我一不小心就帮你实现了呢?"
开播暖场	设置抽奖活动,引导用户参与互动,强调福利,引导关注	"话不多说,正式开播前先来一波抽奖,今天是母亲节,在评论区输入口号'妈妈我爱你',我会随机截屏 5 次,每次截屏的第一位朋友将获得 80 元现金红包。"
引导关注	强调福利,引导关注	"刚进直播间的朋友们,记得点左上角按钮关注直播间哦!我们的直播间会不定期发布各种福利。"
引导关注	强调签到领福利	"喜欢××直播间的朋友,记得关注一下直播间哦,连续签到 7 天可以获得一张 20 元优惠券。"
引导关注	强调直播内容的价值	"想继续了解服装搭配技巧/美妆技巧的朋友们,可以关注下主播哦!"
邀请用户进群	设置福利,体现服务内容的价值	"今晚我们为观看直播的朋友们专门建立了一个免费的美妆交流群,欢迎加入,我会不定期在群里为大家分享一些护肤方法和化妆技巧。"
活跃直播间氛围	强调优惠	"这款翡翠手镯市场价格是 16800 元,今晚直播间的朋友们下单只需 99 元就能买到,可以送给妈妈、送给爱人,真的特别值。"
活跃直播间氛围	强调价值	"21 天绝对让你的 PPT 水平上一个新台阶!"
活跃直播间氛围	使用修辞手法	"啊!好闪,钻石般闪耀的嘴唇!"
转场引起下文	提问互动,引出下文	"看了刚才的 PPT 演示,不知道大家以前是怎么做的呢?欢迎在评论区里留言哦!"
转场引起下文	说明商品特色,引出下文	"下面我教大家如何在 15 秒内画好眼线,有人会说这怎么可能呢?因为我有这款非常好用的眼线笔。"
激发用户对商品的兴趣	提高商品的价值感	"我给大家争取到了最优惠的价格,现在买到就是赚到!"
激发用户对商品的兴趣	打破传统认知	"买这个颜色的口红,是你驾驭口红的颜色,而不是口红的颜色驾驭你。"
激发用户对商品的兴趣	构建商品的使用场景	"穿着白纱裙在海边漫步,享受温柔海风的吹拂,空气里仿佛充满了夏日阳光的味道。"
激发用户对商品的兴趣	强调商品的细节、优点	"这款便携式榨汁机是我用过的榨汁机中最好的一款,它的外观设计和安全设计非常好!今天我为大家争取到了 7 折的优惠价,买了它绝对超值!"

续表4-1

话术应用场景	话术技巧	示例
引导用户下单	强调售后服务	"我们直播间的商品都支持7天无理由退货,购买后如果对商品不满意是可以退货的,大家放心购买。"
	与原价作对比	"这款商品原价是×元,为了回馈大家的厚爱,现在只要×元,喜欢这款商品的朋友请不要再犹豫了,错过今天只能按原价购买。"
	限时、限量、限购,制造紧张感	"最后50件,大家抓紧时间下单吧!" "库存还剩40件、26件。" "今天的优惠力度是空前的,这款商品今天商家只给了×件,今后再也不会按这个价格卖了!" "福利价购买的名额仅有×个,先到先得!目前还剩×个名额,赶快点击左下角的购物袋按钮抢购哦!"
	强调价格优惠	"这个真的很划算,3包方便面的钱就能买到。" "这款液体眼线笔真的值得买,一支能用一年,算下来一天不到3毛钱。"
	引导查看商品链接	"大家如果想要了解更多的优惠信息,一定要点击'关注'按钮关注主播,或直接点击商品链接查看商品详情。"
	引导加入购物车	"如果大家还没有想清楚要不要下单,什么时候下单,完全可以先将商品加入购物车,或先提交订单抢占优惠名额。"
下播	表达感谢,引导关注	"谢谢大家,希望大家都在我的直播间买到了称心的商品,点击关注按钮,明天我们继续哦。"
	引导转发,表达感谢	"请大家点击一下右下角的转发链接,和好朋友分享我们的直播间,谢谢。"
	强调直播间的价值观	"我们的直播间给大家选择的都是性价比超高的商品,直播间里的所有商品都是经过我们团队严格筛选,经过主播亲身试用的,请大家放心购买。好了,今天的直播就到这里了,明天再见!"
	商品预告	"大家还有什么想要的商品,可以在交流群里留言,我们会非常认真地为大家选品,下次直播推荐给大家。"
	预告直播利益点	"好了,还有×分钟就要下播了,最后再和大家说一下,下次直播有你们最想要的×××,优惠力度非常大,大家一定要记得来哦。"

第二节 直播间商品讲解要点拆解

直播营销的终极目的是把商品销售出去,所以主播在直播时要对商品进行全面介绍。在介绍商品时,主播要遵循两个原则:一是对商品进行全方位的展示;二是对商品的描述要准确,如商品功能、材质、规格等。不同品类的商品特性不同,因此,主播要有针对性地讲解。

一、美妆类商品讲解要点

在直播间推荐美妆类商品时，主播要着重介绍商品的质地、价格、容量、使用方法、试用感受等。在展示效果、质地、颜色等时，主播可以先在手臂上或脸上直观地向用户展示商品的使用效果。

常见美妆类商品的介绍要点见表4-2：

表4-2

商品类型	介绍要点
底妆类	色号、适合的肤质、持久度、滋润度、遮瑕度
唇妆类	色号、持久度、滋润度，是否容易沾杯，适合搭配何种腮红、眼妆等
修容类	质地（粉状还是膏状）、颜色（如偏红、偏灰）、是否飞粉、是否容易晕染开
遮瑕类	适合的肤质、遮瑕度、滋润度等
眼妆类	眼线：颜色、持久度、防水性、使用寿命、使用起来是否顺滑等
	眼影：质地、显色度、延展度、细腻度、持久性、是否飞粉等
	眉笔：颜色、成分、质地是否柔和、持久度、防水性等
	睫毛膏：持久度、刷头形状、功效（让睫毛显浓密、显卷翘等）、刷完是否会出现"苍蝇腿"等
化妆工具类	商品的用途、材质、使用方法、使用感觉等，并向用户展示使用方法
卸妆类	质地是否柔和、卸妆效果（可以将彩妆画在手臂上，现场卸妆）、活用的场合（例如，卸妆湿纸巾适合在外出乘车、乘飞机等场合使用）
洁面类	商品成分、适合的肤质、使用方法、起泡情况、清洁强度，适合早晨洁面使用还是晚间洁面使用，是否具备卸妆效果，洗完脸后是否有紧绷感等
面膜类	功效、成分、使用方法（尤其是比较新奇的面膜，要向用户演示其使用方法）、精华液含量等
美容工具类	工具类功效、使用方法、使用效果、商品安全保证、商品质量认证等

二、服装类商品讲解要点

在介绍服装类商品时，为了增加讲解的吸引力，主播可以采用以下几种方法。

（一）上身试穿

主播可以试穿服装，向用户展示服装的试穿效果，前后左右都要展示清楚。主播展示试穿效果时要注意走位，用远景向用户展示服装的整体效果，用近景向用户展示服装的设计细节和亮点等。

（二）介绍服装的风格

服装的风格有很多种，如女装有学院风、森女风、小香风、名媛风、淑女风等，主播在介绍商品时，要向用户说清楚所推荐的服装属于哪种风格。

（三）介绍服装的尺码与款式

主播要向用户介绍服装的尺码，上衣需要介绍腰围、胸围、袖长及所适合的人群，裤子需要介绍腰围、臀围和裤长。

此外，主播还要介绍服装的版型，例如，宽松型服装包容性强，显得人比较瘦；修身型服装凸显身材，显得人比较精神；长款服装能够遮住臀部和大腿，修饰线条等。

（四）介绍服装的颜色

主播要介绍服装的整体颜色，说清楚这种颜色能够给人带来什么样的感觉。例如，白色显得典雅，粉色显得可爱，黑色显得沉稳等。另外，主播还要介绍这种颜色的服装具有哪些优势，例如，红色服装显得人的皮肤白，黑色服装穿上显瘦等。

（五）介绍服装的面料

服装的面料有纯棉、聚酯纤维、皮质、羊羔绒等类型，主播要先说明服装的面料类型，然后介绍该面料的优点。例如，纯棉面料透气、吸汗性强；聚酯纤维面料造型挺括、不易变形；皮质面料防风，而且显得高档；羊羔绒面料保暖效果好，悬垂性好。主播在介绍面料时，要多用近景镜头向用户展示面料的纹理和柔软度等。

（六）介绍服装的设计亮点

主播要介绍服装在款式、图案、工艺等方面的设计亮点，突出其独特性。例如，介绍服装制作工艺的精致度和稀缺性；展示服装领口、袖口、下摆等位置的设计细节，如袖口带有印花、印花是纯手工刺绣等。

（七）介绍服装的穿着场景或搭配

展示服装的穿着场景或搭配方式是服装类商品介绍中非常重要的一个环节，"一衣多穿"是体现服装性价比高的关键。主播在介绍服装搭配时，不能只说它可以与其他某种款式的衣服搭配，最好将整套的服装搭配展现在镜头面前，甚至可以展示与整套服装搭配的鞋子、眼镜、帽子等其他配饰。

如果条件允许，主播可以针对直播间内的某款主推服装做两套甚至更多不同风格的搭配，以满足用户休闲、上班、约会等不同场景的需求。

（八）服装报价，说明库存

对于价格较高的服装类商品，主播可以突出介绍高价格服装给用户带来的非凡体验，以及商品的独特之处，如纯手工制作、面料质量好、知名设计师设计等。对于价格较低的服装类商品，主播可以突出介绍低价所带来的高性价比。主播在报价时要先报服装的原价，再报直播间的优惠价，通过制造价格对比来刺激用户产生购买欲望。

在说明库存时，主播可以强调库存的有限性，营造商品的稀缺感，以刺激用户下单。

三、美食类商品讲解要点

主播在直播间推荐美食类商品时，需要介绍商品的产地、主料、辅料、营养价值、味道、规格、价格、包装等，还要围绕商品的加工制作方法、储存方法、食用方法等设计营销话术。美食类商品的讲解可以围绕以下几个方面展开。

（一）安全性

美食类商品的安全性是指食品无毒、无害，符合营养要求。主播可以围绕商品的原材料选取、清洗、切割、烹饪、制作、包装、储存、运输等一系列流程来介绍食品的安全性，用数据、食品安全国家标准进行背书，或采用现场检测、实验的方式来赢得用户的信任。例如，食品选材绿色健康，添加剂无毒无害，制作工序精良，通过了一系列食品安全认证。

（二）口感风味

不同的地方都有特色美食，人们的口味需求也存在差异。主播在销售一些特色美食（如北京烤鸭、天津麻花、广西柳州螺蛳粉等）时，要找准受众群体，投其所好，强调商品特色及其与同类商品的差异，以赢得用户的好感。主播也可以从烹饪手法、秘制酱料或口味口感等内容出发来描述商品。

美食讲究美感，主播一定要用语言表达出其美感，围绕食物的色、香、味、形进行描述，突出美食的优势，最好配上图片、视频或实物，这样对用户才更有诱惑力。例如，"寿司层次分明，外面裹着一层粉嫩的樱花粉，与洁白的米粒形成了鲜明的对比，中间还有鸡蛋丝、黄瓜条、蟹棒，把寿司摆成花瓣的样子，点上琥珀色的鱼子酱，光看它的样子就让人特别有食欲"。

又如，在推荐烤羊腿时，主播可以边进行实物展示，边这样介绍："经过碳烤之后，羊腿外表金黄油亮，外皮焦黄发脆，内里绵软鲜嫩，真的是外焦里嫩。吃到嘴里既不会太硬也不会太软，恰到好处，口感特别棒，而且羊肉味清香扑鼻，闻着也很有食欲，所以和家人、朋友一起吃烤羊腿，绝对是一种享受。"主播要通过语言描述调动用户的视觉、味觉、嗅觉等感官，让用户产生隔着屏幕就能品尝到食物的感觉。

主播介绍食物时，要当场拆包，当场加工，例如烤冷面，经过铁板烤制，在里面加入鸡蛋、香肠、葱花等食材，卷好以后再切碎，加上酱料拌匀就可以食用了。主播要多用近景展示食物的全貌，详细描述食物的外观，试做、试吃后再描述食物的味道、口感等，既向用户传递了食物的烹饪方法，又展示了食物的美味。

（三）营养价值

主播在介绍美食类商品时，可以根据大众对此类商品的需求，强调商品在某方面的营养、食用后对人体的好处等。例如，坚果类食品有着丰富的营养，含蛋白质、维生素、微量元素和膳食纤维等，具有维持营养均衡、增强体质等功效。

（四）价格优势

美食类商品日常消耗大，但可代替性强，所以单价低、性价比高的商品更容易成为爆款。价格优势主要是指直播间推荐的商品比其他同类商品价格低，如采用商品组合套餐、五折卡、优惠券等形式拉低价格。

四、3C类商品讲解要点

3C商品主要是指计算机类（Computer）、通信类（Communication）和消费类电子产品（Consumer Electronics）。对于3C类商品，主播要以开箱为主，从检测、剖析、展示商品的生产工艺、性能、功能、技术指标等方面入手介绍，重点在于突出推荐的商品与其他商品的差异、优势。

对用户来说，挑选3C商品时最看重的是体验和性能、与现在使用的商品有何不同，这款商品能带来什么特殊的体验与功能等。电子产品更新换代快，更新必定带来新功能，解决新需求。

主播在直播时，应该着重挖掘用户的痛点需求。例如，在介绍蓝牙耳机时，要重点突出有线耳机的不便；在介绍5G手机时，要重点介绍高网速、低延迟、多链接等特点。只有抓住核心需求并宣传推广，才能收到良好的直播营销效果。

下面按照直播的一般流程，以手机为例来阐述3C类商品的讲解要点。

①介绍商品的外观、颜色以及不同的版本，结合广告宣传和发布会等融入主播的观点和感受。

②开箱检测，展示未开封、带有薄膜的状态及所有配件等。

③从包装、附件、说明书等展开，讲解商品的功能，如手机的快充功能等。

④介绍外观设计，如屏幕大小、屏占比、屏幕质量、屏幕类型、分辨率、按钮材质、背面材质、像素、闪光灯、卡槽、防水设计、机身宽度、耳机孔直径等，与市场上的其他手机对比，将这些设计直观地展示给用户。

⑤新商品一般会具有特色功能或亮点，主播可以对其进行分析。例如，新款手机具有 OLED 屏幕、90Hz 的刷新率、潜望镜远摄镜头和 52MP（百万像素）主拍摄器。

⑥具体介绍硬件支持，如机身系统、处理器、内存大小、闪存大小、核数在游戏和视频中的具体表现、各大评测软件的评分情况，同时要对比不同的手机，得出有说服力的结果。

⑦介绍续航、快充、电池容量、系统耗电情况，具体到多少分钟充电多少以及完全充满电所需的时间。

⑧介绍系统体验，如流畅度、滑动体验、是否卡屏、系统新增功能等。

⑨综合分析，根据以上试用情况对性价比等进行客观的分析。

第三节　直播脚本设计

一场直播的决定性因素是主播的内容输出。只要直播的内容有特色，就很容易吸引人。那么，如何打造一场成功的直播呢？撰写优质的直播脚本是关键因素之一。

直播脚本是整场直播的 sop 框架，它能让直播有序进行，一定程度上能够规避直播过程中出意外的风险。使用通用脚本能够把一个主播的翻车概率降到最低。可以这样形容，一份清晰、详细、可执行的直播脚本（Plan A）和一套应对各种突发状况的方案（Plan B），是一场直播顺畅进行并取得最佳效果的有力保障。

需要注意的是，脚本不是一成不变的，是需要不断优化的。一场直播在按脚本执行的时候，可以分时间段记录下各种数据和问题，结束后进行复盘分析，对不同时间段里的优点和缺点进行优化和改进，不断调整脚本，这样一来，直播久了，心中自然就会有制定直播脚本的策略和方法了，对于直播脚本的高效运用也就更加得心应手。

一、直播脚本的作用

一份清晰、详细、可执行的直播脚本是直播顺利进行并取得良好效果的有力保障。具体来说,直播脚本的作用主要体现在以下三个方面。

(一)提高直播筹备工作的效率

在直播之前,直播运营团队需要事先做好充足的直播规划,不能临近开播才去考虑直播主题如何设置、直播场景如何搭建、相关优惠活动如何设置、直播人员如何配置等问题,这样容易出现人员职责不清、相关细节考虑不周等问题。在开播之前制作直播脚本,能够帮助参与直播的人员了解直播流程,明确每个人的职责,让每个人各司其职,从而保证直播筹备工作有条不紊地展开。

(二)帮助主播梳理直播流程

直播脚本能够帮助主播了解本场直播的主要内容,梳理直播流程,让主播清楚地知道在某个时间点应该做什么、说什么,以及哪些事项还没有完成等,避免主播在直播中出现无话可说、活动规则解释不清楚等情况。一份详细的直播脚本甚至在主播话术上都有技术性的提示,能够帮助主播保持语言上的吸引力,游刃有余地与粉丝互动。

(三)控制直播预算

中小卖家直播预算有限,可以在直播脚本中提前规划好自己能够承受的优惠券面额、红包金额、赠品支出等,从而提前控制直播预算。

二、直播脚本的核心要素

直播脚本分两类:一类是单品脚本,一类是整场脚本。

单品脚本的撰写相对简单,基本围绕产品卖点,再突出价格或赠品优势。

整场直播脚本一般包含时间、地点、商品数量、直播主题、主播、预告文案、场控、直播流程(时间段)等要素,基本的正常直播脚本流程如下:

①明确直播主题:从需求出发,主题鲜明。
②把控直播节奏:确定每个时间段的直播内容,有条不紊,松弛有度。
③调度直播分工:注明直播人员、场地、道具,高效配合,稳重求胜。
④引导直播互动:增加趣味性,吸引用户停留,制造高潮时刻。

三、策划脚本

一场优质的直播是需要提前策划的,直播运营团队可以通过策划脚本来规划直播前的相关准备工作。直播前策划脚本有利于提高直播的效率,降低直播中出现错误的概率。以淘宝直播为例,直播运营团队可以根据表 4-3 来策划脚本。

表 4-3 脚本策划

时间	具体内容	工作说明
直播前 15~20 天	选品	选择要上直播的商品,并提交直播商品链接、直播商品的折扣价
	确定主播人选	确定是由品牌方自己提供主播,还是由直播运营团队提供主播
	确定直播方式	确定是用手机进行直播,还是用电脑进行直播
直播前 7~15 天	确定直播间活动	确定直播间的互动活动类型和实施方案
直播前 7 天	寄样品	如果是品牌方自己提供主播、自己做直播,则无须寄送样品; 如果是品牌方请达人主播或专业的 MCN 机构做直播,则品牌方需要向达人主播或 MCN 机构寄送样品
直播前 5 天	准备创建直播间活动所需的材料	①准备直播间封面图:封面图要符合淘宝直播的相关要求 ②准备直播标题:标题不要过长,要具有吸引力 ③准备直播内容简介:用 1~2 段文字简要概括本场直播的主要内容,要重点突出直播中的利益点,如抽奖、直播专享优惠等 ④准备直播间的商品链接:直播时要不断地在直播间发布商品链接,让用户点击链接购买商品,所以要在直播开始前准备好直播商品链接
直播前 1~5 天	直播宣传预热	采取多种方式,通过微淘、微博、微信等渠道对直播进行充分的宣传

在一场直播的准备阶段,明确直播定位和确定人员也尤其重要。在直播开始之前,必须明确直播定位,即这场直播的目的、用户和主题。直播主题撰写要从粉丝角度切入,要研究粉丝真正的需求,然后总结提炼,文字无须过长,以避免冗余。

直播间的核心工作人员一般包括主播、副主播、场控、场控助理及客服等。主播负责引导观众、介绍产品、解释活动规则,助理负责现场互动、回复问题、发送优惠信息等,后台客服负责修改产品价格、与粉丝沟通、转化订单等。

四、整场直播的脚本设计

整场直播通常会持续几个小时,在这几个小时里,主播先讲什么、什么时间互动、什么时间推荐商品、什么时间送福利等,都需要提前规划好。因此,直播运营团队还需要提前准备好整场直播活动的脚本。

通常来说，整场的直播脚本应当涵盖这些要点（见表4-4）：

表4-4　直播脚本要点

直播脚本要点	具体说明
直播主题	从用户需求出发，明确直播的主题，避免直播内容没有营养
直播目标	明确开直播要实现何种目标，是积累用户、提升用户进店率，还是宣传新品等
主播介绍	介绍主播、副播的名称、身份等
直播时间	明确直播开始、结束的时间
注意事项	说明直播中需要注意的事项
人员安排	明确参与直播人员的职责，例如，主播负责引导关注、讲解商品、解释活动规则，助理负责互动、回复问题、发放优惠信息等，后台/客服负责修改商品价格、与粉丝沟通转化订单等
直播的流程细节	直播的流程细节要非常具体，详细说明开场预热、商品讲解、优惠信息、用户互动等各个环节的具体内容、如何操作等问题，例如，什么时间讲解第一款商品，具体讲解多长时间，什么时间抽奖等，尽可能把时间都规划好，并按照规划来执行

模板示例：

0～1分钟聚人

①营销方法：不断包装、渲染产品与品牌的产地、工艺、背景等，但不说具体产品，引发观众好奇，吸引观看。与街头表演吸引路人围观后续卖货同理。

②观众心理感受：卖的到底是啥？瞧瞧？

1～2分钟留客

①营销方法：通过神秘大礼、现场抽奖等留住观众不转台。

②观众心理感受：看看能不能中个奖？

2～6分钟锁客

①营销方法：通过大量模拟产品使用场景，激发用户需求。

②观众心理感受：是啊，这些场景我都经历过，不用挺麻烦，用了好像确实挺方便？

6～10分钟举证

①营销方法：通过专家证言、权威认证、产品试验等证明产品能满足观众需求。

②观众心理感受：这东西好像还不错？

10～13分钟说服

①营销方法：通过竞品分析、产品对比等打消观众疑虑，帮观众作选择。

②观众心理感受：性价比挺高，可以试试？

13～14分钟催单

①营销方法：通过赠送礼品、折扣礼金、增值服务等诱导观众下单。

②观众心理感受：有优惠，赶紧买！

14~15分钟 逼单

①营销方法：通过高频的原价与现价对比、活动期限、名额紧张等反复提醒观众下单。

②观众心理感受：买了占便宜，不买没机会了。

15~16分钟 2次留客

①营销方法：通过神秘大礼、现场抽奖等留住观众不转台。

②观众心理感受：前面已经有人中奖了，我真的想试试！

16~20分钟 2次锁客

①营销方法：通过大量模拟产品使用场景，激发用户需求。

②观众心理感受：好想买，好想买，好想买！

20~24分钟 2次举证

①营销方法：通过专家证言、权威认证、产品试验等证明产品能满足观众需求。

②观众心理感受：专家说的错不了！好像是这个道理！

24~28分钟 2次说服

①营销方法：通过竞品分析，产品对比等打消观众疑虑，帮观众作选择。

②观众心理感受：要不是我儿子/女儿不让我买，我现在就买了！

28~29分钟 2次催单

①营销方法：通过礼品赠送、折扣礼金、增值服务等引导观众下单。

②观众心理感受：真的好划算！

29~30分钟 2次逼单

①营销方法：通过高频的原价与现价对比、活动期限、名额紧张等反复提醒用户下单。

②观众心理感受：真的忍不住了！

30~31分钟 3次留客

①营销方法：通过神秘大礼、现场抽奖等留住观众不转台。

②观众心理感受：这么多人中了，我肯定能中奖！

31~33分钟 3次锁客

①营销方法：通过大量模拟产品使用场景，激发用户需求。

②观众心理感受：用得上，真用得上！

33~35分钟 3次举证

①营销方法：通过专家证言、权威认证、产品试验等证明产品能满足观众需求。

②观众心理感受：是的，就是这样。

35~38分钟 3次说服

①营销方法：通过竞品分析，产品对比等打消观众疑虑，帮观众作选择。

②观众心理感受：是的，就是这样。

38~39分钟 3次催单

①营销方法：通过礼品赠送、折扣礼金、增值服务等引导观众下单。

②观众心理感受：怎么买？找找付款方式！

39~40分钟 3次逼单

①营销方法：通过高频的原价与现价对比、活动期限、名额紧张等反复提醒用户下单。

②观众心理感受：不知道买到没有，不知道中奖没有，好紧张！好期待！

五、单品脚本设计

单品脚本就是针对单个商品的脚本。在一场直播中，主播会向用户推荐多款商品，主播必须清晰了解每款商品的特点和营销手段，才能更好地将商品的亮点和优惠活动传达给用户，刺激用户的购买欲。因此，为了帮助主播明确商品卖点，熟知每款商品的福利，直播运营团队最好为直播中的每款商品都准备一份对应的直播脚本。

一场2~6小时的直播中，主播会推荐多款产品，其中每一款产品应当有一份对应的单品直播脚本，将品牌介绍、商品卖点、直播利益点、直播时的注意事项等内容都呈现在表格中，这样既便于主播全方位地了解直播商品，也能有效地避免在人员对接过程中产生疑惑或不清楚的地方。

第四节 直播脚本设计实操

一、30分钟直播带货脚本

我们可以从标准模板里推导出一套直播带货脚本，以"30分钟美妆主播版"为例，按这个直播的流程重复操作即可。其他产品的直播原理类似，不同行业有细微的区别。

0～5分钟聚人

①拉家常，拉近用户距离。

②包装渲染产品的产地、历史、口碑、销量等数据，吸引眼球，卖关子不讲具体产品，勾起用户好奇心，聚人。

5～7分钟留客

宣布促销利好政策，如今晚抽大奖、抽大红包、送限量口红、大让利或折扣，并号召用户互动刷屏，拖住用户。

7～12分钟锁客

①说：提前规化好产品使用场景，直播过程中以提问的方式与用户互动，让用户自己说出产品的使用痛点，主播口头阐述产品的功效、香型气味、使用感受、精华成分，与其他渠道对比的价格优势等，让用户感觉"用得上，可以买"。

②做：现场试用产品，分享使用体验与效果，验证产品功能，激发用户的使用需求与购买欲望。

12～16分钟举证

出示产品三证、网友好评、销量截图、大V口碑、网红推荐、官方资质、专家背书等，证明产品靠谱，能满足上面创造的用户需求。

16～22分钟说服

从产品功效、价位、成分、包装设计、促销力度、现场使用结果等角度与竞品对比，进一步帮用户排除选择。

22～27分钟催单

①吊足用户胃口，此时正式宣布价格，让用户感觉"物超所值"。

②再次强调促销政策，如限时折扣、前××名下单送等价礼品、现金返还、随机免单、抽奖免单、七天退换货、包邮等促销活动。在用户热情达到高潮时，催促用户集中下单。

27～30分钟逼单

不断提醒用户即时销量，营造畅销局面，并重复功能、价格优势、促销力度等，反复用倒计时的方式迫使用户马上下单，机不可失，时不再来！

二、家居生活产品直播脚本（整场脚本）

直播目标：销售额5万元，增粉500人。

直播人员：主播李某，副主播李某，场控贺某，场控助理漆某，客服待定。

直播时间：2020年2月24日20：00—22：30

海报内容：转发海报给好友，助力主播拿奖品。长按图片识别小程序码进入直播间。

  活动内容：抽奖，限时 1 元秒杀，加油助力有奖。

  时间推进：19∶55

  流程：预热

  品名：产品 1—5（附链接）

  主播动作：打招呼互动，引导关注，测试。

  助理动作：后台回复，发粉丝通知。

  推荐话术：提出痛点，放大痛点，引入产品，讲解卖点，讲解优惠。

  时间推进：20∶00

  流程：正式开始

  品名：产品 1—5（附链接）

  主播动作：正式开始，开场白，引导关注，整场活动优惠、礼品、奖品。

  时间推进：20∶05—20∶10

  流程：秒杀布艺凳

  品名：实木家居布艺换鞋凳

  主播动作：提前设定好秒杀时间；讲解产品，调动氛围；10 秒倒计时开抢；恭喜秒到的朋友，没有秒到的也不要失望，我们后面还有惊喜，请大家继续关注。

  助理动作：设计开拍时间、开拍价格，产品准时上屏。

  客服动作：与粉丝互动，调动氛围。

  产品卖点：方便，实用，耐用，漂亮，不占地方，换鞋轻松。

  推荐话术：提出痛点（进门或出门换鞋弯腰困难），放大痛点（会不会觉得累呢？脚发麻，特别有鞋带的时候就更累了），引入产品（今天给大家推荐一款神器），讲解卖点（轻松换鞋，从此不累），讲解优惠（1 元秒杀）。

  优惠政策：1 元秒杀，限 100 个，到店自提。

  时间推进：20∶10—20∶25

  流程：第二款产品水洗棉四件套

  品名：水洗棉四件套

  主播动作：2 分钟，介绍本场直播的优惠内容（秒杀，抽奖，助力有礼品，产品丰富优惠，关注主播）；8 分钟，塑造产品价值，讲解产品优点、卖点；3 分钟，讲价格，优惠力度；2 分钟，补充没有讲完的问题，回复顾客的问题。

  助理动作：产品上屏；将产品图片（带二维码）发到指挥群，让员工分享；直播链接到指挥群，让员工发 VIP 群。

  客服动作：与粉丝互动，调动氛围；登记订单并及时上报。

  产品卖点：100% 全棉，透气性好；设计简单大方，不过时；经过水洗处理，不变形，免熨烫；色织工艺，不褪色；两个颜色可供选择。

推荐话术：略

原价：2.0米×2.3米898元/2.2米×2.4米998元

直播价：2.0米×2.3米299元，2.2米×2.4米359元

第一次抽奖：提花绒毯2.0米×2.3米，价值298元

时间推进：20：25—20：40

流程：第三款产品大豆春秋被

品名（用于链接）：全棉超柔大豆纤维春秋被

主播动作：2分钟，介绍本场直播的优惠内容（秒杀，抽奖，助力有礼品，产品丰富优惠，关注主播）；8分钟，塑造产品价值，讲解产品优点、卖点；3分钟，讲价格，优惠力度；2分钟，补充没有讲完的问题，回复顾客的问题。

助理动作：产品上屏；产品图片（带二维码）发到指挥群，让员工分享；直播链接到指挥群，让员工发VIP群。

客服动作：与粉丝互动，调动氛围；登记订单并及时上报。

产品卖点：大豆纤维是天然纤维，垂坠，亲肤，采用智能自动化设备填充，一体成型，使用起来不会出现空棉、起坨的现象，采用全面提花工艺，与大豆纤维完美贴合，使被子盖起来更柔软，更亲肤。

推荐话术：提出痛点（不贴身，用久了断棉，起坨），放大痛点（没有办法盖，扔了不舍，盖了难受），引入产品（这款产品可以解决这些烦恼），讲解卖点（一体成型整张棉，不断棉，贴身，柔软），讲解优惠（原价798元，直播价300元，全是专卖店精品，品质有保证）。

原价：2.0米×2.3米798元/2.2米×2.4米898元

直播价：2.0米×2.3米300元，2.2米×2.4米350元

第二次抽奖：提花绒毯2.0米×2.3米，价值298元

时间推进：20：40—21：00

流程：第四款产品全棉床笠

品名（用于链接）：全棉加棉防滑床笠床垫保护套

主播动作：3分钟，介绍本场直播的优惠内容（秒杀，抽奖，助力有礼品，产品丰富优惠，关注主播）；10分钟，塑造产品价值，讲解产品优点、卖点；4分钟，讲价格，优惠力度；3分钟，补充没有讲完的问题，回复顾客的问题。

助理动作：同上

客服动作：同上

产品卖点：100%全棉，透气，亲肤；360度保护床垫，不易滑动；有效隔离螨虫和细菌，清洗方便更健康。

推荐话术（提出痛点，床垫脏了没法清洗，床上乱，每天早上要整理床铺，女人月经期间，会弄脏床铺，这款产品就可以解决这些问题），放大痛点（每天早上起床整理要花很多时间），引入产品（今天给大家推荐的这一款床笠就可以解决你的烦恼），讲解卖点（防滑、保持床上平整、可拆洗、干净卫生），讲解优惠（直播价，我们是实体店值得信赖，售后有保证）。

原价：1.5米×2.0米 398元/1.8米×2.0米 458元

直播价：1.5米×2.0米 198元，1.8米×2.0米 238元

第三次抽奖：提花绒毯2.0米×2.3米，价值298元

时间推进：21：05—21：25

流程：第五款产品云漫时光

品名（用于链接）：长绒棉数码印花全棉四件套

主播动作：3分钟，介绍本场直播的优惠内容（秒杀，抽奖，助力有礼品，产品丰富优惠，关注主播）；10分钟，塑造产品价值，讲解产品优点、卖点；4分钟，讲价格，优惠力度；3分钟，补充没有讲完的问题，回复顾客的问题。

产品卖点：新疆长绒棉，日照时间长，平均每天超过12小时，天山雪水灌溉，棉花品质更好，棉纤维更长，更亲肤，不易变形；数码印花，颜色艳丽，更逼真，立体感强，不褪色。

推荐话术：接下来的几款产品，是我们的高品质、最有性价比的几款。

原价：2.0米×2.3米 1680元/2.2米×2.4米 1780元

直播价：2.0米×2.3米 499元，2.2米×2.4米 559元

第四次抽奖：提花绒毯2.0米×2.3米，价值298元

时间推进：21：25—21：45

流程：第六款产品蚕丝大豆二合一被

品名（用于链接）：二合一蚕丝大豆四季用子母被

产品卖点：一款子被，一款母被，四季可用；子被为蚕丝，蚕丝是纯天然动物蛋白，含有氨基酸，美容养颜，更亲肤；母被选用大豆纤维，更平整，大豆纤维的重量是普通纤维的1/5，用起来更轻盈，更保暖。

推荐话术：提出痛点（家里是套房，柜子有限，要收纳的东西多），放大痛点（每到换季的时候就麻烦，被子很多，也不知道哪床是现在季节用，也不知道是哪张床），引入产品（这个产品就一床解决烦恼），讲解卖点（一床被子解决四季，而且充分考虑了季节特性，特别选用蚕丝和大豆纤维），讲解优惠（二合一被子只卖一床蚕丝夏被的价格）。

原价：2.0米×2.3米 1980元/2.2米×2.4米 2180元

直播价：2.0米×2.3米 999元，2.2米×2.4米 1099元

第五次抽奖：提花绒毯 2.0 米×2.3 米，价值 298 元

时间推进：21：45—22：00

流程：第七款产品石墨烯枕

品名（用于链接）：石墨烯慢回弹太空记忆护颈枕

主播动作：2 分钟，介绍本场直播的优惠内容（秒杀，抽奖，助力有礼品，产品丰富优惠，关注主播）；8 分钟，塑造产品价值，讲解产品优点、卖点；3 分钟，讲价格，优惠力度；2 分钟，补充没有讲完的问题，回复顾客的问题。

助理动作：产品上屏；产品图片（带二维码）发到指挥群，让员工分享；直播链接到指挥群，让员工发 VIP 群。

客服动作：与粉丝互动，调动氛围；登记订单并及时上报。

产品卖点：四款高度，老少皆宜；1 号高度约 8cm，适用于 5 岁以上的儿童，2 号约 10cm，适用于青少年，3 号约 12cm，适用于女性，4 号约 14cm，适用于男性。石墨烯具有抗菌灭螨的作用，给你健康睡眠；富含磁性纤维，促进人体血液循环，帮助健康睡眠。

推荐话术：提出痛点（枕芯用过一段时间以后发黄，发霉），放大痛点（枕芯发黄扔了不舍，用起来害怕），引入产品（这属于功能枕芯，打破传统），讲解卖点（有四个高度，选择适合的枕芯，石墨烯抑菌抗螨，干净卫生），讲解优惠（功能枕直播间只卖普通枕的价格）。

原价：599 元

直播价：199 元

第六次抽奖：提花绒毯 2.0 米×2.3 米，价值 298 元

时间推进：22：00—22：10

流程：第八款秒杀休闲格子抱枕

品名（用于链接）：客厅沙发休闲格子抱枕

主播动作：略

助理动作：略

客服动作：略

产品卖点：色织格

推荐话术：略

原价：79 元

直播价：29 元

时间推进：22：10—22：30

流程：第九款祯系列

品名（用于链接）：长绒棉 A 类纯色简约全棉四件套

主播动作：同上

助理动作：同上

客服动作：同上

产品卖点：采用 A 类面料，达到国家纺织品最高级别，婴幼儿可以直接接触皮肤，采用比较稀有的长绒棉，体感更舒适，洗后不变形，纯色四件套，好搭配，当下流行。

推荐话术：略

原价：2.0 米×2.3 米 2180 元/2.2 米×2.4 米 2380 元

直播价：2.0 米×2.3 米 849 元，2.2 米×2.4 米 949 元（送 50 元券）

第七次抽奖：提花绒毯 2.0 米×2.3 米，价值 298 元

时间推进：22：30—22：50

流程：第十款魅雅鹅绒被

品名（用于链接）：加厚型 95/东北白鹅绒被

主播动作：同上

助理动作：同上

客服动作：同上

产品卖点：95％大朵东北松花江大白鹅绒，轻盈保暖，填充加重，更适合才换羽绒被的家庭；航空舱设计，平整，均匀。

推荐话术：提出痛点（被子太薄不保暖，被子太厚心血管压力大），放大痛点（冬天要么睡着冷，要么感觉一晚上没有睡热，心血管压力大，影响身体健康，身体才是本钱），引入产品（羽绒被是目前证明最轻巧、最保暖的被子），讲解卖点（挑选大朵鹅绒，融合更大，蓬松度更好，更能有效锁住热量，从而更加保暖，针对南方的气候特意加重，更加保暖），讲解优惠（限量 20 条，直播特供）。

原价：2.0 米×2.3 米 7980 元/2.2 米×2.4 米 8580 元

直播价：2.0 米×2.3 米 2999 元，2.2 米×2.4 米 3399 元（送 200 元券）

本章思考：

1. 直播话术设计有哪些要点？
2. 直播脚本的作用与核心要素有哪些？
3. 直播脚本设计的基本流程是什么？

第五章　私域流量加持店铺直播

第一节　用足私域流量：市场发展的必然

"私域流量"在2019年各大媒体文章和各种干货课程中多次出现，成为2019年最热的互联网概念。私域流量的兴起让商家的获客渠道和运营方式发生了很大的改变，众多尾部商家正从公域流量转向私域流量。而且，由于私域流量具备私密性和直接性，私域流量的客户价值高过了公域流量，私域流量将成为直营电商的下一个风口。

一、私域流量的优势和难点

私域流量与公域流量相对。公域流量通常指公共平台带来的流量，比如各大媒体、搜索平台、电商平台带来的流量等。公域流量因受限于平台的各种规则，难以变现；私域流量则通过自己的品牌、个人影响力等为平台带来流量。私域流量一般通过微信公众号、微信群、朋友圈、微博、App、小程序等方式体现。

相较于公域流量的不可控制和高昂费用，私域流量是商家或个人自主拥有、可以控制且能多次使用的流量，私域流量有自己的数据积累和沉淀，可以直接触及用户，更直接，更方便。

二、私域流量的分类

（一）门店私域流量

门店私域流量具备免费触达、二次经营和裂变等优势。就目前而言，构建门店私域流量池最低成本的方式还是利用微信个人号和朋友圈，利用第三方系统或自建系统成本较高，暂不讨论。

（二）企业私域流量

企业私域流量同门店篇所述原理相同，只是消费场景不再仅限于线下门店。企业私域流量指企业在业务范围内触达客户所构造的消费渠道或经营手段。企业能够直接接触客户，并向客户销售产品，不需要像早期一样，靠平台推荐和广告曝光。除此之外，经营企业私域流量还有以下几点好处：

1. 降低营销成本

过去企业仅仅解决了客户之间的供应关系，这种需求往往是客户主发的，企业缺少与客户之间的互动手段与关系链接。早期的淘宝店，买家购买完后，整个交易过程就完成了。买家并不会成为商家自己的客户，只能称之为曾经来店铺购买过产品的客户。而卖家想再次接触客户，仅能通过短信或旺旺等手段。而微信群之类的场景更贴近用户的生活，同时也不需要给淘宝广告推荐费和平台入驻费等。

2. 防止老客户丢失

随着消费的升级，客户的需求不断变更，由单一的购买商品需求变为追求精神享受。对企业而言，应该学会和客户交朋友，注重与客户之间的交互。

3. 塑造企业品牌

品牌一旦建立，影响巨大。品牌与产品塑造、企业文化、员工服务、产品体验等相关。构建私域流量池能让客户近距离感受企业服务，同时与其他客户交流，从别人的评价中增强对品牌的认知，形成品牌的叠加影响。

三、私域流量已成为发展主流

私域流量的兴起与互联网人口红利的消失有关。互联网发展早期，电商平台公域流量的开发成本很低，而流量增长迅速。商家在公共平台上利用公域流量销售商品，为自己带来利益，也为平台带来收益。

如今，互联网人口红利期已过，受中心化平台的流量挟持、高昂的流量费用、流量效能不够用、流量已然达到饱和等因素的影响，大家开始追求更高的转化率和复购率。众多中小商家不得不开始另寻渠道，而众多自媒体的崛起也提供了一个契机。就这样，越来越多的商家开始凭借可以直接触达且获客成本低的自媒体来吸引流量，并完成转化和留存，这种商业模式已经逐渐成熟。

（一）互联网人口红利消失

互联网人口红利期已过，公域流量的增长变得困难，即使是一些大的电商平台，公域流量的增速也变得非常缓慢，难以为商家提供更多的流量。比如，在淘宝体系，80%的交易额来自入驻天猫的20万头部商家，20%的交易额来自900万尾部中小商家，这就是商场上的"二八定理"。中心化平台的流量挟持，让众多处于尾部的中小商家举步维艰。这样的市场环境逼迫众多中小商家不得不各显其能，通过自己的力量更好地生存下去。

（二）公域流量的中心化流量挟持

平台的流量由平台方和商家共用，但是流量的控制权在平台方。用户在平台上搜索自己需要的商品时，商家和平台方之间就会有利益冲突，这时候，商家就有可能受制于平台。每年的"618"和"双11"前后，都会传出一些网红达人控诉被平台限流、屏蔽甚至封号的消息，这就是比较典型的当平台方和商家利益冲突时，商家被控制的表现。在这种情况下，一些小的商家的利益就会受损。

（三）流量的费用越来越高

互联网行业的线上竞争越来越激烈，流量越来越贵，获客成本也越来越高，很多中小企业不得不选择退出这个渠道，转向其他流量来源。有数据显示，拼多多2016年的获客成本是10元/人，2017年是17元/人，到了2018年是102元/人；淘宝2013年的获客成本是30元/人，到2017年是250元/人；京东、唯品会等平台的获客成本则为200~300元/人。另外，在教育行业，获客成本更是高达上千元。

（四）私域流量能更直接地触达客户

中心化平台的流量挟持催生了私域流量，私域流量的私密性和情感性又增加了客户黏性，从而降低了成本。无论从哪个方面来看，私域流量的使用对众多中小商家都是好的选择。所以，通过私域流量做好营销是市场发展的趋势。众多企业正在转换思路，从流量收割向流量开发和流量运营转型。流量就是财富，谁能够拥有更多的流量，谁就拥有了更多的客户和更大的市场。

第二节　私域流量的利用

用个人和品牌的影响力，主动吸引和利用流量，打破公域流量的牵制，是网络营销中非常值得推广的方法。那么，怎样掌握私域流量思维，把个人或品牌的力量发挥出来，达到超级带货的目的呢？自建私域流量主要包括两个方面：私域流量的搭建和转化、流量的维护留存和再利用。

一、私域流量：搭建与引流

在私域流量的搭建与引流中，最重要的是利用个人和品牌的影响力，具体的开发和导入方式通常有以下三种。

（一）通过加微信的方式引流

加微信好友是最简单、最直接的引流方式，成为微信好友，商家与用户之间就有了可以直接交流的机会。接下来，通过朋友圈发信息和参加小活动赢礼品等方式，就会相对容易地留住用户并达成转化，如果运营得好甚至可以达成二次引流。

（二）通过拼团的方式引流

拼多多上市4年，获得近5亿用户，最重要的获客方式就是拼团，三人就可以成团，让有需求的用户自己组团吸引流量，组团不成功就退费。这种方式对用户的吸引力非常大，用户愿意分享也自愿参与，吸引流量的速度非常快。

（三）通过裂变方式引流

裂变是另一种通过用户自己分享引流的方式。老用户带来新用户就能得到一定的优惠，介绍的新用户也能得到优惠，这样，用户常愿意介绍自己的朋友、熟人。

二、私域流量：维护和留存

（一）建立私域流量池，把导入的流量养成用户

企业要建立自己的用户池，将用户信息导入个人微信号，与用户建立更直接、更信任的关系。

（二）建立社群

未来所有的商业行为都将逐渐社群化。基于关系建立起来的社群，因为相互之间有着更多的信任，导入的流量也相对稳定。

（三）流量沉淀，用好公众号和小程序

公众号和小程序大多数企业都能开发，企业可以好好利用，对引流来的用户进

行沉淀和留存。如罗辑思维利用微信的巨大流量和公众号红利期，积累了600万名粉丝。然后通过读书节目销售产品，成为电商，又通过开发得到 AP，成为知识付费的先锋，实现了自己的品牌价值。

（四）培养自己的 KOL

尽管 KOL 这个概念在社交媒体引起热议之后便在短时间内退出了人们的视野，但对传统企业也有着较大的启发意义。

互联网时代的商家要想摆脱公域流量带来的平台风险，就要尽快建立自己的私域流量。如果自己不能开发 App，也可以借助微博抖音、小红书等超级平台，利用自己的个人影响力，挖掘自己的私域流量。

第三节　私域流量+直播：入局实操

直播是一种互动性更好、更有成交氛围的线上成交方式。相较于图文和视频，直播是一种可以批量成交的销售形式。就提高成交效率和用户体验层面来说，可利用直播放大私域流量的优势。

一、直播带货：公域流量 vs 私域流量

直播可以划分为两类：基于公域流量的直播模式和基于私域流量的直播模式。

公域流量（商域流量）直播就是依托第三方平台的直播。企业、品牌自己没有建立相关的用户链接，没有自己的私域流量池，需要借助第三方的流量资源完成直播。目前大多数的网红直播、明星直播都属于这一类直播方式。

私域流量直播就是企业、品牌或者用 App、小程序，或者用微信群的方式建立用户链接，形成了基于链接的私域流量池。企业可以在私域流量池进行直播。

二、产品选择

适合做私域流量的产品有两种：一是复购率高的产品，二是信息不对称的产品。比如化妆品，消费者购买了但是有可能不会正确使用，存在信息不对称，这时就需要内容指导服务。但是买矿泉水就没什么需要指导的。

信息不对称甚至是可以制造出来的。现在有些商家为了增加私域流量，产品都没有说明书。比如说淘宝上很多 DIY 的产品，在你加商家微信以后，商家才将电

子版说明书发给你，这就是利用信息不对称留住用户。

（一）抖音平台的主要带货品类

在抖音30日内上榜好物榜中，精品女装、食品饮料、家居/家纺/家装/厨具、鞋包饰品及生活用品共占比62.85%，0~200元的商品占比84.61%。

这些品类与抖音一、二线城市"90后""95后"女性用户占比较大的用户画像相契合，她们热爱时尚，追求潮流，有一定的经济基础且消费能力强，对于美妆、配饰、服装、零食等类别的产品关注度较高。

（二）快手平台的主要带货品类

根据卡思数据统计，快手30日内热销榜，食品饮料、个人护理、精品女装共占比63.3%。其中客单价30~50元的占比最多，其次是30元以下和50~80元的商品。

相较于品牌知名度以及产品的口碑，快手老铁更信赖主播的推荐，也更追求产品的高性价比，对于一些"贩卖美好"的小物件，如三明治机、煮茶壶、健身器材等，快手老铁不如抖音用户"发烧"。

（三）淘宝直播的主要带货品类

淘宝直播带货品类基本覆盖了所有的行业类目，其中女装、珠宝、美容护肤占比最大、增速最快，这是淘宝直播女性用户占比较高所导致的。

三、私域直播运营

（一）直播间的搭建

就像门店需要"养店期"，通常情况下，一个能有稳定转化的直播间"养"起来至少要一个月。而且前提是一周直播不少于3次，每次维持在3小时左右，保证内容有趣。所以很多品牌一开始不着急大量带货，而是先养号。

（二）私域直播功能设计

多门店多导购的直播功能：支持不同门店不同导购一键开播。
直播间卖货：和微商城打通，直播间可直接卖货。
直播分销：私域直播的痛点是自增长缓慢。如果有好的分销邀请功能，则可以打破这种增长瓶颈。可以记录邀请人的分享业绩并以此刺激分享。

直播拓客：直播可直接往公众号或社群引流。在社群里可以继续成交转化。

直播打赏：刺激主播，让直播间更热闹，提升主播满意度，成交效果更好。

直播回放：对以成交为目的的快节奏的直播而言，直播回放非刚需，互动和良好的成交氛围才是。

（三）私域直播的运营玩法

私域直播的玩法有很多种，通过社群引流到直播间，直播间裂变分享，再往社群内引导，相互引流；直播间做直接成交，微信群里做长尾成交，相互补充。

单店直播：可以直接通过私域直播工具在社群内推广。

连锁门店：可以通过总部直播，渠道和各个门店分享客户进直播间批量成交；记录直播邀约数据则成了私域直播不可或缺的功能。

本章思考：
1. 私域流量的特点是什么？
2. 常见的私域流量种类与实践场景有哪些？
3. 做好私域直播流量运营需具备哪些素质？
4. 私域流量加持店铺直播的优劣势有哪些？

第六章　直播优化——数据复盘与前瞻

直播数据复盘是直播运营的一个环节，通过数据复盘，总结出直播中的各种不足，然后在下一场直播中改进，以获得更好的直播效果。

第一节　直播带货数据分析基本思路

数据分析是直播运营中不可或缺的一部分，要想优化直播运营效果，提高直播带货的转化率，直播团队就要学会深耕数据。直播间数据分析的基本思路为：第一步，确定数据分析目标；第二步，获取数据；第三步，统计数据；第四步，分析数据。

一、确定数据分析目标

要进行数据分析，首先要明确数据分析的目标。通常来说，进行数据分析的目标主要有三种：第一，寻找直播间数据波动的原因，数据上升或下降都属于数据波动；第二，通过数据分析寻找优化直播内容、提升直播效果的方案；第三，通过数据规律推测平台算法，然后从算法出发对直播进行优化。

二、获取数据

开展数据分析首先要有足够多的有效数据，主播可以通过账号后台、平台提供的数据分析工具，以及第三方数据分析工具来获取数据。

（一）账号后台

在主播账号后台，通常会有直播数据统计，主播可以在直播过程中或直播结束后通过账号后台获得直播数据。以淘宝直播为例，主播可以通过淘宝直播中控台、淘宝主播 App 两个渠道获得直播数据。

1. 通过淘宝直播中控台查看数据

对正在直播中的直播间来说，若要查看实时直播数据，主播可以在 PC 端直播中控台首页中单击"查看详细"按钮查看。对已经结束直播的直播间来说，若要查看直播实时数据，主播可以在 PC 端直播中控台中依次选择"我的直播""某条直播回放""查看数据详情"选项，然后进入本条直播的数据详情分析页面。在数据详情分析页面中，主播可以在"指标总览""实时趋势""流量运营""商品分析"等模块中查看不同维度的数据，以全面掌握直播情况。

2. 通过淘宝主播 App 查看数据

对于正在进行的直播，主播可以向左滑动直播推流页面，即可查看直播实时数据。对于已经结束的直播，主播可以在淘宝主播 App 上登录账号，在"我的直播"中找到想要查看的直播，即可进入本场直播的数据分析页面查看数据。

（二）平台提供的数据分析工具

以淘宝为例，为了帮助卖家更好地运营店铺，淘宝平台为卖家提供了一些运营工具，如数据银行、生意参谋、达摩盘等，这些工具也能为卖家提供淘宝直播的相关数据。卖家可以使用这些工具了解自己店铺的直播情况。

（三）第三方数据分析工具

市场上有很多为用户提供直播数据分析的第三方数据分析工具，主播可以利用这些工具搜集自己需要的数据。下文着重介绍飞瓜数据和蝉妈妈这两款数据分析工具。

1. 飞瓜数据

飞瓜数据是一款短视频和直播电商服务平台，可为抖音、快手和哔哩哔哩等平台上的短视频创作者和主播提供数据分析服务。以抖音直播为例，主播可以通过飞瓜数据查看抖音直播电商数据，并以此为依据进行数据分析（如图 6-1 所示）。

图 6-1　飞瓜数据分析界面

2. 蝉妈妈

蝉妈妈是抖音和小红书一站式数据分析服务平台，提供抖音达人、商品、直播、短视频、小店等多维度数据分析服务，提供直播间带货商品分析以及榜单数据，竞店数据，品牌数据等分析，也可以帮助卖家挖掘优质主播（如图 6-2 所示）。

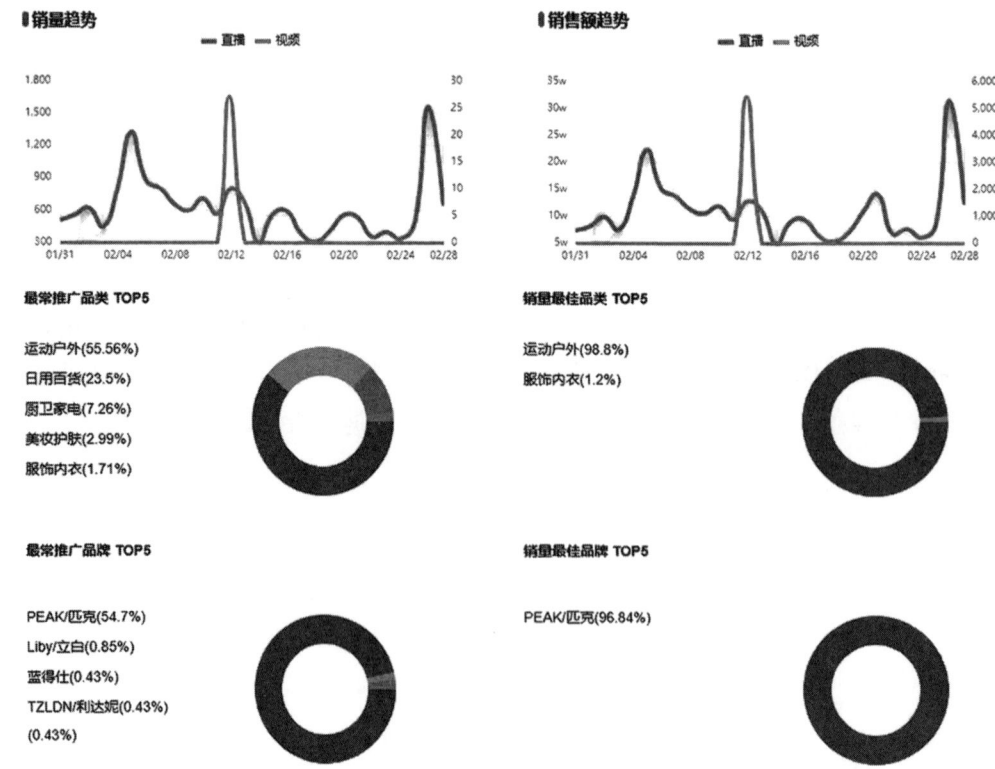

图 6-2　蝉妈妈分析界面

三、数据处理

（一）数据修正

无论是从主播账号后台抓取的数据、第三方数据分析工具上下载的数据，还是人工统计的数据，都有可能出现失误，所以首先需要对搜集来的数据进行修正，以保证数据的准确性和有效性，从而保证数据分析结果的科学性和可参考性。例如，在搜集的原始数据中，某一天某款商品的"直播销量"为"0"，但是通过查看店铺销售记录，证实当天该款商品在直播中是有销量的，所以"0"就是一个误值，需要对其进行更正。

（二）数据计算

通过数据修正，确保数据的准确性以后，直播团队可以根据数据分析的目标数据进行计算，以获得更丰富的数据信息，激发更多的改进思路。数据计算包括数据求和、平均数计算、比例计算、趋势分析等。为了提高工作效率，主播可以使用Excel的相关功能对数据进行计算。

四、数据分析

在完成了数据的获取与处理工作后，接下来就要对数据进行分析，目前最常用的分析方法是对比分析法和特殊事件分析法。

（一）对比分析法

对比分析法又称比较分析法，指将两个或两个以上的数据进行对比，并分析数据之间的差异，从而揭示其背后隐藏的规律。在对比分析中，又包括同比分析、环比分析和定基比分析。

同比：一般情况下是指今年第×月与去年第×月销售数据之比。

环比：指报告期水平与其前一期水平之比。

定基比：指报告期水平与某一固定时期水平之比。

通过对比分析，主播可以找出异常数据。异常数据并非表现差的数据，而是指偏离平均值较大的数据。例如，某主播每场直播的新增用户数为50~100个，但某一场直播的新增用户数达到200个，新增用户数与之前相比偏差较大，因此属于异常数据，主播需要对此数据进行仔细分析，查找造成异常数据的原因。

（二）特殊事件分析法

很多直播数据出现异常可能与某个特殊事件有关，如淘宝直播首页或频道改版、主播变更直播标签、主播变更开播时间段等，因此直播团队在记录日常数据的同时，也要注意记录这些特殊事件，以利于在直播数据出现异常时，找到数据变化与特殊事件之间的关系。

第二节　数据分析常用指标

在直播数据复盘的过程中，直播团队必须要进行数据分析，在回顾直播流程时用数据总结直播表现。直播间的后续操作有很大一部分要通过数据指引方向，可以分析数据来制定相应的执行方案并进行测试，反思直播电商活动过程中出现的问题，找到短板与不足，积累经验，避免下次开展直播时犯同样的错误，并进一步放大自己的优势，使直播效果得到大幅度提升。具体而言，在不同的平台进行的直播复盘需要关注不同的指标。

一、淘宝直播数据分析常用指标

（一）直播整体数据

直播整体数据包括直播间累计观看人次、累计商品点击量、累计订单量与成交额、累计优惠券使用量等。通过分析该数据，商家可以对直播的整体情况形成具体认识，并对这些数据作出有效调整，例如，针对直播间各时间段的流量变化，商家可以分析出推送商品的最佳时间，从而提高产品曝光量，增加直播转化率。

（二）流量来源数据

利用直播平台或第三方提供的流量监测工具，商家可以掌握直播流量来源数据。以淘宝店铺直播为例，淘宝店铺直播流量来源主要有 6 种，见表 6—1。

表 6—1　淘宝店铺直播流量的 6 种来源

流量来源	引流方式
直播推荐	由淘宝的直播频道提供的流量
店铺	由淘宝店铺贡献的流量，例如产品详情页、店铺顾客群等

续表6-1

流量来源	引流方式
关注	关注主播的粉丝进入直播间带来的流量
微淘	进行淘宝店铺直播时，每场直播都会自动同步至微淘动态，一些用户看到该动态后观看直播
分享回流	直播推广人员或用户分享直播间二维码与直播间链接产生的流量
开播推送	开启直播间粉丝推送功能后，店铺直播开播时，系统会自动向粉丝发送开播提醒而吸引一些粉丝前来观看

掌握了直播间流量来源数据后，商家可以对这些流量来源进行针对性营销，使各流量来源效果最大化。在实际过程中往往因为人力、资金等各方面因素无法顾及所有渠道，所以，更可行的方案是充分发挥自身的资源优势，做好重点流量来源的运营工作。

（三）粉丝数据

粉丝数据是指观看直播的粉丝的相关数据，具体包括粉丝人均观看时长、观看指数、新增粉丝量等（见表6-2）。

表6-2 粉丝数据分析的三大指标

指标	具体内容
粉丝人均观看时长	该数据能够体现粉丝对主播的忠诚度及直播内容对粉丝的吸引力
观看指数	观看指数是指通过评估粉丝观看时长来分析直播影响力，观看指数越高意味着粉丝的忠诚度越高。不过该数据不宜过高或过低，以70～80分为佳，太高说明主播缺乏"拉新"能力，很难为直播间带来新鲜血液；太低说明粉丝忠诚度低，主播很难赢得直播间观众的认可与信任
新增粉丝量	新增粉丝量体现了主播引导观众关注的能力。在直播过程中，主播要积极引导直播间游客关注，将平台的公域流量转化为私域流量

（四）商品数据

商品数据包括商品点击数据、商品销量数据等。以商品点击数据为例，商品点击次数越高，说明该商品在直播间内受到的关注度越高，达成更多交易的可能性也越高。部分直播间中的商品是为了与主推商品形成对比而设计的，这类商品点击率低是可以接受的，但如果主推商品点击率较低，说明商品本身对直播间观众缺乏足够的吸引力。想要解决该问题，就需要商家在产品价格、营销策略、包装等方面进行调整。

二、抖音直播数据分析常用指标

抖音直播与淘宝直播间的逻辑有一定差别,抖音直播间数据分析的常用指标包括粉丝画像数据指标、流量数据指标、互动数据指标、转化数据指标四大类。下面以第三方数据分析工具"蝉妈妈"为例来介绍抖音直播间数据分析的常用指标。

（一）粉丝画像数据指标

粉丝画像数据指标包括粉丝的性别分布、年龄分布、地域分布、活跃时间分布、粉丝来源等（如图6-3所示）。

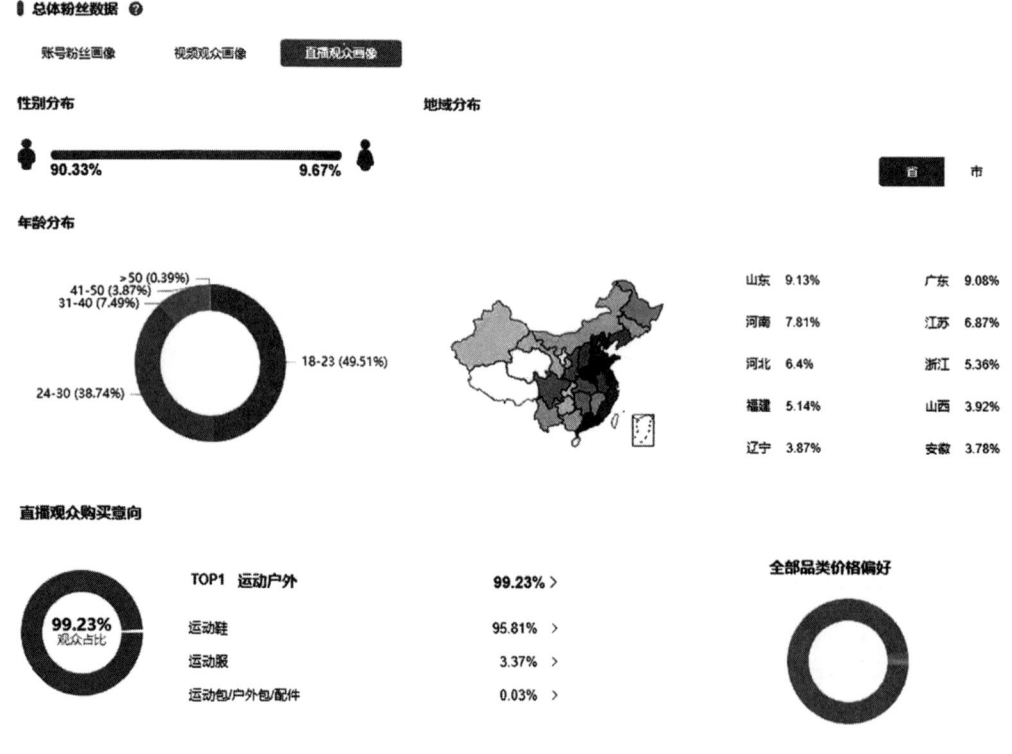

图6-3 蝉妈妈粉丝画像数据界面

（二）流量数据指标

1. 人气数据

人气数据包括累计观看人数、人气峰值、平均在线人数、本场音浪、累计点赞、"涨粉"人数、"转在线人数粉率"和送礼人数。其中，"转粉率"可以根据公式（转粉率＝直播过程"涨粉"数÷累计观看人数）计算得出（如图6-4所示）。

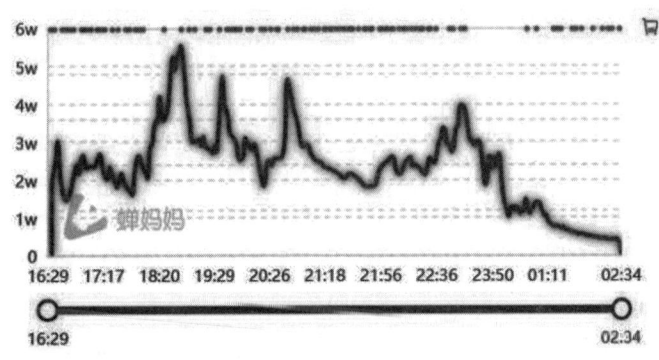

图6-4　蝉妈妈人气数据界面

2. 在线人数

在线人数包括累计观看人数、人气峰值和出现时间（如图6-5所示）。

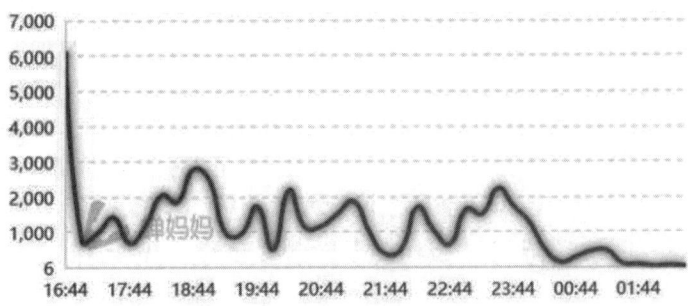

图6-5　蝉妈妈在线人数界面

3. 粉丝团人数

粉丝团人数包括本场新增粉丝团、粉丝团增量峰值及其出现时间（如图6-6所示）。

图6-6　蝉妈妈粉丝团人数界面

4. 互动数据指标

互动数据指标主要是弹幕热词。弹幕热词又称弹幕词云，词云是指通过形成关键词云层或关键词渲染，对网络中出现频率较高的关键词进行视觉上的突出，它过滤掉了大量文本信息，使浏览者可以一眼看到文本主旨。

在直播带货过程中，用户评论中出现次数最多的关键词会凸显，反映在弹幕热词中，直播团队可以直观地看到用户互动频率最高的内容，并据此做出相应的调整，弹幕热词数据包括弹幕总数、弹幕人数和观众互动率，观众互动率可以根据公式（观众互动率＝弹幕人数÷累计观看人数）得出（如图6-7所示）。

图6-7 蝉妈妈互动数据指标界面

（三）转化数据指标

1. 浏览互动数据

浏览互动数据包括商品展示次数和商品点击次数。商品展示次数指商品展示给用户的次数，直播间的弹窗、用户点击加入购物车或浏览商品都算作商品展示。商品点击次数指用户实际点击商品的次数，也就是说，用户要进入商品详情页查看。

举个例子，例如某款商品的展示次数为1800，但点击次数为0，就说明用户只浏览到商品链接，并未点击进入商品详情页查看，由此推测，直播间内主播的引导力和商品吸引力是不足的，更深层次的原因可能是主播账号的用户定位与直播商品不契合。

2. 引导转化数据

引导转化数据包括商品详情页访问次数和"我的橱窗"访问次数。假如商品详情页访问次数为10，订单量为3，就说明购买转化率为30％，是一个比较高的转化率，可见商品对点击进来的用户有很强的吸引力。

(四)直播带货数据

直播带货数据包括本场销售额、销量、客单价、上架商品和用户人均价值,如要想增加直播间的商品点击数,提高商品转化数据,主播可以按照以下方法来做。如丰富产品 SKU,给用户更多的选择;主播在直播时要多强调商品的优势,如价格、促销活动等;从浏览商品详情页到下单的过程是由用户自己作出决策的,所以主播要尽量缩短下单链条(如图 6-8 所示)。

图 6-8 蝉妈妈直播带货数据界面

第三节 直播电商带货的未来:崭新时代

一、人工智能

人工智能(Artificial Intelligence,AI)是计算机科学的分支之一,是一种机器模拟人类思维和行为等信息,从而对外界环境做出类似反应的智能技术。如今 AI 技术日益成熟,移动互联网的发展促使它的应用领域逐渐扩大,如在生活领域、工作领域和科技领域中都能见到它的身影。

从 1956 年"人工智能"的概念被首次提出,到人工智能开始从理论走向实用,再到互联网、大数据、云计算等技术的不断突破创新,人工智能已进入蓬勃的发展期。

在企业营销方面,人工智能已经帮助企业开辟了与顾客连接的新方式。在阿里巴巴、京东、苏宁易购等电商平台上,人工智能直接将企业与消费者更有针对性地联系起来,企业有了新的销售渠道,消费者的消费体验也随之升级。

众所周知,直播加电商的方式屡创带货奇迹,人工智能与带货又能产生什么关联呢?我们先来看下面的案例。

2019 年的"618",天猫有超过 600 名人气主播、近 10 万个直播间在线介绍推荐各类商品，成千上万名消费者在观看直播的同时不断把心仪的商品放到购物车里。主播们忙于介绍商品，难以对消费者的规格尺码、有无优惠券等问题进行及时回复，这时阿里巴巴研发的 AI 助手"直播小蜜"上场了。它帮助直播间的主播自动秒回消费者的提问，这样一来，既不用打断主播的介绍，又能减少主播回答问题的重复率，还能帮助消费者第一时间了解想要的信息并抢到尖货，提升消费体验。

"直播小蜜" 2019 年第一次在天猫 "618" 活动中全面应用，每个直播间的"直播小蜜"相当于 480 个专业客服人员，提升了 15% 的提问人群的下单转化率，目前淘宝站内有七成主播拥有了"直播小蜜"，很多网红和直播大 V 也都在使用。人工智能的发展对超级带货领域和购物消费领域来说都是一个巨大的惊喜，它帮助超级带货王们在有限的直播时间里既能按时对产品进行介绍，又能给予直播间的粉丝更好的体验，总体提升了带货流量；它也帮助粉丝尽快了解到自己感兴趣的产品的相关信息，让他们跟上主播的节奏，为他们提供了完美的购物体验。

可以说，人工智能的"带货能力"已经不容小觑，阿里巴巴之前的人工智能"店小蜜"就帮助小米、苏宁等多位商家拿到了过亿元的交易额，2018 年"双 11"天猫的"阿里小蜜"成功实现了在线服务领域的智能升级，帮助平台承接了 98% 的在线服务需求。

由此可见，AI 不仅可以帮助电商平台开启新的盈利渠道，其未来的超级带货趋势也值得期待。人工智能包括算法、数据、硬件结构，这也是人工智能在超级带货领域进一步发展的有力保障。超级带货领域的营销核心是目标用户和带货主播，算法和数据能够将两者进行精准地连接，即"你是我所需"，而硬件则撑起了算法和数据的有效运转。所以，对于未来的营销，人工智能必不可少。"AI＋带货"将成为一种新的趋势，帮助销售者以更低的成本找到用户并销售商品，也能够帮助消费者快速找到其所需的优质商品并成功下单。

二、区块链

从 2008 年区块链（Block Chain）的概念被提出到 2009 年区块链正式诞生，从 2016 年我国将区块链列入《"十三五"国家信息化规划》到 2019 年国家发布和实施《区块链信息服务管理规定》，区块链已经成为市场经济的一部分，也成为国民经济发展中重要的一环。

区块链融资项目正在发展，产生了全新的金融生态；在公益慈善业中，人们可以通过区块链来追踪捐款的去处，打消捐款的顾虑，为慈善业保驾护航；在艺术行业中，人们通过区块链技术来查看之前画作拥有人的身份，从而帮助其进一步鉴别画作的真伪；在物流行业中，人们通过区块链追踪货品从出发地到目的地之间的运送过程，使货物的安全性得到更高的保障，等等。

区块链是去中心化、分布式数据存储的计算机应用技术的新模式，其本质是一个去中心化、公开透明的数据库。区块链技术之所以能够为社会带来颇多益处，推动社会进一步发展，是其本质在发挥作用。面对这项新技术，很多企业已经抢先加入区块链的掘金大本营。腾讯将区块链技术运用到公益寻人项目中，使寻人成功率得到精准提升；百度将区块链技术用于资产证券化中，很多产品已经在上海证券交易所挂牌；阿里巴巴基于区块链的跨境贸易溯源体系已经搭建完成。在这些应用中，最受大众关注的是区块链在带货领域的"打假"功能，即"区块链打假"。

2019年7月，央视《经济半小时》节目曝光了抖音网红的带货清单里有不少"三无"产品，"抖音网红带货刷单"直接登上了微博热搜，人们对超级带货领域里的违法违规现象进行了探讨。有网友表示，社会在发展，网红、明星通过直播在几大平台上带货是发展趋势，只要产品质量过关、有保障，自己是很愿意接受并且购买的；还有网友表示，除了抖音，其他很多平台的网红的直播带货清单里也存在大量"三无"产品，这让很多人始终不太敢相信网红带货的产品。

在带货领域用区块链技术打假具有一定的优势，比如信息完全公开、追踪产品来源、增加消费者信任度等，帮助了超级带货领域得到进一步的良性发展。目前，很多电商企业如京东和阿里巴巴等，都在大力发展区块链打假技术，这两大电商平台都认为区块链技术是未来应对假货和不合格产品的最佳对策。消费者在京东或阿里巴巴购买商品后，只要点击商品的电子护照，就可以扫描二维码来查看商品的相关信息，以辨真伪。当区块链技术日渐成熟之后，在带货领域就可以建立更完备的溯源系统，让消费者更轻松地查询到完整的产品数据信息，为产品验明正身，让假货"无处遁形"。

三、大数据

（一）运用大数据，实现数据的增值

我们正处在一个大数据不断深入生活、改变生活的时代，可以毫不夸张地说，在大数据面前，我们每个人都是"透明"的。那么，什么是大数据？大数据指的是数据的集合，该数据集合难以在一定时间范围内用一般的软件工具进行处理，它需要在新的处理模式下才能发挥作用，是一种海量且多样化的信息资产。大数据的概念是维克托·迈尔－舍恩伯格（Viktor Mayer-Schonberger）和肯尼思·库克耶（Kenneth Cukier）在2008年提出的，因为其具有大量性、多样性、高速性和真实性等特点，被广泛应用，也因此推动了人类社会的整体向前发展。

大数据在多个行业和领域也发挥着重要的作用。比如，在金融行业，大数据在高频交易中能够帮助银行、证券和企业等计算出相关交易的具体信息，有效规避该行业的各种高发风险。在医疗行业，大数据分析能帮助医疗机构不断提高医疗水平和治疗效率，既能快速分析出患者身体中相关DNA的信息，为其提供最好、最新的医疗方案，又能为患者建立疾病风险跟踪机制，预测患者可能会发生的疾病，及时进行解决。在打击犯罪上，大数据可以帮助警察跟踪捕捉罪犯。在城市管理上，大数据可以帮助推进智慧交通。

（二）大数据在直播中的应用

在大数据时代，科技发达、信息流畅带来的是人与人、人与货、货与货之间更加紧密的连接，这在超级带货领域中得到了最大化的体现。带货涉及消费者和带货产品，直播带货就是要快速地让货找到对的人、让人找到对的货，这样的带货才是真正方便高效的。

对货而言，大数据能够帮助商家在大量的消费者里面精准地找到高价值或高潜在的目标用户。对用户的历史搜索、浏览和消费等行为进行大数据分析，可以筛选出金牌消费者，然后将产品信息推送给他们，从而促进消费行为的产生。除此之外，大数据还能进一步根据消费者观看直播的类型和时长、参与直播互动和自主转发次数，以及购买产品的品类和价格等信息，分析出当下消费者的需求喜好和需求发展趋势，然后根据用户需求来决定和更新带货中的产品，实现持续性地精准营销。

对人而言，大数据能够对每位消费者的搜索记录、消费习惯和消费偏好进行分析，对个人的消费数据进行挖掘，从而迅速为其推送当下正需要或者正在寻找的优质产品和相关优惠信息，为消费者节约寻找产品的时间和精力，提升消费者的购物体验。

本章思考：

1. 对直播进行复盘有哪些作用？
2. 直播复盘为什么要进行数据分析？
3. 直播数据分析主要通过哪些步骤与指标来进行？
4. 你认为直播电商带货的未来领域主要在哪些方面？

参考文献

曹勇. 情感与交往：互动仪式链视角下网络直播中用户行为分析［J］. 戏剧之家，2020（7）.

曹子淳. 浅析基于互联网大数据时代下的工业设计［J］. 西部皮革，2021，43（3）.

常明哲，苏剑. 新零售"新"在何处［J］. 人民论坛，2018（23）.

陈璟. "直播带货"的法治化监管路径探索［J］. 学术前沿，2020（9上）.

陈静，许必芳. 网络直播平台的营销策略研究［J］. 中国商论，2017（28）.

陈倩倩，彭甜典，张琦. 大数据背景下Python技术在审计工作中的应用［J］. 中国集体经济，2021（4）.

戴维·波普诺. 社会学［M］. 李强，等，译. 北京：中国人民大学出版社，1999.

邓绎. 直播电商中宣传技巧与态度说服的传播学解读——以"口红一哥"李佳琦为例［J］. 传播力研究，2020，4（2）.

邓秀军. 公益动员纪录片的信任资本与情感修辞——以《寻找科尼》和《穹顶之下》为例［J］. 暨南学报（哲学社会科学版），2016（9）.

丁汉青，常琪. 框架与行为：名人直播带货场域中的消费者［J］. 出版广角，2020（22）.

杜睿云，蒋侃. 新零售：内涵、发展动因与关键问题［J］. 价格理论与实践，2017（2）.

范红召. 粉丝经济时代网络直播营销策略及模式研究［J］. 现代经济信息，2018（11）.

高亮华. 人文主义视野中的技术［M］. 北京：中国社会科学出版社，1996.

郭琪，黄婷婷. 新零售背景下传统零售企业提升顾客满意度途径分析［J］. 商展经济，2020（11）.

郭庆光. 传播学概论［M］. 北京：中国人民大学出版社，2011.

何渊硕. 价值共创理论视阈下网络直播平台发展策略初探［J］. 新媒体研究，2019，5（22）.

黄楚新，吴梦瑶. 我国直播带货的发展状况、存在问题及优化路径［J］. 传媒，2020（9）.

惠光伦. 移动互联网环境下基于信任机制的微商发展SWOT分析［J］. 价值工程，2019（20）.

贾静杰. 网红直播带货模式的问题与对策［J］. 青年记者，2020，（21）.

贾园园. 社交电商背景下微商优劣势分析及对策［J］. 现代经济信息，2020（1）.

姜峰. 浅析农产品在网络直播平台的营销策略［J］. 山西农经，2019（4）.

姜璐. 基于网络直播的中小企业新型营销策略研究［J］. 智库时代，2018（52）.

蒋南平. 论知识资本参与社会生产过程中的消费关系［J］. 社会科学研究，2001（3）.

焦倩倩. 新媒体背景下网络"直播带货"的乱象与优化对策［J］. 经济研究导刊，2020（34）.

兰荣亨. 众包直播系统中的用户行为分析及应用［D］. 合肥：中国科学技术大学，2019.

乐上泓. 短视频时代移动营销策略研究——以快手短视频平台为例［J］. 传媒，2021（4）.

李红雨. 新零售背景下北方图书城的商业模式创新研究［D］. 沈阳：辽宁大学，2020.

李科成. 直播营销与运营：盈利模式＋推广技巧＋经典案例［M］. 北京：人民邮电出版社，2017.

李琳. 新零售，为航运物流业创造更多可能［N］. 中国远洋海运报，2020-12-04（B02）.

梁栋. 社交电商的法律问题与监管优化［J］. 中国流通经济，2021（1）.

梁利鹏. 我国中小企业在线网络直播营销策略研究［D］. 北京：北京邮电大学，2018.

梁一鸣. 关于直播带货模式的探究——以抖音直播为例［J］. 中国集体经济，2021（1）.

刘畅，马新新. 从电视购物到直播带货——浅析直播电商的革命化［J］. 新闻研究导刊，2020（18）.

刘军. 超越消费主义，树立科学消费观［J］. 人民论坛，2019，（29）.

刘琼，黄世威. 网络视频直播平台管理规章的取向——基于8个移动直播平台用户协议的文本分析. 当代传播，2019（2）.

刘天放. "持证上岗"让"直播带货"更加规范［N］. 中华工商时报，2020-5-19.

陆影，高皖秋，强敏. "新零售"下安徽百货业转型升级发展路径研究［J］. 中国商论，2020（22）.

吕梅. 抖音直播平台的商业模式创新研究［J］. 传媒，2020（21）.

罗德尼·本森，艾瑞克·内维尔. 布尔迪厄与新闻场域 [M]. 张斌，译. 杭州：浙江大学出版社，2017.

罗晶，杨孔雨，王圣华. 沉浸传播视域下的直播电商消费场景重构 [J]. 现代视听，2020（11）.

马丁·海德格尔. 海德格尔选集（下）[M]. 孙周兴，译. 上海：上海三联书店，1996.

梅岭. 社交电商的时代来了吗 [J]. 中国质量万里行，2017（8）.

孟志华. 大数据时代企业财务管理信息化的问题及对策 [J]. 老字号品牌营销，2021（2）.

牟臻扬. 网络直播与产业营销 [J]. 营销界，2020（9）.

尼罗拜尔·艾尔提，郑亮. 新媒体时代短视频内容生产的特点、趋势与困境 [J]. 中国编辑，2021（3）.

秦佳怡. 直播电商营销传播模式研究——以淘宝直播为例 [D]. 上海：华东师范大学，2020.

邱德亮. 论社会角色责任与角色道德建设 [D]. 吉林：东北师范大学，2007.

任宇宁. 我国合同法中严格责任原则的价值及适用 [J]. 吉首大学学报（社会科学版），2019（S1）.

茹莉. 微商商业模式解析及其规范化发展 [J]. 河南社会科学，2018（10）.

申潇潇. 新零售时代下物流行业的发展路径研究 [J]. 现代商贸工业，2017（18）.

沈宝钢. 直播带货商业模式探析及其规范化发展 [J]. 理论月刊，2020（10）.

盛利强. 新零售下 HB 公司信息化建设研究 [D]. 杭州：浙江工业大学，2017.

史晓楠. 直播电商模式的发展浅析 [J]. 北方传媒研究，2020（1）.

宋敏. 大数据技术在智慧城市管理中的价值及应用 [J]. 环渤海经济瞭望，2020（1）.

宋宇. 网络直播平台的营销策略研究 [J]. 农家参谋，2019（3）.

苏海雨. 网络直播带货的法律规制 [J]. 中国流通经济，2021（1）.

孙笑然，陈明明. 直播电商营销效果分析 [J]. 福建茶叶，2019，41（9）.

谭跃龙. 直播电商推进我国内需加速循环的机制研究 [J]. 商业经济研究，2021（8）.

唐世华，肖静，文佳慧. 直播电商研究文献综述 [J]. 河南财政税务高等专科学校学报，2020（4）.

唐玉琴. 企业直播助力数字化转型 [J]. 上海信息化，2020（11）.

田智辉，解益坤. 从电视购物到直播电商：逻辑演进与未来发展 [J]. 传媒，2020（9）.

涂云杰. 大数据时代的数据安全与隐私保护问题研究 [J]. 无线互联科技，2019，16（8）.

王宝义. "新零售"的本质、成因及实践动向[J]. 中国流通经济, 2017, 31 (7).

王彪, 高贵武. 疫情"催化"下的传媒转向——直播带货的动因、实质与潜在风险分析[J]. 编辑之友, 2020 (10).

王长潇, 李爽. 网络视频直播平台发展及其对商业场域建构的影响[J]. 当代传播, 2017 (1).

王成. 微信购物纠纷, 消法该不该"亮剑"[J]. 人民论坛, 2016 (28).

王鹤翔. 移动互联时代"微商"的发展前景展望[J]. 价值工程, 2018, 37 (29).

王辉. 如何在网红经济下树立理性消费观[J]. 人民论坛, 2019 (35).

王佳, 王真. 从腾讯团队管理模式谈团队管理先进经验的借鉴[J]. 西部皮革, 2021, 43 (7).

王玖河, 刘禹. 基于扎根理论的新零售商业模式创新路径研究——以无人零售为例[J]. 燕山大学学报(哲学社会科学版), 2020, 21 (5).

王莉. 大数据技术在智慧城市中的运用初探[J]. 电脑与信息技术, 2021, 29 (1).

王琳. 微商发展影响因素探究及前景预测[D]. 曲阜: 曲阜师范大学, 2018.

王胜利, 曹雨苗. 5G时代短视频的内容生产与运营策略探析——以李子柒现象为例[J]. 传媒, 2020 (16).

王卫平, 杨婷婷, 范宗余. 关于大数据时代企业人力资源管理变革的思考[J]. 中小企业管理与科技(中旬刊), 2021 (2).

王艳玲, 刘可. 网络直播的共鸣效应: 群体孤独·虚拟情感·消费认同[J]. 现代传播(中国传媒大学学报), 2019 (10).

文圣瑜. 消费文化视角下的直播间引流思考[J]. 电子商务, 2020 (12).

吴小飞. 网红经济的内容生产研究——以Papi酱、张大奕、小智为例[D]. 合肥: 安徽大学, 2017.

向立学. 论大数据技术在精准营销中的应用[J]. 技术与市场, 2021, 28 (2).

邢郁川. 基于场景理论的新零售服务设计策略研究[D]. 无锡: 江南大学, 2020.

闫玉刚, 宫承波. 狂欢化与去狂欢化——基于新冠疫情期间直播带货传播现象的冷思考[J]. 当代电视, 2020 (6).

严觅. 社交媒体时代用户与大众媒体时代受众之比较——以直播电商为例[J]. 传媒论坛, 2020 (3).

燕道成, 李菲. 场景·符号·权力: 直播电商的视觉景观与价值反思[J]. 现代传播(中国传媒大学学报), 2020 (6).

杨文贞. "电商+直播"下饲料企业营销模式创新研究[J]. 中国饲料, 2020 (21).

姚林青, 顾恩澍. 短视频电商模式的演进机理研究[J]. 现代传播(中国传媒大学学报），2021，43（1）.

尹杰. 电子商务直播模式下意见领袖对消费者消费意愿的影响——以淘宝直播为例［J］.电子商务，2020（5）.

余富强，胡鹏辉. 拟真、身体与情感：消费社会中的网络直播探析［J］. 中国青年研究，2018（7）.

岳小玲. 直播电商"带货"的内容生产和优化路径［J］. 出版广角，2020（19）.

张慧珍. 新零售发展模式探究——以盒马鲜生为例［J］. 广西质量监督导报，2020（10）.

张金香，马红. "互联网＋"背景下甘肃特色农产品营销模式创新研究［J］. 东北农业大学学报（社会科学版），2018，16（1）.

张琦，谢思慧. 融合发展背景下直播、短视频在传统出版行业中的应用研究［J］. 出版科学，2020，28（6）.

张千昱. 浅析短视频平台直播电商的营销价值［J］. 传播力研究，2020，4（23）.

张晓雯，朱旭丹，李晶，等. 网络直播平台的营销策略研究——以斗鱼TV为例［J］.中国商论，2019（14）.

赵冰清，林林，耿仕洁. 自媒体短视频的内容创新策略研究［J］. 传媒，2019（4）.

钟丹. 场景理论视域下网络直播平台传播策略研究——以"直播＋电商"平台为例［D］.武汉：湖北大学，2018.

周懿瑾，张志安，冯嘉欣. 场景传播与渠道变革：广州直播电商业态发展分析［J］. 城市观察，2020（5）.

朱葆伟，赵建军，高亮化. 技术的哲学追问［M］. 北京：中国社会科学出版社，2012.